事業再生研究叢書16

新しい契約解除法制と倒産・再生手続

事業再生研究機構［編］

商事法務

はしがき

　本書は、当事業再生研究機構が2017年（平成29年）5月27日に行った「新しい契約解除法制と倒産・再生手続――新民法の下で倒産・再生手続における契約解除はどう変わるか」をテーマとしたシンポジウムの成果物です。そのときの、座長による趣旨説明、民法（債権関係）改正に係る国会審議状況の報告、研究者による報告4本、それに対する実務家・研究者によるコメント4本、会場との質疑応答を所収した上、その後にさらなる理論的考察を加えて書き下ろしていただいた研究者の論攷4本を掲載いたしました。

　座長（田頭章一上智大学教授）の趣旨説明にあります通り、本シンポは、民法（債権関係）改正が成立した翌日の開催となりました。まったくの偶然ですが、本シンポジウムは、同法改正後、改正法に係る日本初のシンポジウムという栄誉を獲得いたしました。

　そして、民法（債権関係）改正法は、およそ120年ぶりの民事基本法の改正ということで、かなり長い周知期間を設けることとされ、2020年4月1日が施行期日として定められました。すでに、立案担当者による解説書2冊（①筒井健夫・村松秀樹編著『一問一答 民法（債権関係）改正』〔商事法務、2018年3月〕、②村松秀樹・松尾博憲著『定型約款の実務Q&A』〔商事法務、2018年12月〕）も出版され、施行期日に向けて、着々と準備が進んでいます。

　本書も、その施行に向けた準備の1つとして、「契約解除」に焦点を当てて検討をいたしました。同改正法は、契約解除の総論においても（債務不履行者に帰責事由がなくても相手方は解除できることとしました）、各論においても（消費貸借契約などの要物契約の諾成契約化に伴い新しい契約解除を定めました）、大きな見直しを行いました。これについて、本書では、民法研究者、倒産法研究者、倒産実務家の各観点から、解釈・分析・予測を行い、複眼的な検討結果を皆様に提示することができたと思

i

はしがき

います。必ずや皆様のお役に立てると確信しています。どうぞご活用ください。

　また、本書は、今後の倒産実体法の改正に関する示唆も含んでいます。特に、前回の倒産法改正の時（2004年〔平成16年〕）に小さな見直しにとどまった「双方未履行双務契約の解除」について、今後の立法議論の一材料になることができれば、大変幸甚です。

　最後に、本シンポジウムに参加・登壇いただいたメンバー各位と、本シンポジウムの運営に尽力いただいた根生美由紀さん、本書出版に並々ならない忍耐と努力をしていただいた吉野祥子さんをはじめとする㈱商事法務の皆様に心から感謝申し上げます。

2019年3月

事業再生研究機構前代表理事
弁護士　岡　正晶

●目　次●

はしがき··i

第1部　シンポジウムの概要

本シンポジウムの趣旨説明

上智大学教授　田頭　章一

··2

民法（債権関係）改正に係る国会審議の経緯と概要

弁護士　松尾　博憲

··9

第1　新民法からみた倒産手続上の契約解除

第1報告	新しい契約解除法制総論 ——催告解除、無催告解除、約定解除

東京大学准教授　加毛　明

1　はじめに——検討の対象と理由·································16
2　改正民法における法定解除権の成立要件·····················17
　(1)　現行法下での議論状況・17／(2)　改正民法の内容・21
3　倒産手続の開始が法定解除権の成否に与える影響···············26

目　次

(1)　問題状況・26／(2)　改正民法に関する新たな議論の登場・28／(3)　従前の議論の再検討・29
4　改正民法の規定の解釈 ……………………………………………… 34
5　約定解除（倒産解除特約など）との関係 ……………………… 35
6　おわりに ……………………………………………………………… 36

加毛報告に対するコメント

弁護士　蓑毛　良和

………………38

レジュメ　**新しい契約解除法制総論**
　　　　　──催告解除、無催告解除、約定解除
　　　　　〜加毛報告に対するコメントと催告の意義に
　　　　　関する若干の考察

1　解除と開始決定との関係の整理（開始前解除権と開始後解除権）… 47
(1)　通説・47／(2)　開始後解除権を否定する根拠・48／(3)　弁済禁止の保全処分・50
2　加毛報告 ……………………………………………………………… 50
(1)　改正民法541条・50／(2)　改正民法542条・51／(3)　債権法改正後の催告（民法541条）の意義・51
3　さらなる問題点 ……………………………………………………… 56
4　私見（無催告解除特約の効力を中心に）………………………… 57
(1)　平常時における無催告解除特約の効力・57／(2)　倒産時の無催告解除特約の効力・58／(3)　双方未履行双務契約における破産管財人等の選択権の強調・60

第2報告　**新しい契約解除法制各論**
　　　　　──各種契約ごとの分析

立教大学教授　藤澤　治奈

1 はじめに（各論の諸相）··62
   (1) 契約総則の改正と各種契約・62／(2) 契約各則の改正と各種契約・62／(3) 残された問題・63
2 ファイナンス・リース契約··63
   (1) 契約解除規定の改正・63／(2) ファイナンス・リース契約の解除と倒産手続・63／(3) 民法改正のファイナンス・リース契約への影響・66／(4) 今後の課題・66
3 消費貸借契約··67
   (1) 民法の改正と倒産手続との関係・67／(2) 検討すべき論点・68／(3) 各論点の検討・69／(4) 倒産時の処理・73／(5) 契約の解除・失効・履行拒絶・74
4 請負契約（注文者破産）··77
   (1) 民法の改正・77／(2) 残された問題(1)──634条と642条2項との関係・77／(3) 残された問題(2)──注文者の管財人からの解除・79

藤澤報告に対するコメント

弁護士 大川　治

·················81

レジュメ　**新しい契約解除法制各論**
　　　　　──藤澤報告に対するコメント

1 「解除」と非典型担保··87
   (1) 非典型担保と解除・87／(2) 検討とコメント・89
2 諾成的消費貸借契約と契約当事者の倒産··································90
   (1) 消費貸借契約の諾成化と問題点の整理・90／(2) 借主が再建型法的整理手続を選択した場合・93／(3) 実務上の留意点・100

【質疑応答】··101

目　次

第2　倒産法からみた倒産手続上の契約解除

第1報告　新しい契約解除法制が倒産法に与える影響

千葉大学准教授（当時）　杉本　和士

1　問題状況──委員会における議論を踏まえて……………………… *109*
　(1)　民法改正法における新しい契約解除（法定解除）の規律（【加毛報告】参照）・*109*／(2)　新しい契約解除法制において法的倒産手続開始を原因として手続開始後に法定解除権を取得・行使する可能性──岡正晶論文からの問題提起・*110*／(3)　法的倒産手続開始後に相手方が行使し得る法定解除権の有無【加毛報告・蓑毛コメント】参照）・*110*／(4)　本報告における検討・*112*
2　双方未履行（双方履行未了）双務契約事例の検討……………… *113*
　(1)　管財人等の有する双方未履行双務契約に関する選択権の制度趣旨・機能・*115*／(2)　管財人等による選択権と相手方の解除権の競合関係・*116*
3　一方未履行（他方既履行）双務契約事例の検討………………… *119*
　(1)　破産者は債務の履行を完了していたが、相手方は債務の履行をしていない事例・*119*／(2)　破産者は債務の履行をしていないが、相手方は債務の履行を完了していた事例・*122*
4　おわりに──新しい契約解除法制と倒産法との関係……………… *126*
　(1)　倒産法から改正民法に対して投げかけられる問題・*126*／(2)　改正民法から倒産法に対して投げかけられる問題・*127*

杉本報告に対するコメント

弁護士　三森　仁

1　債権起点思考に基づく「開始前の法定解除権」の再考………… *129*
2　双方未履行（双方履行未了）双務契約事例の検討……………… *132*
　(1)　杉本報告〈設例①〉（買主Bの破産事例、売主Aが目的物甲乙のうち甲のみを買主Bに引き渡していた事例）・*132*／(2)　杉本報告〈設例②〉（売主

Aの破産事例)・*134*／(3)　杉本報告へのコメント・*136*
3　一方不履行（他方既履行）契約事例の検討 ············· *138*
　(1)　杉本報告：(1)破産者は債務の履行を完了していたが、相手方は債務の履行をしていない事例・*138*／(2)　杉本報告：(2)破産者は債務の履行をしていないが、相手方は債務の履行を完了していた事例・*139*
4　おわりに ·· *141*

| 第2報告 | 倒産手続における契約解除の効果 |

　　　　　　　　　　　　　神戸大学教授（当時）　中西　　正

1　はじめに ······································ *143*
2　第1論文：相手方からの解除 ························· *144*
　(1)　設例・*144*／(2)　同時履行の抗弁権が成立していない場合・*146*／(3)　同時履行の抗弁権が成立している場合・*149*
3　第2論文：破産法53条に基づく破産管財人の解除 ········ *154*
　(1)　はじめに・*154*／(2)　信用供与型取引と同時交換型取引・*155*／(3)　同時交換型取引と双方未履行双務契約のルール・*157*／(4)　信用供与型取引と双方未履行双務契約のルール・*160*

中西報告に対するコメント

　　　　　　　　　　　　　一橋大学教授　水元　宏典

　　　　　　　　　　　　　　　　　　　　············· *166*

【質疑応答】 ······································ *176*
【総括・閉会の辞】 ································· *179*

目次

第2部 シンポジウムを終えての理論面からの考察

新しい契約解除法制と倒産手続
──倒産手続開始後における契約相手方の法定解除権取得の可否

東京大学准教授　加毛　明

- Ⅰ　はじめに……………………………………………………… 182
  - 1　検討の対象と理由……………………………………… 182
  - 2　検討の順序……………………………………………… 184
- Ⅱ　岡論文の紹介………………………………………………… 185
  - 1　従前の議論状況………………………………………… 185
    - (1) 破産手続開始前における契約相手方の解除権行使・186／(2) 破産手続開始後における契約相手方の解除権行使の可否・186／(3) 破産手続開始後における契約相手方の解除権行使の効果・189
  - 2　岡論文による通説批判………………………………… 190
    - (1) 倒産手続開始後における契約相手方による法定解除権の取得・190／(2) 従前の学説の論拠に対する批判・191
  - 3　3つの課題……………………………………………… 194
- Ⅲ　法定解除制度の改正の趣旨と内容………………………… 195
  - 1　現行法の法定解除の要件に関する議論状況………… 195
    - (1) 現行規定の起草趣旨・195／(2) 債務者の帰責事由の要否・200／(3) 履行不能の意義・204／(4) 催告の意義・206
  - 2　改正法における法定解除の要件……………………… 213
    - (1) 法定解除要件からの債務者の帰責事由の除外と危険負担の履行拒絶権構成・213／(2) 無催告解除・214／(3) 催告解除・218
  - 3　小括──第1の課題の検討…………………………… 225
- Ⅳ　改正法の法定解除法制と倒産手続………………………… 227
  - 1　岡論文の主張の評価…………………………………… 227
    - (1) 倒産債権の個別行使の禁止と法定解除の関係──第2の課題の検討・

227／(2)　倒産手続の開始と債務の履行不能——第3の課題の検討・233
  2　改正法の解釈論・・235
(1)　改正541条および改正542条1項の解釈・235／(2)　岡・第2論文による批判への応接・236
  3　約定解除との関係・・・・・・・・・・・・・・・・・・・・・・・・・・・・・・・・・・・・・・238
Ⅴ　おわりに・・・240

新民法からみた倒産手続上の契約解除・各論

立教大学教授　藤澤　治奈

Ⅰ　はじめに・・・242
  1　各論の諸相・・242
  2　契約総則の改正と各種契約・・・・・・・・・・・・・・・・・・・・・・・・・・・・242
  3　契約各則の改正と各種契約・・・・・・・・・・・・・・・・・・・・・・・・・・・243
  4　残された問題・・・・・・・・・・・・・・・・・・・・・・・・・・・・・・・・・・・・・・・244
Ⅱ　所有権留保売買およびファイナンス・リース・・・・・・・・・・・・・・245
  1　民法改正前の所有権留保売買およびファイナンス・リース・・・245
(1)　民法改正前の倒産手続上の契約解除・245／(2)　所有権留保売買と倒産手続・245／(3)　ファイナンス・リースと倒産手続・246／(4)　解除の否定による担保権実行終了の否定・247／(5)　解除を否定する論拠・248
  2　民法改正が所有権留保売買
　　およびファイナンス・リースに与える影響・・・・・・・・・・・・・・・・250
(1)　契約解除要件の改正・250／(2)　所有権留保売買およびファイナンス・リースへの影響・250
  3　今後の課題・・251
(1)　倒産手続における解除・251／(2)　所有権留保売買およびファイナンス・リースにおける担保権実行・251／(3)　倒産法の立法的課題・252／(4)　倒産解除特約の有効性・252
Ⅲ　消費貸借契約・・253
  1　民法改正が消費貸借契約の倒産法上の取扱いに与える影響・・・253
(1)　消費貸借契約についての改正・253／(2)　倒産手続への影響・253
  2　諾成的消費貸借契約は双務契約か・・・・・・・・・・・・・・・・・・・・・・・254
(1)　双務契約の定義・254／(2)　諾成的消費貸借契約の双務契約該当性・255

3　諾成的消費貸借契約は双方未履行双務契約か……………256
　　(1)　判例の立場・256／(2)　学説・257
　　4　諾成的消費貸借契約における債務の発生時期……………258
　　(1)　貸す債務の発生時期・258／(2)　返す債務の発生時期・258
　　5　諾成的消費貸借契約の倒産時の処理……………………259
　　(1)　借主倒産の場合・259／(2)　貸主倒産の場合・260
　　6　契約の失効・解除・履行拒絶……………………………260
　　(1)　改正民法587条の２第３項類推適用による失効・261／(2)　解除の可能性・261／(3)　履行拒絶権の可能性・262
　　7　解決の妥当性………………………………………………262
　　(1)　借主倒産の場合・262／(2)　貸主倒産の場合・263／(3)　借主倒産と貸主倒産の整合性・264
Ⅳ　請負契約（注文者破産の場合）……………………………265
　　1　民法改正前の請負契約の解除……………………………265
　　(1)　平時の請負契約の解除・265／(2)　注文者破産時の請負契約の解除・267／(3)　平時と破産時の整合性・268
　　2　改正法下での請負契約の解除……………………………269
　　(1)　平時の請負契約の解除・269／(2)　注文者破産時の請負契約の解除・270／(3)　平時と破産時の整合性・270／(4)　仕事完成前と完成後の整合性・272
　　3　残された問題………………………………………………273
　　(1)　倒産法上の問題・273／(2)　民法上の問題・273

新しい契約解除法制が倒産法に与える影響
――平成29年改正民法の下での倒産法の解釈

法政大学教授　杉本　和士

Ⅰ　はじめに――問題状況と問題設定……………………………274
　　1　改正民法における新しい契約解除（法定解除）の規律………274
　　2　新しい契約解除法制において、法的倒産手続開始後に法定解除権を取得し、これを行使する可能性………………276
　　3　法的倒産手続開始後に相手方が行使し得る法定解除権の有無…277
　　(1)　法的倒産手続開始後に取得する法定解除権（開始後の法定解除権）・277

／(2) 法的倒産手続開始前の債務不履行に基づき取得した法定解除権（開始前の法定解除権）・278
　4　本稿における問題の設定と視点の導入 ················· 279
(1) 問題の設定・279／(2) 視点の導入・280
Ⅱ　双方未履行（双方履行未了）双務契約事例の検討 ············· 281
　1　設例および問題の設定 ··························· 281
　2　管財人等の有する双方未履行双務契約に関する
　　　選択権の制度趣旨および機能 ······················ 282
　3　管財人等による選択権行使の具体的帰結と
　　　相手方による解除権行使の可否 ···················· 285
(1) 管財人等による解除選択の場合・285／(2) 管財人等による履行選択の場合・289
Ⅲ　一方未履行（他方既履行）双務契約事例の検討 ············· 293
　1　基本的な考え方 ····························· 293
　2　破産者等は債務の履行を完了していたが、相手方は債務の履行
　　　をしていない事例（相手方未履行事例） ················ 294
(1) 設例および問題の設定・294／(2) 未履行の相手方による解除権取得およびその行使の可否・295
　3　破産者等は債務の履行をしていないが、相手方は債務の履行を
　　　完了していた事例（破産者等未履行事例） ··············· 297
(1) 設例および問題の設定・297／(2) 契約解除による原状回復請求として履行済みの給付の返還を求めることの可否・298／(3) 契約解除による原状回復請求権を破産債権等として行使することの可否・298
　4　破産者等は債務の一部を履行し、相手方は債務の履行を
　　　完了していた事例（一方一部履行かつ他方既履行事例） ········ 300
Ⅳ　おわりに――新しい契約解除法制と倒産法との関係 ··········· 301
　1　倒産法から改正民法に対して投げかけられる問題 ·········· 301
　2　改正民法から倒産法に対して投げかけられる問題 ·········· 302

倒産法における双方未履行双務契約の取扱い

同志社大学教授　中西　　正

Ⅰ　はじめに ··································· 303

目　次

Ⅱ　信用供与型取引と同時交換型取引 ····················· 303
　1　信用供与型取引 ······························· 303
　2　同時交換型取引 ······························· 304
　　(1)　概念・304／(2)　同時交換型取引の取扱い・305
Ⅲ　双方未履行双務契約のルールの趣旨・対象・効果 ········· 307
　1　破産法53条1項・54条2項・148条1項7号のルール ········ 307
　2　趣旨 ·· 307
　3　対象 ·· 308
　4　効果 ·· 308
　　(1)　破産による損失負担の回避・308／(2)　その正当性・308
Ⅳ　信用供与型取引と破産法53条1項・54条2項・148条1項7号 ··· 310
　1　問題の所在 ··································· 310
　2　不安の抗弁権の破産手続における取扱い ············· 311
　3　既履行部分の問題 ····························· 313
　　(1)　はじめに・313／(2)　実質的根拠・314／(3)　解釈論・315／(4)　信用供与型取引における不可分性・315
Ⅴ　まとめ ·· 317
　1　同時交換型の双方未履行双務契約 ·················· 317
　2　信用供与型の双方未履行双務契約 ·················· 317
Ⅵ　今後の展開 ····································· 318
　1　破産管財人の解除権・選択権の根拠 ················ 319
　2　破産法53条1項・54条2項・148条1項7号の趣旨 ········ 319
　　(1)　破産法53条1項の趣旨・319／(2)　履行請求の場合・320／(3)　解除の場合・320

第1部

シンポジウムの概要

事業再生研究機構主催・シンポジウム
『新しい契約解除法制と倒産・再生手続』(2017年5月27日)

第 1 部　シンポジウムの概要

本シンポジウムの趣旨説明

上智大学教授　田頭　章一

　ご紹介いただいた上智大学の田頭です。およそ120年ぶりの民法改正が成立した翌日という、おそらく一生に 1 回の機会にシンポジウムの趣旨説明をさせていただくことをこの上なく幸せに感じております。私のほうからは、本シンポジウムを準備してまいりました「新しい契約解除法制と事業再生委員会」における検討の経緯と、本シンポジウムの趣旨および概要をご説明しておきたいと思います。

　当委員会の活動は、ちょうど 1 年ほど前から開始されましたが、委員の間で共有されていた基本的な問題意識は次の通りです。

　最初に、改正民法における解除法制見直しの意義と内容を確認・検討することです。本委員会における議論の過程では、メールでの議論も含め、法定解除に関する改正法の規定の解釈等について、幅広く議論を行ってきました。本シンポジウムではそのエッセンスを基礎にして報告がなされますが、委員会での幅広い議論の内容については、将来本シンポジウムの内容の書籍化が実現した時にご覧いただけるだろうと思います。

　第 2 に、解除法制の見直しが、倒産者が当事者となっている契約の処理に関して何らかの影響を及ぼすか、という点です。特に契約の相手方による契約解除権の許容範囲に関して影響が認められるのか、また、破産管財人等による双方未履行双務契約の解除権または「履行か解除かの選択権」をめぐる解釈や立法に対する影響はどうか、などの諸論点について検討することが課題とされました。今回の民法改正によって、債務不履行による契約の解除の可能性が広げられたことになります。そうな

ると破産管財人等の解除権との衝突、そして調整の必要が意識されるのは自然な流れです。この辺りについて、考察を加えることが必要と考えられたわけです。

　最後に、従来から倒産手続における契約の処理に関して議論されてきた基本的論点の中には、民法改正によって直接影響を受けるとはいえなくても、改正のための議論の中で顕在化ないし再認識された論点もあり得ます。これらの論点についても、取り上げて検討対象とすることも意識されました。一例を挙げるとすれば、諾成的消費貸借契約が双方未履行双務契約かどうかという議論の中で、倒産法のいうところの未履行双務契約とは何かという問題が改めて問われることになったといえるでしょう。

　このような問題意識に沿い、本委員会は、2016年5月から2017年5月の1年間に8回にわたり委員会を開催し、並行してメーリングリストでの討論、意見交換を進めてきました。本日は、その成果を発表させていただくことになります。

＊　　　　　＊　　　　　＊

　本シンポジウムは、2部構成で進行いたします。第1部は「新民法からみた倒産手続上の契約解除」と題して民法改正法からみた問題点を検討し、第2部は「倒産法からみた倒産手続上の契約解除」と題して倒産法の観点から改正法の影響を検討します。ただ、いうまでもなく、本シンポジウムのテーマは、民法と倒産法の双方の観点から考察して初めて答えが出る問題であり、各報告の検討内容も双方の分野にまたがっています。したがって、この2部構成は、一応の視点の分類として理解していただければと存じます。

　次に、本シンポジウム全体の流れに関するイメージをもっていただくために、あらかじめ、各報告およびコメントのテーマを簡単に紹介しておきたいと思います。

　まず、第1部の内容について、紹介いたします。民法改正による解除法制の見直しの中で最も注目されるのは、解除を「契約の拘束力からの

解放」のための制度と理解する考え方に基づいて、債務者の帰責事由を法定解除要件から除外した点です。部会資料では、（継続的契約に関する法理による解除権の制限は別として）「債務不履行が債務者の責めに帰することができない事由によるものであることのみをもって債務不履行による解除を否定することは、現代の取引社会における適時かつ迅速な代替取引の必要性や、債務不履行解除の制度が債務者に対して債務不履行責任を追及するためのものではなく債権者に対して契約の拘束力からの解放を認めるためのものであることに照らせば、正当化することが困難である。債務の不履行がたとえ不可抗力によるものであったとしても、債務不履行解除の持つ機能や制度目的に照らせば、そのことのみをもって解除を否定するのは相当でないと考えられる」と説かれているところです（法制審議会民法（債権関係）部会資料68A・26頁）。このような解除法制の正当性を示す例としてしばしば挙げられる例は、ある部品の製作物供給契約の債務者（供給者）が、大規模自然災害による工場の一時的な稼働停止など、不可抗力によって履行遅滞に陥ったというケースです。このような場合に、買主が催告解除をすることができないとすると、買主が代替取引により早期に製品を入手することが困難となり、不当である、という指摘です。

　この解除法制の見直しに関連して、売主の引き渡した目的物が、種類、品質または数量の点で契約内容に適合しない「契約不適合」の事例についても、改正法では債務不履行と評価されますので、売主の帰責事由がなくとも催告解除（改正民法541条）を含めた契約の解除をすることができることになりました（同法564条参照）。また、改正法では債務者主義とされる危険負担の効果に関連しては、帰責事由を要件としない解除の可能性との調整が問題になり、危険負担の効果は現行法における「債務者の権利の消滅」から「債権者の反対給付の履行拒絶権」（同法536条1項）へと変更されました。その結果、危険負担の効果として、履行拒絶権と反対給付義務を消滅させるための契約解除権との2本立ての仕組みが採用されることになりました。

これらの法定解除要件およびその適用範囲に関する民法改正により、法定解除の範囲は広げられる方向に働くことになりますが、このことは、倒産者を当事者とする契約の相手方がする解除（とりわけ倒産手続開始を根拠とする解除）に影響を及ぼすのでしょうか。第1部トップバッターの加毛報告では、改正法において解除法制にどのような基本構造の見直しがあったかを踏まえた上で、この問題につき、緻密かつ明快な報告がなされます。破産手続開始を原因とする相手方の解除は、そもそも履行不能（無催告解除）または、履行遅滞（催告解除）のどちらを念頭に置いて議論すべきなのか。そしてその解除の根拠からみて、破産手続開始、すなわち破産法100条による個別的権利行使・満足の禁止という事情はどのような意味をもつのか。加毛報告では、これらの点に関する理論的分析を踏まえて、改正民法541条および542条1項各号の解釈が示されることになります。

　この報告に対しては蓑毛弁護士が、コメンテーターとして登壇されます。加毛報告において示された契約相手方の解除に関する見解や改正民法541条の「催告」の意味について検討が加えられます。また、無催告解除特約の効力、破産管財人等の解除・履行の選択権との調整問題などについても、理論と実務双方の観点から興味深いコメントがなされます。

　2番目の藤澤報告は、「契約解除法制各論」をテーマとします。報告では、「各論」の内容について、「契約解除に関する総則規定の適用範囲の問題」と「各種契約についての特別の規定の解釈の問題」に分けて報告がなされます。前者に関しては、一般に非典型担保として捉えられるリース契約等における契約解除の意義が検討されます。また、後者の各種契約の特則については、まず諾成的消費貸借契約の当事者の一方につき、再建型法的整理が開始した場合における契約の処理について検討が加えられます。次に、請負契約に関する民法改正の影響についても議論されます。改正内容のポイントの紹介・分析のほか、請負が仕事の完成前に解除された場合は施工済みの部分で仕事の完成とみなす改正民法634条2号と、注文者破産のときに仕事の完成後は請負人の解除権を否

定する改正民法642条1項との整合的理解のあり方など、改正法の下での解釈問題が議論されます。

　藤澤報告に対する大川弁護士のコメントは、まず非典型担保とされるリース契約の解除を改正民法541条等の解除として扱うべきかという基本的論点についてのものとなります。そして、「諾成的消費貸借契約」に関しては、各種の銀行取引における借主が再建型法的整理を申し立てたケースを【設例】として設定した上で、各種取引が「諾成的消費貸借」に当たるかどうかなどの論点につき、順を追って検討がなされます。貸主を「貸す債務から解放」するための理論構成としていかなるものがあるか、という観点から、約定解除条項の有効性、期限の利益喪失条項の意味などにも踏み込んだ考察は、研究者・実務家双方にとって興味深いものになると思います。

　第2部では、「倒産法からみた倒産手続上の契約解除」と題しまして、2組の報告・コメントを予定しております。

　倒産法における契約の処理に関しては、破産法53条等に基づく破産管財人等の契約解除権ないし履行か解除かの選択権が最も重要な法律上の制度であることには、異論がないものと思われます。この破産管財人等の解除権は、資料に引用しました伊藤教授の説明にありますように、合意解除や民法上の法定解除ではなく、「法によって破産管財人（等）に与えられた特別の権能」といえます。ただ、この「特別の権能」がどのような内容のものなのかは、「双方未履行双務契約」という概念の確定問題とあいまって、必ずしも明らかとはいえません。先ほど申し上げたように、今回の民法改正による契約解除法制の見直しにより、契約相手方の解除権の範囲拡大は必至ですので、「契約の拘束力からの解放」を求める相手方の解除権と破産管財人等の解除権ないし履行請求権の衝突の場面は増えてくると予想されます。個人的な感覚での表現をお許しいただけるならば、倒産法の観点からは、法改正によって契約相手方の解除の範囲が広くなっても、民法の規定または当事者の意思による「契約の拘束力」からの解放を簡単に認めるわけにはいきません。それを認め

ることによって契約の維持を通しての倒産債務者財産の充実が妨げられ、手続的にも遅延や複雑化の原因になるとすれば、倒産手続の側からは、「ちょっと待てよ」といわなければならない場面もあるはずです。倒産法理論ないし実務として、改正法の「契約の拘束力からの解放」という理念をどの範囲で認めるかは、今後重要な問題として登場するだろうと思います。

このような問題を倒産法の観点から検討するのが第2部の課題ということになります。

まず杉本報告ですが、(加毛報告・蓑毛コメントの内容を踏まえて)倒産法からみた契約解除法制の見直しおよびそれに誘発された岡正晶論文の問題提起のインパクトなどを整理していただきます。

双方未履行双務契約に関する破産管財人等の解除か履行かの選択権に関しては、破産法53条等の制度趣旨を再確認した上で、相手方の解除権との競合関係が生じた場合について、どのような調整方法があり得るのか、分析と提案がなされます。

杉本報告では、双務契約の一方が履行済みでもはや未履行双務契約とはいえないケース、例えば、動産売買契約の売主がすでに目的物を買主に引き渡した後に買主が破産したケースで、相手方売主の解除を認める見解につき検討がなされます。仮に、売主による法定解除権が認められるとすれば、売主は代金債権を届け出るのではなく、解除による原状回復請求権(価額償還請求権)を破産債権として届け出ることになるのか、など波及的な問題にもつながる論点といえるでしょう。

杉本報告に対するコメンテーターは、三森弁護士です。「双方未履行契約事例」と「一方不履行契約事例」を具体的に設定し、杉本報告の問題意識を検証します。三森弁護士は、倒産解除特約の効力に関して優れた研究を重ねておられますので、新しい解除法制の下で、倒産解除特約の効力はどのように解されるべきか、またこの論点に関する著名な最高裁判例、すなわち最判昭和57・3・30(民集36巻3号484頁)と最判平成20・12・16(民集62巻10号2561頁)をどのように評価すべきかについて

も、重要なコメントをいただけるものと思います。

　最後の中西報告においては、今後、より広い範囲で契約解除が可能となることが見込まれることを踏まえて、すでに破産手続開始前に相手方の解除権が成立している場合も含めて、倒産手続における契約解除の効果が検討されます。中西教授は、かねてから、「信用供与型契約」と「同時交換型契約」を区別して双方未履行契約解除の要件や効果を考える見解を主張され、多くの支持を得ているところです。売買を中心とした豊富な設例に基づいて、信用供与型取引であっても破産法53条等の適用を認めるべき場合があること、また管財人等による契約解除がなされた場合の相手方の地位をどのように解すべきか、などについて議論が展開されます。

　中西報告に対するコメンテーターは、水元教授にお願いしております。コメンテーターの中では、例外的に研究者ですが、これには理由があります。水元教授の倒産手続における契約の処理に関する比較法制度論およびわが国における立法の沿革に関する博識ぶりは、定評があるところです。そこで、中西報告の意義についてのコメントはもちろんのことですが、それに加えて、今回の民法改正に伴う解除法制の見直しに触発された倒産法の立法的課題についても言及していただき、もって第2部の総括をしていただくことを期待しているところです。

　本日は、報告とそれに対するコメントを中心にスケジュールを作ったために、パネルディスカッションは行うことができません。ただ、第1部、第2部双方において、短時間ではありますが、質疑応答の時間を設けてありますので、皆様方からも、積極的にご発言をいただければ幸いです。

　以上で、私からの趣旨説明を終わらせていただきます。

民法（債権関係）改正に係る
国会審議の経緯と概要

弁護士　松尾　博憲

　長島・大野・常松法律事務所の弁護士の松尾博憲と申します。私は法務省の民事局で債権法の改正作業に従事しておりまして、国会審議のお手伝いもさせていただいておりましたので、今回私のほうから国会審議の経緯と概要について簡単にご紹介をさせていただきたいと思います。

　昨日（2017年5月26日）、参議院本会議におきまして、「民法の一部を改正する法律案」およびその整備法案が賛成多数で可決され、成立しました。両法案が国会に提出されたのは2015年の3月31日でしたので、国会に提出されてから結局2年余りを経過してようやく成立の運びになったということです。もっとも、提出から2年余り経過したといっても、法務委員会において実際に法案の審議が始まったのは昨年（2016年）の第192回国会（臨時会）からでした。審議が始まるまでにかなりの時間がかかったのは、衆議院の法務委員会では、先行して、刑事訴訟法等の一部を改正する法律案、例えば取調べの可視化でありますとか、いわゆる司法取引の導入などの非常に重要で大きなテーマを取り扱う法律案が審議されていたことに加えて、2015年は臨時国会が開会されなかったという国会情勢もあったために、なかなか審議に入ることができなかったという事情に基づくものです。

　その後、第192回国会において、11月から衆議院の法務委員会で審議が開始されました。結局、第192回国会では、採決には至らず継続審議の扱いとされましたが、本年の第193回国会（常会）で審議が再開され、本年4月12日に一部修正の上、賛成多数で可決されました。衆議院での

第1部　シンポジウムの概要

　一部改正というのは、法案が平成27年に提出されたものでしたので、可決が平成29年になったことに伴う形式的な年号の修正を加えたものでありまして、実質的な内容の修正はなく、参議院に送付されました。衆議院では、参考人質疑も含めると合計で約34時間という大変長い時間審議がされています。約34時間というと、会社法が制定されたときよりも若干長いといわれるぐらいの時間ですので、非常に充実した審議がなされたものと承知をしております。なお、衆議院の法務委員会では、6項目の附帯決議が付されております(注1)。

（注1）　衆議院法務委員会では、以下の内容の附帯決議が付されている。
　　政府は、本法の施行に当たり、次の事項について格段の配慮をすべきである。
一　他人の窮迫、軽率又は無経験を利用し、著しく過当な利益を獲得することを目的とする法律行為、いわゆる「暴利行為」は公序良俗に反し無効であると明示することについて、本法施行後の状況を勘案し、必要に応じ対応を検討すること。
二　職業別の短期消滅時効等を廃止することに伴い、書面によらない契約により生じた少額債権に係る消滅時効について、本法施行後の状況を勘案し、必要に応じ対応を検討すること。
三　中間利息控除に用いる利率の在り方について、本法施行後の市中金利の動向等を勘案し、必要に応じ対応を検討すること。
四　個人保証人の保護の観点から、以下の事項について留意すること。
　1　いわゆる経営者等以外の第三者による保証契約について、公証人による保証人になろうとする者の意思確認の手続を求めることとした趣旨を踏まえ、保証契約における軽率性や情義性を排除することができるよう、公証人に対しその趣旨の周知徹底を図るとともに、契約締結時の情報提供義務を実効的なものとする観点から、保証意思宣明公正証書に記載すること等が適切な事項についての実務上の対応について検討すること。
　2　保証意思宣明公正証書に執行認諾文言を付し、執行証書とすることはできないことについて、公証人に対し十分に注意するよう周知徹底するよう努めること。
　3　個人保証の制限に関する規定の適用が除外されるいわゆる経営者等のうち、代表権のない取締役等及び「主たる債務者が行う事業に現に従事している主たる債務者の配偶者」については、本法施行後の状況を勘案し、必要に応じ対応を検討すること。
　4　我が国社会において、個人保証に依存し過ぎない融資慣行の確立は極めて重要なものであることを踏まえ、事業用融資に係る保証の在り方について、本法施行後の状況を勘案し、必要に応じ対応を検討すること。

そして参議院では、4月19日から法務委員会での審議が開始され、5月25日に同委員会において、賛成多数で可決されております。参議院法務委員会でも、参考人質疑を含めますと約29時間の審議が行われました。また、参議院法務委員会では、12項目の附帯決議が付されています(注2)。

衆議院、参議院合わせると60時間を超える議論がされたわけですけれ

五　定型約款について、以下の事項について留意すること。
　1　定型約款に関する規定のうち、いわゆる不当条項及び不意打ち条項の規制の在り方について、本法施行後の取引の実情を勘案し、消費者保護の観点を踏まえ、必要に応じ対応を検討すること。
　2　定型約款準備者が定型約款における契約条項を変更することができる場合の合理性の要件について、取引の実情を勘案し、消費者保護の観点を踏まえ、適切に解釈、運用されるよう努めること。
六　消滅時効制度の見直し、法定利率の引下げ、定型約款規定の創設、また、個人保証契約に係る実務の大幅な変更など、今回の改正が、国民各層のあらゆる場面と密接に関連し、重大な影響を及ぼすものであることから、国民全般に早期に浸透するよう、積極的かつ細やかな広報活動を行い、その周知徹底に努めること。

（注2）　参議院法務委員会では、以下の内容の附帯決議が付されている。
　政府は、本法の施行に当たり、次の事項について格段の配慮をすべきである。
一　情報通信技術の発達や高齢化の進展を始めとした社会経済状況の変化による契約被害が増加している状況を踏まえ、他人の窮迫、軽率又は無経験を利用し、著しく過当な利益を獲得することを目的とする法律行為、いわゆる「暴利行為」は公序良俗に反し無効であると規定することについて、本法施行後の状況を勘案し、必要に応じ対応を検討すること。
二　職業別の短期消滅時効等を廃止することに伴い、書面によらない契約により生じた少額債権に係る消滅時効について、本法施行後の状況を勘案し、必要に応じ対応を検討すること。
三　法定利率が変動した場合における変動後の法定利率の周知方法について、本法施行後の状況を勘案し、必要に応じた対応を検討すること。
四　中間利息控除に用いる利率の在り方について、本法施行後の市中金利の動向等を勘案し、必要に応じ対応を検討すること。
五　個人保証人の保護の観点から、以下の取組を行うこと。
　1　いわゆる経営者等以外の第三者による保証契約について、公証人による保証人になろうとする者の意思確認の手続を求めることとした趣旨を踏まえ、保証契約における軽率性や情義性を排除することができるよう、公証人に対しその趣旨の周知徹底を図るとともに、契約締結時の情報提供義務を実効的なものとする観点から、保証意思宣明公正証書に記載すること等が適切な事項についての実務上の対応について検討すること。

第 1 部　シンポジウムの概要

ども、実際にどのような点が議論されていたのかということについても簡単にご紹介したいと思います。

　法務委員会の法案審議では、改正法の内容や解釈論についてかなり突っ込んだ議論が行われました。議論の中心となった点は、保証の改正でした。

　　2　保証意思宣明公正証書に執行認諾文言を付し、執行証書とすることはできないことについて、公証人に対し十分に注意するよう周知徹底するよう努めること。
　　3　個人保証の制限に関する規定の適用が除外されるいわゆる経営者等のうち、代表権のない取締役等及び「主たる債務者が行う事業に現に従事している主たる債務者の配偶者」については、本法施行後の状況を勘案し、必要に応じ対応を検討すること。
　　4　我が国社会において、個人保証に依存し過ぎない融資慣行の確立は極めて重要なものであることを踏まえ、個人保証の一部について禁止をする、保証人の責任制限の明文化をする等の方策を含め、事業用融資に係る保証の在り方について、本法施行後の状況を勘案し、必要に応じ対応を検討すること。
　六　譲渡禁止特約付債権の譲渡を認めることについては、資金調達の拡充にはつながらないのではないかという懸念や、想定外の結果が生じ得る可能性があることを踏まえ、更に幅広い議論を行い、懸念等を解消するよう努めること。
　七　定型約款について、以下の事項について留意すること。
　　1　定型約款に関する規定のうち、いわゆる不当条項及び不意打ち条項の規制の在り方について、本法施行後の取引の実情を勘案し、消費者保護の観点を踏まえ、必要に応じ対応を検討すること。
　　2　定型約款準備者が定型約款における契約条項を変更することができる場合の合理性の要件について、取引の実情を勘案し、消費者保護の観点を踏まえ、適切に解釈、運用されるよう努めること。
　八　諾成的消費貸借における交付前解除又は消費貸借における期限前弁済の際に損害賠償請求をすることができる旨の規定は、損害が現実に認められる場合についての規定であるところ、金銭消費貸借を業として行う者については、資金を他へ転用する可能性が高いことを踏まえれば、基本的に損害は発生し難いと考えられるから、その適用場面は限定的であることを、弱者が不当に被害を受けることを防止する観点から、借手側への手厚い周知はもちろん、貸手側にも十分に周知徹底を図ること。
　九　諾成的消費貸借における交付前解除又は消費貸借における期限前弁済の際に損害賠償請求をすることができる旨の規定については、本法施行後の状況を踏まえ、必要に応じ対応を検討すること。

まず、改正法では、事業性融資に係る貸付債務を主債務とする保証契約のうち、いわゆる第三者保証に該当するものについては、事前に公正証書を作成することによる保証意思確認手続を経なければ保証契約が無効となるというルールが新設されています。これは、保証のリスクを理解しないまま安易に保証契約を締結してしまうという問題を解消し、個人保証人の保護を図る目的で新設された制度であり、報道でも注目されていた論点でしたが、国会では、①公証人による意思確認が適切に行われることが制度的に担保されているのか、つまり、保証人に保証意思があるか疑わしいような場合に、公証人が公正証書を作らないことが前提となっている制度になっているのか、②個人事業主の事業に現に従事している配偶者については、例外的に公正証書の作成が不要とされていますが、そのルールが適当なのか、③第三者保証の保護を図るという観点からは、公証人による意思確認という手続を経るということではなく、第三者保証の保証契約自体を原則として無効にするというような、さらなる保証人保護のための手立てをとるべきではないのか、④近時の金融行政では第三者保証を徴求しないことを原則としているわけですが、こういった金融行政の動きと今回の改正法の内容との関係をどのように整理するのか等の点について、かなり時間をかけて議論が行われました。

　保証以外の改正項目についてもご紹介いたしますと、改正法において新設された定型約款に関する規定については、①定型約款の定義の解釈

十　消滅時効制度の見直し、法定利率の引下げ、定型約款規定の創設、また、個人保証契約に係る実務の大幅な変更など、今回の改正が、国民各層のあらゆる場面と密接に関連し、重大な影響を及ぼすものであることから、国民全般、事業者、各種関係公的機関、各種の裁判外紛争処理機関及び各種関係団体に早期に浸透するよう、積極的かつ細やかな広報活動を行い、その周知徹底に努めること。

十一　公証人の果たす役割が今後更に重要となることに鑑み、本法施行後の状況も踏まえつつ、公証人及び公証役場の透明化及び配置の適正化、公証役場の経営状況の把握、民間等多様な人材の登用等、公証制度が国民に更に身近で利用しやすいものとなるよう努めること。

十二　消費者契約法その他の消費者保護に関する法律について検討を加え、その結果に基づいて所要の措置を講ずること。

と具体例の定型約款該当性、②定型約款によって契約が成立する要件を充足すると、合意があったものとみなされるが、これによって、契約の相手方に不利益が生じないか、③定型約款の内容を事業者側が一方的に変更することができるとされているが、これによって取引の相手方に不利益な変更が行われることによる問題が生じないかといった点であります。このほか、改正法では消滅時効制度が大幅に改正されております。すなわち、職業別の短期消滅時効の制度と商事消滅時効を廃止し、民商法の消滅時効期間を統一した上で、従来の権利を行使することができる時から10年という消滅時効期間に加えて、債権者が権利を行使することができることを知った時から5年という消滅時効期間を新たに導入したわけですが、その改正の必要性や、民法の改正にかかわらず、労働基準法において定められる賃金債権の時効期間が現行法のまま維持されることの妥当性が議論されました。また、法定利率については、改正法施行時に3％に引き下げた上で、緩やかな変動制を導入しておりますが、現在の市中金利を踏まえると、3％という利率もなお割高なのではないか、また、法定利率の割合と中間利息控除の割合を一致させることが果たして妥当なのか、被害者保護という観点からは中間利息控除の割合をさらに引き下げることもあり得るのではないかといった点が議論されました。さらには、昨年の事業再生研究機構のシンポジウムでも取り上げられたテーマでございますけれども、債権譲渡制限特約については、具体的な事案を念頭に置いた法律関係の妥当性や、譲渡制限特約付債権の譲渡が債務不履行を構成するとなると、改正しても譲渡人は譲渡しないのではないかという点、譲渡制限特約付債権を譲渡してしまうことによって譲渡人が債務者から取引を打ち切られてしまうリスクなどへの対応の要否などが審議されました。いずれの点についても、今後の改正法の解釈論を考える上では、国会の審議を参照することが非常に重要なものになるであろうと理解しております。

　最後に、改正法の施行時期についてお話をさせていただきます。改正法の施行時期については、改正法の附則におきまして、一部の規定を除

くと、「公布の日から3年を超えない範囲内において政令で定める日」とされております。法律の公布は成立からまもなく行われるというのが通例でございますので[注3]、そうすると、2020年の前半までには改正法案が施行されるということになります[注4]。それまでの期間が改正法の周知期間、あるいは施行までの準備期間ということになります。

　以上、国会での審議の状況等について、簡単ではありますが、私のほうからご報告させていただきました。

　改めて指摘するようなことでもありませんが、改正法は国民生活にも非常に大きな影響を与えるものでありまして、成立後は周知が重要であるということが国会で繰り返し指摘され、附帯決議にも盛り込まれております。今後、法務省としても、積極的に周知活動に努めて参ることになりますが、それに限らず、さまざまな形で改正法について議論がされていくことが期待されています。そして、本シンポジウムは、この後、民法と倒産法の第一線の研究者と実務家の先生方から、改正の議論を踏まえた精緻な改正法の解釈論と改正法施行後の倒産実務についての詳細な検討の結果の報告があると承知しておりますので、このシンポジウムが非常に重要な役割を担うものであると考えております。

　引き続きご清聴いただければと思います。本日はどうぞよろしくお願いいたします。

(注3)　民法の一部を改正する法律（平成29年法律第44号）及び民法の一部を改正する法律の施行に伴う関係法律の整備等に関する法律（平成29年法律第45条）は、平成29年6月2日に公布された。
(注4)　「民法の一部を改正する法律の施行期日を定める政令（平成29年政令309号）」により、改正法は原則として、平成32年（2020年）4月1日から施行されることが決定された。

第1　新民法からみた 倒産手続上の契約解除

第1報告
新しい契約解除法制総論
——催告解除、無催告解除、約定解除

東京大学准教授　加毛　　明

　東京大学の加毛です。本日はよろしくお願いいたします。

1　はじめに——検討の対象と理由

　本報告の検討対象は、民法（債権関係）改正法における新しい契約解除法制のもとで、倒産手続の開始が、倒産者の契約相手方による法定解除権の取得の可否にいかなる影響を与えるかという問題です。それゆえ3以下が本題でありますが、その検討の前提として、2において現行民法および改正民法の解除法制について概観することにします。

　本報告がこのような検討対象を設定する理由は、次の2点に求められます。

　第1に、現行法の下で、債務者の帰責事由は法定解除権の成立要件であると一般に考えられてきました。これに対して改正民法は、債務者の帰責事由を法定解除権の成立要件から除外しました。その結果、一定の場合に、法定解除権の成立する範囲が拡大することになりますが、拡大の範囲は必ずしも明らかではありません。この点に関連して、改正民法の下で、倒産手続の開始が、倒産者の契約相手方の法定解除権の成立を

基礎付けるとする見解が主張されています。これは現在の通説的理解と異なる（法定解除権の成立範囲を拡大する）見解であり、その当否を検討する必要があります。

第2の理由は——第1の理由と密接に関連しますが——民法改正が従前の議論状況に及ぼす影響を考える上で、本報告の検討対象が恰好の素材となることです。すなわち、民法改正の結果として、これまで十分に意識されてこなかった問題が意識化され、わが国における法的議論を深化することにつながる場合があります。本報告の検討課題は、その具体例の1つといえます。

本稿の検討対象との関係では、清算型倒産手続と再建型倒産手続の間に重要な差異は存在しません。そこで以下では破産手続を念頭に置いて検討を進めます。また本報告の検討対象は債務不履行に基づく解除に限定されます。各典型契約に設けられた債務不履行を原因としない解除は、続く藤澤報告において検討されます。また債務不履行に基づく解除についても、非典型担保の実行手段として用いられる場合（ファイナンス・リースなど）は除外します。これについても、藤澤報告で取り上げられることになります。

2　改正民法における法定解除権の成立要件
(1)　現行法下での議論状況
(i)　解除の制度趣旨と債務者の帰責事由
(a)　現行民法の規定

まず現行民法の解除制度を概観することから始めます。民法541条は、債務不履行一般について、債務者による債務不履行の事実に加えて、債権者による相当期間を定めた催告と相当期間の徒過を、法定解除権の要件とします。541条が催告を解除の要件とする理由については、現行民法起草時から追完機会の保障が挙げられていました。ひとたび債務不履行を犯した債務者に対し、再度の債務履行の機会を保障することが、催告の趣旨とされるのです。

次に、履行不能に基づく解除については、543条が規定します。541条の「債務を履行しない」という文言に、履行不能（債務を履行できないこと）を読み込めないことから、独自の規定が設けられたのです。履行不能の場合には、もはや催告をしても意味がないので、無催告で解除権が成立する一方で、履行不能が債務者の帰責事由によらないという抗弁が認められることになります。

注意すべきは、現行民法が、履行不能解除に限って、債務者の帰責事由を要件（抗弁事由）としたことです。その理由は、危険負担制度との関係に求められます。履行不能によって債務が消滅することを前提として、履行不能が債務者の帰責事由による場合には法定解除権が発生し、債務者（および債権者）の帰責事由によらない場合には危険負担の問題になると説明されるのです。

(b) 通説の確立

以上に対して、民法制定後の学説は――現行民法の規定と必ずしも一致しない――ドイツ法学由来の議論を導入しました。民法改正との関係で重要な点としては、まず損害賠償請求と解除を、ともに債務不履行の効果として統一的に理解する立場が、通説としての地位を確立したことがあります。その上で伝統的通説は、債務者の帰責事由を――危険負担制度との関係が問題となる――履行不能解除に限らず、法定解除一般の要件（抗弁事由）とします。解除権の成立には、客観的要件としての債務不履行――不履行の態様に応じて、履行遅滞・履行不能・不完全履行の3つに分類されます――と並んで、主観的要件としての債務者の帰責事由を必要とするのです。その理由は、個人の活動の自由を保障する近代法の基本思想――過失責任主義――に求められます。ある個人が自らの行為に責任を負うのは有責性が認められる場合に限られるとされるのです。その上で伝統的通説は、債務者の帰責事由を債務者の故意・過失または信義則上これと同視すべき事由と定式化し、契約に基づく債務不履行責任については、厳格な過失責任主義を緩和するのです（我妻栄『新訂債権総論（民法講義Ⅳ）』〔岩波書店・1964〕105頁）。

(c)　批判

　このような伝統的通説に対して、学説上は1980年代の中頃から、批判的な見解が有力になります。とりわけ重要なのが、伝統的通説が損害賠償請求と解除を債務不履行の効果として統一的に理解するのに対して、両者が法的性質の異なる制度と理解されるようになったことです。すなわち、損害賠償請求が契約への拘束を前提とするのに対して、契約の解除は契約の拘束力からの離脱を認めるための制度であると説明されます。このような考慮に基づき、損害賠償については債務者の帰責事由を要件とするとしても、契約解除については債務者の帰責事由を要件とすべきでないことや、契約解除の可否については契約を維持することに対する債権者の合理的期待の有無に基づいて判断すべきことなどが、主張されるのです（潮見佳男『債権総論Ⅰ〔第2版〕』〔信山社・2003〕430-431頁）。

　(ii)　履行不能の意義

　次に、解除の要件のうち、本報告の検討対象に関連するものについて、現行民法制定後の議論の展開をみていくことにします。

　まず、履行不能解除の中核的要件である履行不能の意義についてです。伝統的通説は、この履行不能概念に、物理的不能に加えて、社会通念上の不能が含まれると説明してきました（我妻・前掲143-144頁）。

　しかし、社会通念上の不能という概念は、その外延が不明確であり、履行請求権の限界を画する要件として十分に機能するとはいいがたいところがあります。そこで近時の有力な学説は、当事者が契約によって実現しようとした目的が法的保護に値するのはどこまでかを問題とし、契約によって実現されるべき利益（債権者の利益）が、給付対象を調達するために要するコスト（債務者の不利益）と比べて著しく過小である場合には、履行請求権が消滅すると考えるべきことを主張しています（潮見・前掲166頁）。

　(iii)　催告の意義

　(a)　催告の形式的理解

　次に、541条の中核的要件である催告については、民法制定後の判

例・学説において、これを形式的に理解する立場が登場しました。その嚆矢というべき鳩山秀夫の判例批評（鳩山秀夫「契約解除ノ要件及ビ効果」法学協会雑誌37巻3号〔1919〕436頁）によれば、催告が解除の要件とされる理由は、債権者と債務者の利益を公平に保護するという信義誠実の原則に求められます。債務の履行期を徒過しただけで直ちに契約の解除を許すことは債権者の保護に偏りすぎるので、債権者は債務者に対して「最後ノ通牒」として、催告を行うべきとするのです。

このような催告に対する理解を前提として登場したのが、大判大正13・7・15（民集3巻362頁）です。大審院は、債務者が債務の履行準備の大半を終えていることを前提として、履行の完成に必要な期間を定めて催告すればよいとされます。その結果、比較的短期な催告期間も相当と判断される可能性があることになります。

(b) 規範的要件としての催告

このような大審院判決の立場によれば、催告によって、債務者に追完の機会を保障するという要請は重視されないことになりそうです。しかし、現在の学説では、そのような催告要件の理解が一般的とはいえません。

近時の体系書では、催告要件によって、債務者が債務の本旨に従った履行をしないという状態が一定期間継続することが、解除権の発生を正当化する債務不履行の重大性を基礎付けるものと位置付けられます。そしてそれゆえ、催告の有無や催告期間の相当性は、規範的に判断されるべきことになります。例えば、潮見佳男教授は、「履行のための最後の機会（追完権）を債務者に与えるべきかどうかという規範的評価の入り込んだ視点から、債務者の追完権の許容限度と結びつけて捉えられるのが相当である」と説明しています（潮見・前掲437-438頁）。

さらに学説上は、債務不履行をプロセスとして理解する立場から、催告要件を規範的に位置付ける見解も有力です。森田修教授は、債務不履行があった場合に──債権者が「交渉拒絶型の当事者関係」を選択することにより、迅速に契約から離脱することを許容する一方で──債権者

が「再交渉型の当事者関係」を選択した場合には、「初発の不履行後の当事者の権利義務関係は、不履行による契約紛争を解決する交渉のための信頼関係を維持する義務を中核として、当事者の当初合意に必ずしも拘束されずに評価されるものに変容する」とし、債務不履行後の当事者の行動態様や契約外在的な要因を解除権の成否の判断に取り込むための要件として催告要件を位置付けます。また、相当期間内に債務の履行がないことという要件についても、催告後の債務者の行動態様を評価するものとして実質化すべきものとします（森田修「解除の行使方法――紛争解決交渉における信頼維持義務と履行請求権」同『契約責任の法学的構造』〔有斐閣・2006〕414-417頁）。この見解によれば、催告要件は、債務不履行という契約紛争が生じた場合における当事者の再交渉プロセスを法的に設計するものと理解されることになります。

以上のように近時の学説においては、法定解除権の成立要件として、催告を規範的に判断すべきとする立場が有力化しているということができます。

(2) 改正民法の内容
(i) 債務者の帰責事由
(a) 法定解除の要件からの除外

ここまでの検討を前提として、次に、改正民法の法定解除に関する規定をみていきましょう。

まず重要なのが、債務者の帰責事由が法定解除の要件とされないことです。現行民法543条ただし書が履行不能解除について債務者の帰責事由を要件として明示するのに対して、改正法では、債務全部の履行不能に基づく解除（改正民法542条1項1号）についてすら、債務者の帰責事由は要件とされていません。むしろ改正民法543条の反対解釈として、債務不履行が債務者の帰責事由によらない場合であっても、債権者は解除できるものと考えられます。

その結果、履行不能が債務者の帰責事由によらない場合にも、債権者が契約を解除し得ることになります。この点で改正民法は、現行民法よ

りも無催告解除の範囲を拡張するものということができます。
　(b)　危険負担制度の履行拒絶権構成
　他方、債務者の帰責事由を解除の要件としない場合には、履行不能解除と危険負担制度の関係が問題となります。この点について、改正民法536条1項は、当事者双方の帰責事由によらずに債務が履行不能になった場合でも、反対給付債務が消滅しないことを前提として、債権者が反対給付の履行を拒絶できるという履行拒絶権構成を採用しました。これに対して、反対給付債務を消滅させるには、契約を解除する必要があります。このような形で、改正民法は、契約解除と危険負担という2つの制度の適用領域を画することとしたのです。

(ⅱ)　無催告解除
　(a)　無催告での契約の全部解除が認められる場合
　次に、改正民法における法定解除権の要件についてみていきます。改正民法は、債権者による催告の要否に基づいて法定解除権の成立要件を区別します。まず契約全部の無催告解除を定める542条1項からみていきます。

① 　1号は、現行民法543条本文の債務の全部不能に基づく無催告解除を引き継ぐ規定です。

② 　2号は、債務者が債務の全部の履行を拒絶する意思を明確に表示したことを無催告解除の原因と定めています。立案担当者は、現行法下での裁判実務の扱い（東京地判昭和34・6・5判時192号21頁など）を明文化するものと説明しますが（部会資料68A・29頁）、学説においても従前から履行期前の確定的履行拒絶によって解除権の成立を認めるべきとする見解が存在していました（谷口知平編『注釈民法(13)』〔有斐閣・1966〕402頁［甲斐道太郎］）。

③ 　3号は、現行法下での実務・学説を踏まえて、債務の一部不能によって契約全部を解除するには、契約の目的を達成できないことが要件とされることを定めます。また債務者による債務の一部に関する履行拒絶の意思の明確な表示にも、同様の規律が妥当するものと

します。契約をした目的を達することができないこと（契約目的達成の可否）が無催告解除の要件とされる点が重要です。
④　4号は、現行民法542条の定期行為の履行遅滞に基づく無催告解除を引き継ぐ規定ですが、現行法と同様に、定期行為該当性が契約目的達成の可否を基準として判断されることを明らかにします。
⑤　最後に5号は、以上に該当しない場合であっても、債務者が債務を履行せず、債権者が催告をしても契約目的を達するのに足りる履行がされる見込みがないことが明らかであるときには、無催告解除ができることを定めます。受け皿規定としての性格を有するものです。

(b)　契約目的達成の可否

以上のように、改正民法542条1項3号から5号は、契約目的の不達成を無催告解除の要件とします。その理由については、債務者の帰責事由が法定解除の要件とされないこととの関係で、次のように説明されます。

　「そもそも、債務不履行による解除の制度は、債務不履行による損害賠償の制度のように債務者に対して債務不履行の責任を追及するための制度ではなく、債権者に対して当該契約の拘束力からの解放を認めるための制度であると考えられる。したがって、債務の不履行が債務者の責めに帰することができない事由によるものであるため債務者に対して損害賠償の責任を追及するのが相当でない場合であっても、債権者に対して契約の拘束力からの解放を認めるべき事情がある以上は、債務不履行による解除を認めるべきである。そして、ここにいう債権者に対して契約の拘束力からの解放を認めるべき事情とは、すなわち債権者が契約をした目的を達することができないこと（……）である」（部会資料68A・25頁）。

この説明は、契約の拘束力から債権者を解放する制度として解除を位置付ける近時の学説を前提としたものといえます。そしてそのような理解によれば、解除権の成否について、債務者の帰責事由の有無という債

務者側の事情は後景に退き、債権者の不利益（契約をした目的を達することができないこと）が前面に押し出されることになります。

しかしながら、無催告解除の場合に債務者の事情が考慮されないわけではないことには注意が必要です。まず改正民法542条1項2号については、債務者は債務の履行義務を負うにもかかわらず、それを拒絶する意思を明示しているのであり、契約を解除されてもやむを得ない事情があるといえます。

次に、1号の履行不能についても債務者の事情が考慮されます。前述のように、近時の有力な学説は、履行不能の判断に際して、債務者の不利益と債権者の利益を比較衡量します。このような理解は、改正民法412条の2第1項が、履行不能が債務の発生原因である契約に照らして判断されることにも表れています。

最後に、3号から5号が要件とする契約目的達成の可否についても、そこで問題とされるのは、債権者が一方的に契約によって達成しようとした利益ではないことに注意が必要です。例えば、ある契約が定期行為に該当するには、契約の両当事者が定期行為該当性を前提として契約を締結していたことが必要となります。契約をした目的の解釈に際しては、債権者と債務者の双方が契約締結を通じていかなる利益を実現しようとしたのかが探求されるのです。

　　(iii)　催告解除
(a)　催告要件を通じた債務者の事情の考慮

次に催告解除について、改正民法541条本文は現行民法541条を維持します。前述のように、催告は債務者に追完の機会を保障するものと理解され、追完の機会が保障されたにもかかわらず、債務者が債務を履行しなかったことが解除権の発生を基礎付けます。このように、債務者の帰責事由を要件としない改正民法の下でも、催告解除については、催告要件を通じて債務者の事情が考慮されるのです。

(b)　相当期間徒過時における不履行の軽微性

次に、改正民法541条には、ただし書が新設されます。すなわち「そ

の期間を経過した時における債務の不履行がその契約及び取引上の社会通念に照らして軽微であるときは、この限りでない」として、相当期間経過時における債務不履行の軽微性を根拠に催告解除が否定されるものとするのです。立案担当者の説明――それには様々な批判があるところですが――によれば、解除権の成否について「契約締結の目的の達成に重大な影響を与える」か否かという基準を採用した最判昭和43・2・23（民集22巻2号281頁）を参考にしたものとされます。

(c) 催告解除と無催告解除の関係

以上の説明を前提として議論の対象となるのが、改正民法541条による催告解除と542条1項による無催告解除の関係です。法制審議会の部会審議では、当初、催告解除についても、契約目的達成の可否が解除権の成立要件とされていました（中間試案第11-1(1)参照）。しかし、審議終盤になって、契約目的達成の可否に代えて、不履行の軽微性が要件とされたことで、催告解除と無催告解除の関係をどのように理解するかという問題が生じることになったのです。

法制審議会の部会資料は、無催告解除が認められなくとも、催告解除が認められる場合があることを指摘します。すなわち、債務不履行によってもなお契約をした目的を達することができる場合（無催告解除が認められない場合）であっても、不履行が軽微であるといえない限り、催告解除が認められると説明されるのです（部会資料79-3・13-14頁）。

しかし、これに対しては学説上の批判が向けられています。例えば磯村保教授は、債務者による履行拒絶の意思の明示の有無を例として、無催告解除について契約目的の不達成という厳格な制限が課されるにもかかわらず、債権者が催告解除という方法により、その制限を容易に回避できてしまうことを批判しています（磯村保「解除と危険負担」瀬川信久編著『債権法改正の論点とこれからの検討課題』別冊NBL147号〔2014〕82頁）。

また、横山美夏教授も、改正民法の下で、催告解除と無催告解除の正当化根拠が異なることを指摘した上で、やはり、催告解除が無催告解除

と比較して緩和された要件の下で認められることに疑問を投げかけています（横山美夏「契約の解除」法律時報86巻12号〔2014〕33頁）。

これらの批判に共通するのは、催告解除の要件が緩やかである——不履行の軽微性という例外要件だけでは、無催告解除に比して解除が広く認められる——という理解です。とりわけ、催告について、履行の仕上げに必要な期間を最後通牒として通知するものと理解すれば、催告解除は容易に認められることになります。

しかしながら、催告について、債務不履行の時点における債務者の状況を前提として、債務者に追完の機会を保障するものであると考えれば、催告解除の要件と無催告解除の要件を一貫して理解することもできるように思われます。債権者は、催告解除の前提として、債務者に対し、債務の履行を追完する機会を付与しなければならないのであり、その反面として、催告による追完機会の保障にもかかわらず、債務者が債務を履行しなければ、もはやその時点での契約目的達成の可否を問題とするまでもなく、法定解除権の成立が基礎付けられるものと考えられるのです。

改正民法の下で催告解除と無催告解除を整合的に理解しようとするのであれば、以上のように、催告要件について、債務者に対する追完機会の保障があったか否かという規範的な判断を行うべきように思われます。前述のように、近時の学説では、催告要件を規範的に理解する見解が有力ですが、改正民法の下では、そのような解釈が一層有力化するものと考えられます。

3 倒産手続の開始が法定解除権の成否に与える影響

(1) 問題状況

以上の説明を前提として——本報告の検討課題である——改正民法の契約解除法制において、倒産手続の開始が、倒産者の契約相手方による法定解除権の取得の可否にいかなる影響を与えるか、という問題についてみていきます。

はじめに、現行法下における議論状況を、福永有利教授の論文に即し

て確認しておきます（福永有利「倒産手続と契約解除権——倒産手続開始後における倒産者の相手方による解除権の行使を中心として」伊藤眞ほか編『竹下守夫先生古稀祝賀・権利実現過程の基本構造』〔有斐閣・2002〕681頁）。従前の学説では、破産手続の開始時点との関係で、契約相手方がいつの時点で法定解除権を取得・行使したかによって異なる法的帰結が導かれると説明されてきました。

　⒤　**破産手続開始前に法定解除権を取得・行使していた場合**

　まず、①破産手続開始前に契約相手方が法定解除権を取得・行使していた場合、その後に破産手続が開始しても、解除の効力に影響はないとされます（福永・前掲686-687頁）。

　⑪　**破産手続開始前に法定解除権を取得していた場合**

　次に、②契約相手方が破産手続開始前に取得していた法定解除権を破産手続開始後に行使できるかが問題となります。この点については、福永論文が述べる通り、現在の学説では肯定説が支配的といえます（福永・前掲688頁）。そして肯定説によれば、契約関係が双方未履行双務契約に該当する場合には、契約相手方の解除権と破産管財人の選択権（破産法53条1項）との関係が問題となります。福永論文は次のように説明します（福永・前掲689-690頁）。

　　ⅰ　まず、契約相手方が先に解除権を行使すれば、破産管財人は選択権を喪失する。
　　ⅱ　これに対し、破産管財人が先に解除を選択すれば、契約相手方は解除権を喪失する。
　　ⅲ　最後に、破産管財人が先に履行請求を選択した場合には、契約相手方はなお解除権を行使できるが、破産管財人が債務の本旨に従った履行の提供まで行えば、契約相手方の解除権は消滅する。

　このような形で、契約相手方の解除権と破産管財人の選択権のバランスをとるのです。

　⑯　**破産手続開始前に法定解除権を取得していなかった場合**

　最後に、③契約相手方が破産手続開始後に破産者の債務不履行を理由

第1部　シンポジウムの概要

として法定解除権を取得するかが問題となります。これが本報告の検討課題です。学説上は、履行遅滞に基づく解除権の成否を問題とした上で、契約相手方が法定解除権を取得することはないとする否定説が一般的です。破産手続が開始すると、手続開始前における債務者の履行遅滞を根拠として、法定解除権が成立することはないとされるのです（福永・前掲690頁）。

(2) 改正民法に関する新たな議論の登場

(i) 倒産手続開始を原因とする法定解除権の取得

以上の現行法下での議論状況について、近時、その再考を迫る見解が登場しています。それが岡正晶弁護士の論文です（岡正晶「倒産手続開始後の相手方契約当事者の契約解除権と相殺権」高橋宏志ほか編『伊藤眞先生古稀祝賀・民事手続の現代的使命』〔有斐閣・2015〕777頁）。

岡論文は民法改正法の下で、③の場合に、契約相手方による法定解除権の取得が認められるとします。すなわち「相手方契約当事者は、倒産手続開始後でも、倒産者の履行不能（倒産手続開始による履行不能も含む）を認定できる場合には、それを理由として、契約解除権を取得・行使できると解すべきである」という見解を主張するのです（岡・前掲779頁）。

(ii) 履行不能に基づく法定解除権

ここでは、倒産手続開始を原因として契約相手方が法定解除権を取得すると説明されます。その上で重要なのは、解除権の発生根拠が履行不能とされることです。従前の学説が履行遅滞解除を念頭に置いていたのに対して、岡論文は、倒産手続の開始が債務の履行不能を導くことを指摘するのです。

(iii) 従前の学説に対する批判

次に岡論文は、従前の学説が契約相手方の解除権を否定する根拠を2点に整理します。第1に「倒産者の債務（……）が履行不能となっても、法律に基づく履行禁止であるから、倒産者側の『責めに帰すべき事由によらない』ので、法定解除権は発生しない」こと、第2に「倒産

第1　新民法からみた倒産手続上の契約解除

手続開始後は、倒産手続によらなければ倒産債権を行使することができない（……）、また（再生・更生）計画の定めるところによらなければ、弁済を受け、その他これを消滅させる行為（……）をすることができない（……）と定められているところ、相手方契約当事者による契約解除は、『債権の行使』または『倒産債権を消滅させる行為』にあたるので、行うことができない」ことです（岡・前掲780頁）。

　その上で、岡論文は、第1の根拠に対し、改正民法が債務者の帰責事由を法定解除の要件から除外したことを指摘します。岡論文は、改正法の立場を好意的に評価した上で、「例えば売買契約の買主（金銭債務者）倒産の場合、……、売主は、目的物引渡債務（……）を負い続け、『両すくみ状態』のまま、当該目的物を他に売却するなどの代替取引をすることができない。これは売主を不当に拘束するものであり正当でない」とします。そして「両すくみ状態」を解消する手段として、破産法は、双方未履行双務契約に関する選択権を破産管財人に付与しますが、そのことは、契約相手方の解除権取得を封じる根拠にはならないとします（岡・前掲781-782頁）。

　次に岡論文は、第2の根拠について「倒産法の趣旨からいっても、破産法一〇〇条、民事再生法八五条等は、『倒産手続によらないで倒産債権の満足を得る』行為を禁止していると解するのが相当である」という読替えを行った上で、「相手方契約当事者による契約解除を認めても、破産管財人・再生債務者の第三者性の議論等によって、『倒産債権の満足を得る』結果はもたらされない」ことを論証します（岡・前掲782頁）。

　以上のように、岡論文は、従前の議論状況に対する鋭い批判を投げかけます。そこで以下では、従前の学説の主張内容を見直し、岡論文の主張の当否について検討することにします。

(3)　従前の議論の再検討
(i)　破産手続の開始による履行不能の成否
(a)　破産債権の金銭化

まず従前の学説が、岡論文と異なり、履行不能解除について議論し

てこなかった理由が問題となります。この点を明示的に論じる文献は乏しいのですが、前述の福永論文は、破産債権の金銭化（破産法103条2項1号イ・ロ）にその根拠を求めます（福永・前掲690頁）。すなわち、破産手続の開始によって、相手方が有する権利は破産債権として金銭化され、金銭債権について履行不能を観念することはできないことになります。それゆえ、破産手続開始後に解除権が成立するとすれば、それは履行遅滞を理由とするものである、という理解が、従前の学説の前提に存在したものと考えられます。

しかし、そのような理解の妥当性については疑問があります。破産債権の金銭化は、破産配当の前提として、破産債権を金銭的に評価するにすぎず、破産債権に該当する債権が実体法上、金銭債権に変わることまでは基礎付けないと考えられるからです。

(b) 履行不能概念と破産手続の開始

そこでむしろ履行不能概念のほうから、破産手続の開始が債務の履行不能を生ぜしめないことを説明すべきように思われます。まず、前述のように伝統的通説は、履行不能概念が社会通念上の不能を含むものとしますが、破産手続が開始しただけでは社会通念上の不能に該当するとは考えられてこなかったといえます。また近時の学説のように、債務者の不利益と債権者の利益を比較する立場によっても、破産手続の開始は履行請求権の排除を基礎付けるとは考えられないように思われます。後に述べる通り、破産手続が開始した場合、破産者は破産財団に属する財産について管理処分権を失い（破産法78条1項）、債務を弁済できなくなります。破産法という法律によって、債務を弁済しないことが認められる以上、破産手続の開始によって、債務者の給付対象の調達コストが増加することはないと考えられるのです。

以上からすると、従前の学説が議論を履行遅滞解除に限定したこと自体は、妥当であったといえます。しかし、そのために、破産債権の金銭化という論理を用いる必要はなく、破産手続の開始が履行不能を生ぜしめないことを根拠とすれば足りると考えられるのです。

第1　新民法からみた倒産手続上の契約解除

(ii)　**履行遅滞解除を否定する論拠**

　次に従前の学説が、破産手続開始後における契約相手方の法定解除権取得を否定する論拠について、『条解破産法』の説明をみておきます（その他の文献については、蓑毛コメントをご参照下さい）。

　「破産手続開始後に履行期が到来する債務について、破産管財人の履行選択までは相手方は財団債権としての弁済を求めることができず、また破産管財人も相手方の債権について弁済をなすことはできないから、債務者の責めに帰すべき債務不履行が生じているとはいえず、また破産管財人の選択権行使を保障する趣旨からも、相手方の解除権は否定される」（伊藤眞ほか『条解破産法〔第2版〕』〔弘文堂・2014〕412頁）。

　ここでは、㋐双方未履行双務契約に関する破産管財人の選択権の保障と㋑債務者の責めに帰すべき債務不履行がないことという2つの論拠が挙げられ、さらに㋑は、ⓐ契約相手方が（破産債権者であるため）個別に権利行使できないこと（破産法100条1項）、およびⓑ破産管財人が契約相手方に対して弁済をできないことによって基礎付けられています。

(a)　双方未履行双務契約に関する破産管財人の選択権

　これらの論拠のうち㋐については——岡論文も指摘する通り——契約相手方の解除権取得を否定する論拠となり得るか疑問があります。『条解破産法』も——破産手続開始前に契約相手方が法定解除権を取得していた場合についての説明ですが——破産法53条1項は「解除権を付与するという趣旨で破産管財人に有利な地位を認めるものであり、それ以上に相手方に不利益を与える合理的理由は存在しない」と述べます（伊藤ほか・前掲411頁）。破産法53条1項は——その立法論としての当否も問題とされており——契約相手方が実体法に基づいて法定解除権を取得するものと判断される場合に、それを否定する論拠としては弱いと考えられます。またそもそも契約相手方が債務を履行済みの場合には、双方未履行双務契約に該当しないので、破産法53条1項を根拠として契約相手方の解除権の成立を否定することはできないことになります。

(b) 債権者の権利行使の制限と破産管財人の弁済の制限

　そこで契約相手方の法定解除権取得を否定する論拠とすべきは、ⓐ債権者の権利行使の制限とⓑ破産管財人の弁済の制限であると考えられます。『条解破産法』はこれをⓘ債務者の帰責事由の不存在に結び付けますが、その理由は必ずしも明確ではありません。また改正民法の下では、債務者の帰責事由の存否によって法定解除権の成否を判断するという論理構成を用いることができなくなります。そこで、ⓐとⓑが契約相手方による法定解除権取得との関係でいかなる意味を有するのかを明らかにすることが、従前の学説を評価するために必要になります。

　前述の通り、ここで問題となるのは履行遅滞に基づく解除です。それゆえ現行民法541条によれば、債権者は債務者に対して相当期間を定めた催告をしなければならず、債務者が相当期間内に債務を履行しないことが解除権発生の要件となります。しかし、破産手続が開始した後に、相手方が有効な催告をできるかには疑問があります。

　催告は、債務者に対して債務の履行を請求する意思の通知です。契約相手方は破産手続の開始によって破産債権者となり、自らの債権を「破産手続によらなければ、行使することができない」（破産法100条1項）地位に置かれます。そして、制限される破産債権の行使が「当該債権の満足を求めるすべての法律上および事実上の行為を意味する」（伊藤ほか・前掲743頁）ことからすれば、債務者（破産管財人）に対する債務の履行請求を内容とする催告も、破産法100条1項による制限の対象になるものと考えられます。このように解すれば、従前の学説におけるⓐの論拠は、契約相手方による有効な催告を否定するものとして把握し直されることになります。

　他方、催告が債務者に追完の機会を保障するものであることからすれば、破産手続の開始後、債務者による追完の可能性は制約を受けることが問題となります。債務者である破産者は破産財団に属する財産について管理処分権を失うので（破産法78条1項）、そこから債務を弁済（追完）することができなくなります。また自由財産からの任意弁済の可能

第1　新民法からみた倒産手続上の契約解除

性がある場合にも、そのことによって、追完の可能性を基礎付けることには困難があります。さらに破産管財人による債務の弁済（追完）の可能性についても、破産法100条1項は破産管財人から破産債権者に任意弁済することを禁じているものと解されます（伊藤ほか・前掲742頁）。このように、破産手続開始後には、債務者・破産管財人による追完の可能性が制約を受けることになるので、債務者に追完の機会を保障するための催告をする前提が失われると考えられます。それゆえ、従前の学説のⓑの論拠は、有効な催告をする前提条件を否定するものと理解されます。

　以上によれば、従前の学説が挙げるⓐ・ⓑは、㋑債務者の責めに帰すべき事由の不存在を基礎付けるというより、有効な催告を否定するための論拠であるということができます。そうだとすれば、債務者の帰責事由を法定解除の要件としない改正民法の下でも、催告解除をするには適法な催告が要件とされるので、破産手続開始後に契約相手方が履行遅滞に基づく法定解除権を取得しないという従前の学説の結論を維持できるものと考えられます。

(ⅲ)　**破産手続の開始後の相当期間の経過**

　そして以上の説明を前提に、さらに問題となるのが、破産手続開始前に債権者が催告をしていたものの、破産手続開始の時点で相当期間が経過していなかった場合です。破産手続開始による権利行使の制限が生じる以前に催告がなされている点を重視すれば、手続開始後も催告期間は進行し、期間満了の時点で、契約相手方が法定解除権を取得するとも考えられます。しかし、催告の趣旨が債務者に対する追完の機会に保障にあることからすれば、破産手続開始前に相当期間が経過していない限り、債務者に追完の機会が保障されていたとはいいがたいと考えられます（とくに、破産手続開始の直前に契約相手方から催告がなされた場合を考えるとよいでしょう）。それゆえ、破産手続開始時点で相当期間が経過していなければ、手続開始前における契約相手方の催告は効力を失うと考えられ、この場合にも解除権は成立しないことになります。

33

このような理解によれば、履行遅滞に基づく法定解除権の取得を否定する論拠として重要なのは、契約相手方の権利行使が制限されることというより、破産者・破産管財人が債務の弁済（追完）について制約を受けることであると考えられます。破産法100条1項についても、それが直接に規定する破産債権者の権利行使の制限ではなく、その前提とする破産管財人に対する破産債権の弁済禁止が、破産手続開始後の法定解除権取得を否定する直接の理由であると考えられます。

4　改正民法の規定の解釈

　以上の検討を前提として、改正民法の規定の解釈についてみていきます。

　まず、催告解除に関する改正民法541条については、破産手続の開始によって債務者に対する有効な催告ができなくなるので、解除権は成立しないものと解されます。

　次に、無催告解除のうち、第1に、債務の履行不能を理由とする改正民法542条1項1号および3号については、前述の通り、破産手続の開始が履行不能に該当しないので、解除権は成立しないものと解されます。

　第2に、債務の履行拒絶の意思の明示に関する改正民法542条1項2号および3号については、まず破産手続の開始は、裁判所による決定であるので2号、3号に該当し得ません。また、債務者による破産手続開始の申立てについても、破産手続という実定法上の手続を利用して債務を弁済しようとするものですので、やはり債務の履行拒絶の意思の明示には当たらないものと考えられます。

　最後に問題として残るのが、改正民法542条1項5号です。しかし5号は「債権者が前条の催告をしても」契約目的の達成に足りる履行の見込みがないことが明らかな場合に関する規定であり、適法な催告が可能である場合を前提とするものと考えられます。それゆえ破産手続の開始によって、債権者が債務者に対し、もはや適法な催告ができなくなった以上は、同号に基づいて無催告解除が認められることもないものと解さ

れます。

このように改正民法の解釈論としても、破産手続の開始を原因として、催告解除および無催告解除が認められることはないという見解を基礎付けることができます。改正民法の下でも従前の学説の結論を支持し得るのです。

5 約定解除（倒産解除特約など）との関係

最後に、法定解除に関する本報告の検討が、約定解除に関する従前の議論状況についていかなる意味を有するかについて、若干の言及をしておきます。

まず、倒産解除特約の効力について、現在の通説的見解は消極的な立場をとります。倒産解除特約の効力を無制限に認めてしまうと、破産手続開始前に契約相手方が約定解除権を取得・行使できることになります。しかしそれでは、破産法が破産管財人に履行請求と解除の選択権を付与した趣旨を没却することになります。そこで、破産手続との関係では、倒産解除特約の効力を原則として否定すべきとされるのです。

このように従前の議論が倒産解除特約の効力を否定する論拠とするのは、破産法上の制度趣旨です。そうだとすれば、民法改正は従前の議論状況に直接の影響を及ぼさないものとも考えられます。

しかし、前述のように、倒産手続の開始により、債権者が債務者（倒産者）に対して有効な催告ができなくなる──その結果、催告解除をできなくなる──という理解を前提とすれば、そのような帰結を回避する目的で締結される倒産解除特約の効力については、やはり消極的に解すべきように思われます。現在の通説的見解は、破産法のみならず民法（解除法）の解釈としても、基礎付けられることになります。

さらに、倒産手続開始の申立てや支払停止などと無関係な事実に基づいて無催告解除を認める特約も問題となります。倒産解除特約の効力を否定する論拠を破産法上の制度趣旨に求める通説によれば、倒産手続と無関係な事由に基づく無催告解除特約の効力を否定することには困難が

伴います。これに対して、催告による債務者への追完機会の保障に着目する場合、無催告解除特約とは債務者が催告（追完機会の保障）の利益をあらかじめ放棄することを意味しますので、そのような利益の放棄がいかなる条件のもとで許容されるかが問題となります。その際には、倒産手続の開始によって有効な催告ができなくなった場合にも、債務者による追完利益の放棄の効力が維持されるか、という観点からの検討も要請されます。このように、無催告解除特約の実体法上の有効性を判断するうえで、催告による債務者への追完機会の保障という視点が意義を有すると考えられるのです。

6　おわりに

　本報告では、改正民法の新しい契約解除法制の下で、倒産手続の開始が、倒産者の契約相手方による法定解除権の取得の可否にいかなる影響を与えるか、という問題を取り上げました。改正法が債務者の帰責事由を法定解除の要件としないこととした結果として、倒産手続の開始によって契約相手方が法定解除権を取得するという近時の見解を批判的に検討し、改正法の下でも従前の通説的見解——破産手続の開始によって契約相手方が法定解除権を取得することはないとする立場——を支持できることを指摘しました。

　このようにみると、民法改正は、倒産手続に関する現在の法状況に影響を与えないことになりそうです。実際、結論だけに着目すれば、そのような評価も誤りとはいえません。しかし、民法改正によって新たな解除法制が導入されたことは、従前の議論の前提を問い直すことにつながります。破産手続開始後に、契約相手方が法定解除権を取得することはないという帰結を導くため、従前の議論では、債務者の帰責事由の不存在というロジックがしばしば用いられていました。しかしその論拠を再検討すると、そこで問題とされていたのは、債務者の帰責事由の有無というより、有効な催告の可否の問題であることが明らかになりました。このように民法改正の影響については、従前の法状況の変更をもたらす

第1 新民法からみた倒産手続上の契約解除

場合だけでなく、これまで十分な分析がないままに通用してきた法律論を見直し、その意味するところを明確にする契機となることを見すごしてはなりません。このことは、わが国の法的議論の深化に裨益するところが大きいといえます。結論に差異がないとしても、そこに至る論理構成の点で、民法改正は従前の議論状況に影響を与え得るのです。

　他方で──本報告では直接の検討対象としなかったところで──民法改正が従前の法状況に影響を及ぼす余地はあります。改正民法は、債務者の帰責事由を法定解除の要件としないことにより、債務者の帰責事由に基づかない履行不能の場合にも、法定解除権が成立することを認めました。その限りにおいて、破産手続開始前の段階で契約相手方が法定解除権を取得していたと評価される場合が拡大することになります。このことが、前述した、破産管財人の選択権と、契約相手方の解除権の関係にいかなる影響を及ぼし得るかは、残された問題ということができます。この点については、蓑毛コメントおよび第2部の杉本報告において取り上げられることになります。

第1部　シンポジウムの概要

加毛報告に対するコメント

弁護士　蓑毛　良和

　弁護士の蓑毛です。よろしくお願いいたします。私の役割は、先ほどの加毛報告に対するコメントです。
　時間が非常に限られておりますので、私の見解については、文章にまとめてレジュメにしてあります（＊シンポ当日のレジュメに最小限の加筆等をしたものを本稿の末尾に添付）。本日の発表で言葉足らずなところは、適宜、レジュメを参照していただければと思います。それでは、レジュメに沿って、ご説明いたします。
　レジュメのタイトルは「新しい契約解除法制総論――催告解除、無催告解除、約定解除～加毛報告に対するコメントと催告の意義に関する若干の考察～」です。
　「1　解除と開始決定との関係の整理（開始前解除権と開始後解除権）」については、加毛報告でふれられましたので、割愛させていただきます。
　次に「2　加毛報告」をご覧ください。これまで通説は、法的倒産手続開始後の倒産者の債務不履行を理由とする解除は認められないとし、その理由として、開始決定によって、その後の不履行には帰責性がないからだと説明してきました。同様に弁済禁止の保全処分があった後の債務不履行についても、債務者に帰責性がないから相手方は解除できないと理解されてきました。ところが、債権法改正によって、解除の要件から帰責性がなくなりますので、弁済禁止の保全処分があっても、開始決定があっても、相手方は解除できるのではないか、具体的には、双方未履行の場合に債権者の側から解除して契約を消滅させることができるのではないか、あるいは買主破産の事案で売主である債権者が履行済みの

場合、売買代金債権でなく解除の上、原状回復請求権を破産債権として届け出ることができるのか、このような問題意識が現れたわけです。

　この点に関する加毛報告の要旨は、レジュメの「2　加毛報告」の「(1)　改正民法541条」に記載した通り、「破産手続開始によって債務者に対する有効な催告ができなくなることをもって解除を制約する」というものです。これまでの通説が破産法100条により債務者の債務不履行には帰責性がないといっていたところ、そのような捉え方ではなく、破産法100条により債権者は催告ができなくなる、したがって解除できないという考え方です。

　この考え方の基礎にあるのは、加毛先生が詳しくお話になっていたように、催告には二面性があるという点です。催告は、債権者が解除権を行使するための前段階の行為であると同時に、債務者の追完機会の保障という面がある。そうだとすると、開始決定後は、債権者が債務の弁済を求めることができないから催告ができなくなるというだけでなく、債務者に追完する機会がないから有効な催告がなし得ないことになる。また、開始決定前に債権者が有効に催告をしていたとしても、相当期間が経過する前に開始になった場合は、追完機会の保障が果たされていないので、催告はなかったことになる。さらに、弁済禁止の保全処分は債務者を名宛人としていて、債権者の取立権能を失わせるものではないので、弁済禁止の保全処分が出ても債権者は催告できるのではないかとも考えられるけれども、債務者の弁済が禁止される以上、債務者の追完機会の保障という観点から、これは有効な催告たり得ないということになる。このように、弁済禁止の保全処分が出たり開始決定が出たりした後は、債務者が追完する機会がなくなるから、有効な催告はなし得ず、その結果、催告解除はできなくなるという結論を導いているわけです。

　加毛報告は、実務的にも妥当な帰結を導き得るものであり、私は加毛先生の立場に賛成します。ただし、弱点を1つ挙げるとすると、解除を制約する根拠を催告の要件にひっかけていますので、無催告解除が認められるときには、加毛先生の立場に立っても、解除はできるのではない

かという問題が出てくるということを指摘しておきます。また、無催告解除特約の問題について、後で少しふれたいと思います。

　次に、レジュメの「(2)　改正民法542条」です。加毛先生から、開始決定は改正民法542条1項各号の事由に当たらない、特に履行不能に当たらないことについて詳しく説明がありましたが、民法からのアプローチについては私の理解を超えるところもあり、あまり適切なコメントができません。ただし、倒産法の観点から1つ付け加えておきたいことがあります。開始決定時において双方未履行の場合には、管財人がその後履行を選択して、共益債権、財団債権で100％弁済できる余地がありますから、開始決定で直ちに倒産債務者が履行不能になることはありません。そういう意味で、開始決定により直ちに履行不能解除ができるわけではないと考えます。

　次に、レジュメの「(3)　債権法改正後の催告（民法541条）の意義」です。加毛報告でも非常に強調されていましたが、この箇所が重要です。これまで述べた通り、加毛報告は、催告に光を当て、催告に債務者の追完機会の保障という意義があるとします。

　ところが、果たして民法は催告にそのように重要な意義をもたせているのでしょうか。改正債権法は、解除を契約の拘束力から債権者を解放する制度と位置付け、これまで要件とされていた債務者の帰責性を不要としました。レジュメに例として挙げましたが、大規模自然災害により工場が一時的に稼働を停止して履行不能とまではいえず、履行遅滞となっているケースを考えてみます。法制審でもこのようなケースを例に挙げ、債務者に帰責性がない場合であっても、債権者を契約の拘束から解放するために解除できるようにするのが今回の改正による解除法制の趣旨だとしています。大規模自然災害のために履行したくても履行できない債務者に対して、催告をして民法541条で解除できることを大前提として議論しているわけです。それでは、このようなケースにおける催告とはどのような内容のものであるべきなのでしょうか。債務者の追完機会の保障という点を強調するなら、催告期間は債務者の工場が復旧す

第1　新民法からみた倒産手続上の契約解除

るまでの期間が必要ということになりそうです。しかし、これでは債権者を契約の拘束から解放するという解除の趣旨が満たされないのではないかとの疑問が生じます。このように、追完機会の保障とは具体的にどのような内容なのかということが論じられなければなりません。

この点について、加毛先生からさまざまな近時の学説、たとえば催告は規範的要件だとする森田修教授説の説明がありました。私からは、加毛先生の説明を補足する趣旨で、これまでの判例・実務における催告の意義と、そして債権法改正で、催告の意義に関連してどのような議論がされたかというご紹介をしたいと思います。

まず、これまでの判例・実務は、加毛先生がおっしゃるのとは異なり、催告に債務者の追完機会の保障という重要な意義は与えてこなかったと思います。実務では、債務不履行があれば、債権者は債務者に対して内容証明郵便を出して「1週間以内に履行しなさい。さもなければ解除します」と通知し、その期間を経過すれば解除します。催告を、いわば手続的・形式的な要件と捉えています。判例も、金銭債務であれば催告期間は2～3日でいいなど、"最後の仕上げ的な期間"を設けて催告すればいいとしています。

では、今後もそれでいいかというと、そうではなく、加毛先生のおっしゃる通り、債権法改正後は、催告に、債務者の追完機会の保障という意義を与えていかねばならないのだと思います。この点に関する法制審での議論をご紹介します。レジュメの2(3)に記載したのですが、債権法改正の議論において、帰責性を不要とする考え方に対しては、実務家から、債務者側の事情を考慮しないのはまずいのではないかと懸念が出されました。これに対して、学者と立案担当者の側からは、債務者側の事情を考慮しないわけではありません。ただし、それは帰責事由ではなくて別の要件として扱うのだという説明がなされています。

重要な箇所なので読み上げます。レジュメの脚注14ですけれども、岡崎さんという裁判官が発言されていて、「契約が解除されるということになりますと、債務者にとっては契約によって得るべき利益を失うとい

う意味で、一定の制裁を受けるという側面があると思われます。そのような制裁を債務者に甘受させるには、単に不履行があったというだけではなくて、債務者の側の事情もしんしゃくした上で、債務者に帰責事由があったからしようがないんだというような部分が、説明として求められるのではないかと思われます。そのような観点から、長年にわたって要件として定着している帰責事由を、この際、なくすということが相当なのかというのが裁判所の中での大勢を占めているように考えています」（民法〔債権関係〕部会第39回会議議事録33頁）と述べています。岡崎裁判官は、解除を正当化するためには債務者側の事情を斟酌することが必要であり、帰責性の要件をなくすと、このような斟酌ができなくなるのではないかという懸念を示しています。

　これに対して、レジュメの脚注15ですけれども、民法学者の立場から、潮見佳男先生が、「重大不履行というか、契約目的達成不能というかどうかはともかく、そうした要件を立てた場合に、そこの判断要素として、例えば債務者側の事情あるいは対応というものを評価するのかという仕組みを作れば足りませんか。……そうした債務者側の事情というものが考慮できるような枠組みというものが維持されるのであるならば、それを帰責事由という言葉で用立てするということが果たして適切なのか、……帰責事由が要らない立場は債務者側の事情を考慮しない立場だと誤解をしている人たちがたくさんいらっしゃるので、そうではないということを申し上げたいために、少し発言させていただきました」（民法（債権関係）部会第39回会議議事録34頁）とおっしゃっています。要するに、解除の要件から帰責事由はなくすけれども、ほかの要件で債務者側の事情は考慮しますよと、これが大前提で新しい契約解除法制はつくられているということです。また、脚注15と16に他の法制審議会メンバーの発言も記載しましたので、後ほどご覧いただければと思います。どの方も、新しい契約解除法制において、債務者の帰責性の要件はなくしたとしても、何らかの要件で債務者側の事情を考慮すべきだという趣旨の考え方を述べておられます。

そして、この考え方は中間試案にも明記されています。レジュメの2(3)のなかば、アンダーラインを引いたところですが、従来、帰責事由という概念の解釈において債権者が被る不利益と債務者の契約維持の利益との実質的な衡量が図られており、このような利害調整の実質的な在り方には概ね異論がないことを前提に、かような利害調整を、『債務者の責めに帰すべき事由』という要件で図ることは文言解釈として疑問があり得ることから、催告解除における『相当な期間』や契約目的達成の可否などの要件の解釈において図るのが適当であると論じられているのです。

　以上の議論について、条文を確認しておこうと思います。今議論しているのは541条の条文です。改正民法541条の条文を見ると、従来の条文そのままにただし書がついていて、「ただし、その期間を経過した時における債務の不履行がその契約及び取引上の社会通念に照らして軽微であるときは、この限りでない」となっています。ちなみに、中間試案では、541条に新たに付け加えられる文言はこれと異なり、「ただし、その期間が経過した時の不履行が契約をした目的の達成を妨げるものでないときは、この限りでないものとする」というものでした。先ほど紹介したように、中間試案の段階では、債権者と債務者の利害調整は、催告における「相当期間」や契約目的達成の可否などの要件の解釈において図るとされていましたが、最終的に改正民法では、契約目的達成の可否の要件は採用されず、軽微性の要件が設けられました。

　そこで、新解除法制においては、中間試案で示された考え方、すなわち帰責性の要件はなくなるけれども他の要件で債務者側の事情が考慮されるのか、考慮されるとすると、それは、どの要件の解釈によるのかということが問題になります。まず、債務者側の事情が考慮されるか否かについては、中間試案後、特にこの点を否定するような議論はなされておらず、解除の際には何らかの要件で債務者側の事情を考慮すべきという考えは維持すべきと考えます。次に、中間試案のときにあった契約目的達成の可否という要件であれば、履行期に債務者が履行しなかったと

しても、債権者が契約締結時に有していた契約目的が達成できるのであれば、債務者側の事情を考慮して、債権者による解除を制約するという解釈も可能であったと思います。しかし、改正法で採用された軽微性の要件を素直に解釈すれば、不履行の部分が数量的にわずかな場合や付随的な債務不履行など、本来債務者が履行すべき債務との比較において不履行の程度や態様が軽微である場合を指すと思われますので、この要件に、契約締結後に生じた債務者側の事情を織り込むのは難しいと思います。そうすると、債権者と債務者との利害調整は、催告における「相当期間」の解釈で図るほかないと思われるわけです。

そのように考えますと、レジュメの2(3)の最後、アンダーライン部分に書きましたように、改正民法541条に基づく法定解除の要件である催告は、単に手続的・形式的な要件ではなく、債権者と債務者との利益衡量を取り込んだ規範的な要件であると解すべきです。もう少し具体的に言うと、時間がないので結論だけですが、脚注24の通り、債務者に帰責性がある場合とない場合に分け、債務者に帰責性がある場合は、従来の"最後の仕上げ的な期間"で足りるけれども、債務者に帰責性がない場合には、森田修教授のいうところの再交渉型、すなわち、不履行の程度および態様、債務者の追完可能性、追完に向けた債務者の態様ならびに履行がさらに遅延することによる債権者の代替取引の困難性などを総合考慮して、催告期間を決めるべきだと考えます。

催告にこのような重要な機能があることを併せ考えることで、先ほどの加毛先生の御報告の内容である、破産手続開始によって債務者に対する有効な催告ができなくなることをもって債権者による解除を制約する、ということがより深く理解できるのではないかと思います。

時間の関係で、あとは問題提起にとどめます。

レジュメの「3　さらなる問題点」ですが、加毛報告の立場によれば、倒産時の解除について、債権法改正後も今までの通説と同じ結論になるように見えます。つまり、レジュメの「3　さらなる問題点」の最初に記載した括弧のローマ数字(ⅰ)(ⅱ)(ⅲ)に記載したように、債権者による開始

第1　新民法からみた倒産手続上の契約解除

前解除権の行使は肯定されるが、開始後解除権の取得は否定されるという結論には変化がなく、一見するとこれまでの倒産実務への影響がないように思われます。しかし、今回の債権法改正によって、解除自体が容易になると考えられますから、この区分け自体に変化はなくても、事実上の問題として、開始決定前に債権者が解除権を取得してしまっていて、通説を前提とする限り、解除を認めざるを得ないケースが増えるのではないかと思われます。このような事態に対して、倒産側としてはどうするのかという問題意識はもっておいたほうがいいと思います。

　もう1つは無催告解除特約の問題です。債務不履行があれば催告なしに解除できるという特約を契約当事者が結んでいた場合には、催告の要件で解除を制限する加毛報告の立場では、倒産手続開始後の債権者による解除を制限できず、このような特約が設けられてさえいれば解除が認められるのかという問題意識です。この点については、レジュメの「4　私見」の(1)(2)に書いておきましたので、後でご覧になっていただければと思います。ごく簡単に書かれていることを紹介すると、そもそも無催告解除特約の効力は、平常時においても無制約ではありません。それから、倒産時の効力についてですが、通常、契約書には期限の利益喪失条項が設けられているところ、倒産手続開始申立てを期限の利益喪失事由と定めていて、かつ無催告解除特約があると、これは合わせ技1本で、倒産手続開始申立てがあれば直ちに契約を解除できるということになり、判例上効力が否定されている倒産解除特約と同じことになるので、そのような特約の効力は否定できると思われます。さらに、期限の利益喪失条項に絡めずとも、無催告解除特約に関する当事者の合理的な意思解釈であるとか、あるいは双方未履行における管財人の選択権を無意味にするということなどから、法的倒産手続においては、無催告解除の効力は否定されると考えていますが、これはなかなか難しい問題であり、今後議論が深まっていけばと思います。

　最後に、レジュメの「4(3)　双方未履行双務契約における破産管財人等の選択権の強調」です。これまでの私のコメントは、倒産手続と解除

に関する通説、すなわち、債権者が解除権を取得していた場合には、倒産手続開始後であっても解除権を行使できるという立場を前提に行ってきました。しかし、新しい契約解除法制によって解除の範囲が広がることを考えると、倒産実務における妥当な結論・バランスを導くため、通説とは異なりますが、倒産手続が開始した時点で双方未履行の場合は、契約関係の維持・解消は専ら管財人・再生債務者の選択権による処理に委ねられるべきとの立場が大変魅力的です。この見解が認められるのであれば、これまで議論してきた、債権者による開始後解除権の取得や無催告解除、無催告解除特約の問題も一挙に解決することになります。この後、第2部に登場する杉本先生がこの立場に立ってご報告していだだくことになっています。

　以上で私の報告を終わります。ご清聴ありがとうございました。

> レジュメ

新しい契約解除法制総論
——催告解除、無催告解除、約定解除
〜加毛報告に対するコメントと催告の意義に関する若干の考察

1 解除と開始決定との関係の整理（開始前解除権と開始後解除権）
(1) 通説

解除と開始決定との関係に関し、通説は、要旨、以下の通りである。実務は通説を前提に処理し、一定のバランスが形成されている。

① 相手方契約当事者が、倒産手続開始前に法定解除権を取得・行使していた場合：倒産手続開始は、解除の効力に影響を与えない[注1]。

② 相手方契約当事者が、倒産手続開始前に法定解除権を取得したが、行使していない場合：相手方契約当事者は、解除権を倒産手続開始後に行使できる[注2]（開始前解除権の行使を肯定）。

③ 相手方契約当事者が、倒産手続開始前に法定解除権を取得していない場合：相手方契約当事者は、倒産手続開始後に、倒産者の債務不履行を理由として法定解除権を取得することはない（開始後解除

（注1） 福永有利「倒産手続と契約解除権——倒産手続開始後における倒産者の相手方による解除権の行使を中心として」伊藤眞ほか編『竹下守夫先生古稀祝賀・権利実現過程の基本構造』（有斐閣・2002）686頁。ただし、解除の効力として、相手方が破産管財人等に対していかなる主張ができるかは別論である。
（注2） 兼子一ほか『条解会社更生法（中）（第4次補訂）』（弘文堂・2001）307頁、伊藤眞『破産法・民事再生法〔第4版〕』（有斐閣・2018）387頁、竹下守夫編集代表『大コンメンタール破産法』（青林書院・2007）215頁［松下淳一］など。

権の取得を否定)。

(2) 開始後解除権を否定する根拠

前記(1)③で、開始後解除権の取得・行使を否定する根拠は論者によって異なる。各説に対しては理論的な批判があり得る。各説の概要とこれらに対する批判等は、要旨、以下の通りである。③が通説の結果を導くのに最もふさわしい法律構成であったが、債権法の改正により、解除の要件から帰責事由が除かれるため、③を根拠とした場合、開始後解除権の行使が可能となってしまう。

(i) 債権者に課される制約を根拠とする見解

破産債権者は破産手続によらないで破産者の債務の履行を請求することができないから、解除権を行使できない(破産法100条)[注3]。

【批判・弱点】

解除権の行使は、形成権の行使であり、破産債権の行使と異なる。

同見解によれば、開始前解除権の行使(②の場面)も否定されるはずであり、現在の通説と異なる結果となる。

(ii) 双方未履行双務契約における選択権を根拠とする見解

双方未履行双務契約における破産管財人等の選択権を保障する趣旨から、相手方契約当事者の解除権は否定される[注4]。

【批判・弱点】

同見解によれば、開始前解除権の行使(②の場面)も否定されるはずであるが、通説はそのように理解しておらず、破産管財人等の選択権の保障は論拠として弱い。

(iii) 帰責事由の不存在を根拠とする見解

開始決定により、破産管財人等は、相手方の債権について弁済をすることができないから、債務者の責めに帰すべき債務不履行が生じているとはいえない[注5]。

【批判・弱点】

(注3) 福永・前掲(注1)690頁。
(注4) 伊藤眞ほか『条解破産法〔第2版〕』(弘文堂・2014)412頁。

金銭債務の履行遅滞の場合の相手方の契約解除権は債務者に帰責性がなくても発生すると解されている(注6)。

(iv) 催告期間の不徒過を根拠とする見解

開始決定前に、相手方が債務者に、相当期間を定めて履行の催告をし、かつ、その期間が途過されていれば相手方は解除権を取得し、手続開始後、破産管財人等に対して解除できる。しかし、その期間経過前に手続が開始された場合には、解除権を取得できない。開始決定により、破産管財人等は、法律上履行が禁止されているので、破産管財人等が催告期間中に履行をしなくても、解除権発生の要件たる催告期間徒過の事実があったことにならない(注7)。

【批判・弱点】

開始決定前に債権者が有効に催告をしているにもかかわらず、開始決定により、催告期間が不徒過となる理論的根拠は何か。また、無催告解除が認められる場合、この根拠では解除を回避できない。

(v) 有効な催告がないことを根拠とする見解

弁済禁止保全処分後の催告がその効力を有しないとすれば、解除権行使の効果も生じない(注8)。

【批判・弱点】

開始決定前に催告がなされている場合や無催告解除が認められる場合は、この根拠では解除を回避できない。

(vi) 違法性の不存在を根拠とする見解

開始決定により、債務不履行には違法性がない(注9)。

【批判・弱点】

違法性がないということが債務不履行でないということを意味するのであれば、保全処分後または開始決定後は遅延損害金が生じなくな

(注5) 伊藤・前掲(注2)387頁、伊藤ほか・前掲(注4)412頁。
(注6) 山本克己編著『破産法・民事再生法概論』(商事法務・2012)76頁。
(注7) 兼子ほか・前掲(注2)308頁。
(注8) 伊藤・前掲(注2)152頁注171。

る^(注10)など、通説と大きく異なる。

(3) 弁済禁止の保全処分

なお、弁済禁止の保全処分が下された場合は、前記で開始決定がなされた場合と同様に考えることができる^(注11)。

2 加毛報告

(1) 改正民法541条

加毛報告は、要旨、破産手続開始によって債務者に対する有効な催告ができなくなること(破産手続開始前に催告があっても、相当期間の経過が認められなくなること)をもって解除を制約するもので、前記1(2)(v)に沿うものである。催告がもつ二面性(解除権行使のために債権者が行うべき行為であると同時に、債務者の追完機会の保障という側面)と、破産法100条1項の二面性(債権者による倒産債権の行使の禁止であると同時に、倒産債務者の債務の弁済の禁止という側面)に着目し、破産法100条をもって、帰責性の不存在ではなく、有効な催告を否定する論拠としており、民法・倒産法双方の視点から、鋭く分析を行ったものと評価できる。これにより、開始決定後の催告の効力が否定されるだけでなく、相当期間の経過前に開始決定になった場合の催告や、(債務者を名宛人とし債権者の取立権能を奪うものではない)弁済禁止の保全処分後の催告の効力も否定され、その結果、開始後解除権の取得を否定するという従前の帰結が維持され、実務的にも妥当な帰結を導き得る^(注12)もので、賛成する。

(注9) 保全命令の場合について、東京地判平成10・4・14判時1662号115頁。
(注10) 伊藤ほか・前掲(注4)219頁、金銭債権は不可抗力による抗弁が認められないため(民法419条3項)、帰責性がなくても遅延損害金が発生するが、違法性が阻却される場合には遅延損害金は発生しない。
(注11) 伊藤ほか・前掲(注4)413頁、破産手続が開始すれば、弁済禁止保全処分の効力が破産手続開始の決定に吸収される。
(注12) ただし、無催告解除が認められる場合は解除を回避できないという弱点は前記1(2)(v)の立場と同様である。

第1　新民法からみた倒産手続上の契約解除

(2)　改正民法542条

　加毛報告は、倒産手続開始決定は、改正民法542条1項各号の事由に該当しないとする。このうち1号の履行不能にはならない根拠につき、債権の金銭化（破産法103条2項1号イ）により履行不能を観念できないとの説明は、当該条項のない会社更生手続・民事再生手続において適用できないが、加毛報告は、履行不能概念との関係で、履行不能を否定している。民法の観点から、履行不能にならないとする加毛報告について賛成する。

　なお、手続開始時において双方未履行双務契約の場合は、破産管財人等の選択により、財団債権・共益債権として債務の履行がなされる可能性があるから、当該観点からも履行不能にならないと考える。

(3)　債権法改正後の催告（民法541条）の意義

　加毛報告は、催告がもつ債務者の追完機会の保障という面に光を当てたものといえるが、平常時の議論として、どこまで貫徹されるのであろうか。例えば、大規模自然災害により工場が一時的に稼働停止し、履行不能とまではいえず、履行遅滞が問題となる場面を想定する。債務者の追完機会の保障という催告の意義を貫徹するならば、催告期間は、債務者の工場が復旧するまでの期間が与えられなければならない。しかしながら、契約の拘束力からの解放という解除法制の変更の趣旨に照らし、そこまでの催告期間を求めることはできないのではないか、という疑問が生じるのである。

　この点、従来の判例・実務は、催告を手続的・形式的な要件にすぎないと理解していると思われる。すなわち、催告が要求されている趣旨は警告であって（大判大正13・7・15民集3巻362頁）、債務者は履行期内に履行の準備をしておかなければならないのが本則であるから、これを前提として期間設定をすればよく、最後の考慮の余地を与えるためのものである[注13]と解されている。催告の相当の期間は、実際に追完に必要な

(注13)　平野裕之『民法総合(5)契約法』（信山社・2007）172頁。

期間ではなく、すでに履行の準備をしていることを前提として、給付の完了に必要な猶予期間と考えられていたといえる。

　しかしながら、解除要件から帰責性を排除した改正債権法において、催告はより実質的に解釈されるべきである。すなわち、債権法改正の議論において、帰責性を不要とする考え方に対して、債務者側の事情を考慮しないことについて実務家から不都合性など懸念が指摘され(注14)、これに対して、学者および立法担当者側から、債務者側の事情を考慮しないのではなく、ただし、帰責事由ではない別の要件として扱うとの説明がなされた(注15)。また、債務不履行があっても、契約締結後の債務者側の事情を考慮して、追完の機会を与え、債権者の解除が認められない場合があることも議論されている(注16)。このような議論を経て、中間試案において、従来、帰責事由という概念の解釈において債権者が被る不利益と債務者の契約維持の利益との実質的な衡量が図られており、このような利害調整の実質的な在り方にはおおむね異論がないことを前提に、かような利害調整を「債務者の責めに帰すべき事由」という要件で図ることは文言解釈として疑問があり得ることから、催告解除における「相当な期間」や契約目的達成の可否などの要件の解釈において図るのが適当である、と論じられている(注17)。

　このように、債権法改正において、解除要件から帰責性が排除されたといっても、それは解除の可否において債務者側の事情が考慮されないことを意味しない。改正の議論を踏まえれば、改正民法541条の催告の「相当期間」または債務不履行の「軽微性」（あるいはその双方）を解釈

（注14）　法制審議会民法（債権関係）部会（以下、「部会」という）第39回会議議事録33頁［岡崎克彦発言］は「契約が解除されるということになりますと、債務者にとっては契約によって得るべき利益を失うという意味で、一定の制裁を受けるという側面があると思われます。そのような制裁を債務者に甘受させるには、単に不履行があったというだけではなくて、債務者の側の事情もしんしゃくした上で、債務者に帰責事由があったからしようがないんだというような部分が、説明として求められるのではないかと思われます。そのような観点から、長年にわたって要件として定着している帰責事由を、この際、なくすということが相当なのかというのが裁判所の中での大勢を占めているように考えています」とする。

するに当たり、債務者側の事情も斟酌して、解除の可否について妥当な結論を導くべきである(注18)。ただし、不履行が「軽微であるとき」とは、不履行の部分が数量的にわずかである場合や付随的な債務の不履行である場合であると論じられており(注19)、本来債務者が履行すべき債務との比較において不履行の程度や態様が軽微である場合を想定しているのではないかと思われること、また、「軽微であるとき」は契約目的不達成の場合の一部であると解されるところ(注20)、中間試案後の法制審議会の資料では「契約目的の不達成」について債権者の事情に着目するとも読める表現がされていることからすれば(注21)、「軽微性」の要件に債務者

(注15) 部会第39回会議議事録34頁[潮見佳男発言]は「重大不履行というか契約目的達成不能というかどうかはともかく、そうした要件を立てた場合に、そこの判断要素として、例えば債務者側の事情あるいは対応というものを評価するのかという仕組みを作れば足りませんか。……そうした債務者側の事情というものが考慮できるような枠組みというものが維持されるのであるならば、それを帰責事由という言葉で用立てするということが果たして適切なのか……。帰責事由が要らない立場は債務者側の事情を考慮しない立場だと誤解をしている人たちがたくさんいらっしゃるので、そうではないということを申し上げたいために、少し発言させていただきました」、同35頁[新井吐夢発言]は「帰責事由は必要であるとの意見が見られるところですけれども、その意見の要点は、債務者側の事情を適切に解除の可否に取り込んでいくというところに問題意識があると思います。……そうは言っても、契約を解除できるか、できないかというのは債務者側の事情だけを考慮するだけでも駄目なのであろうと思います。つまり、解除の可否は債権者側がどれだけ不履行によって不利益を被っているかということとの総合勘案で決まるべきであるというのが、価値判断として共有されているのではないかと思いますが、それは正に先ほど御議論いただいた催告解除の要件であるとか、無催告解除の要件、取り分け「付加的要件」〔著者注・重大不履行や契約目的達成不能を指す〕とした要件の中で考えていくべき事柄なのであろうと思います」、同36頁[鹿野菜穂子発言]は「債務者の側の事情は、帰責事由がない場合には解除はできないという形で帰責事由を解除の独立の要件とすることによって考慮するのではなく、解除の可否の判断の中で債務者側の事情も一要素として考慮されるとし、それをより分かりやすい形で定めることのほうがよいのではないかと思います。……先ほどから、解除の要件として、契約目的達成不可能や重大な不履行などの概念が取り上げられ、そのいずれを使うべきかが議論となっていましたが、このいずれの概念も、見方によっては、債権者側の不利益しか考慮されないかのような印象を与えるのではないかと思うのです」とする。

側の事情、特に契約締結後に生じた債務者側の事情を織り込めるかについては疑義が残る。したがって、債務者側の事情は催告の「相当期間」

(注16) 部会第39回会議議事録36頁［鹿野菜穂子発言］は「通常であれば1週間の催告期間を設ければ解除できるような場合において、大地震により債務者が履行期に履行できなくなり、けれどもなお履行を試みているというときに、そのような債務者側の事情に無関係に債権者は通常と同じように1週間の催告期間を設けてそれを経過すれば解除できるのかというと、それは疑問です。この場合、催告期間の問題として位置づけられるのか、それも解除の一般的要件として組み込むことができるのかについては、検討を要するかもしれませんが、いずれにしても、債務者側の事情によって解除の可否の判断が影響される場合もあるのではないかと思います」、同37頁［内田貴発言］は「履行遅滞に陥っていて履行すべく債務者は一生懸命努力している。与えられた催告期間内にどうも履行はできそうもないけれども、もうちょっと待ってくれればできる。そのもう少し待つことが債権者にとって、それほど致命的な負担にならないような場合に、場合によっては、解除はまだできないということはあり得るのではないかと思いました」、同38頁［岡正晶発言］は「操業の一時停止で履行遅滞になっているときに2か月待ったら復旧すると。その場合には大地震だったら待ってやるべきではないかと、2か月間の供給停止については、反対債務を支払わないで代替取引してもいいけれども、2か月待って復活するんだったら、地震のような場合には解除せずに待ってあげなさいよ、こういう話はあり得ると思います」、同38頁［道垣内弘人発言］は、「もう少し待っていれば履行ができるという場合なんですが、その場合はどのような債権者も解除できないのかというと、そうではないだろうと思います。つまり、定期行為の場合もこの解除になるわけですが……結局、債務者側の事情を考慮するとしても、当該契約の趣旨との関係で待てるのかという問題になるわけです」とする。
(注17) 部会平成25年2月26日決定「民法（債権関係）の改正に関する中間試案の補足説明」136頁。
(注18) 中間試案から要綱仮案に至る経緯で、催告解除の阻却事由が「契約目的の達成を妨げないとき」から「軽微であるとき」に変更されたが、無催告解除の要件である契約目的不達成は維持され、不整合が生じている。このことから、催告解除と無催告解除との関係についての考え方に変更が加えられたと言わざるを得ないとも論じられているが（横山美夏「契約の解除」法律時報1079号〔2014〕33頁参照）、「軽微であるとき」は契約目的不達成の場合の一部であると説明され（部会資料79-3・14頁）、「軽微性」と「契約目的不達成」とは同じ次元における程度の問題と解されることからすれば、帰責性に代わって、催告の「相当期間」や、「契約目的不達成」または「軽微性」の要件に、債務者の利益を保護する機能を付与するという考え方に変更が加わったとは解されない。
(注19) 部会資料68A「民法（債権関係）の改正に関する要綱案のたたき台(3)」22頁。
(注20) 部会資料79-3・14頁、(注18)参照。

の解釈に当たり斟酌することが妥当と考える。

以上の通り、改正債権法において、催告は単なる手続的・形式的な要件ではなく、債権者が被る不利益と債務者の追完機会の保障との実質的な衡量を取り込んだ要件となり、債務者に帰責性がない事案においては、債務者に帰責性がある事案と比し、債務者の追完機会の保障が重視されるべきである。

催告にこのような機能をもたせることに関し、従前から、債務不履行が生じた後の契約当事者間の関係を、交渉拒絶型（不履行契約から迅速に離脱して、当初の契約によって追求していた経済的目的を当該契約の外で実現するタイプ）と再交渉型（不履行後の善後策を契約当事者間で交渉して、契約関係を維持しながら実現するタイプ）の2類型に分け、前者では債権者の代替取引の保障が重視され、催告期間については「最後の仕上げ」に必要な期間に限定され、後者では債務者の追完機会の保障が重視され、催告期間は個別具体的に必要な期間を基準として、規範的に判断するとの見解[注22]がある。ただし、同見解は、交渉拒絶型の催告をするか再交渉型の催告をするかは、債権者が選択できるとし、その正当化根拠は債務者の「不履行の有責性」に求められるとする[注23]。ところが、改正債権法により、債務者に帰責性なく解除が認められる以上、一人債権者のみが交渉拒絶型か再交渉型かを選択できることを正当化する根拠は失われ、債権者の代替取引の保障と債務者の追完機会の保障のいずれを重視するかを決定するには、別途の規律によるべきである[注24]。

(注21) 部会資料68A「民法（債権関係）の改正に関する要綱案のたたき台(3)」25頁「債権者に対して契約の拘束力からの解放を認めるべき事情がある以上は、債務不履行による解除を認めるべきである。そして、ここにいう債権者に対して契約の拘束力からの解放を認めるべき事情とは、すなわち債権者が契約をした目的を達することができないことである」。

(注22) 森田修『契約責任の法学的構造』（有斐閣・2006）488頁・441頁・415頁。山本敬三「契約の拘束力と契約責任論の展開」ジュリスト1318号（2006）96頁は、当該考え方もあり得るとする。

(注23) 森田・前掲（注22）447頁注62。

以上より、平常時の議論として、民法541条に基づく法定解除の要件である催告は、単に手続的・形式的な要件ではなく、債権者と債務者との利益衡量を取り込んだ、規範的な要件と解すべきである。加毛報告も、結論として、同旨と思われる。

3　さらなる問題点

　加毛報告の結論が是認された場合でも、以下のように、倒産時の解除について、新たな問題が生じ得る。
　すなわち、現在の倒産実務は、前記1(1)で述べた通り、
① 　相手方契約当事者が、倒産手続開始前に法定解除権を取得・行使していた場合、倒産手続開始は、解除の効力に影響を与えない。
② 　相手方契約当事者が、倒産手続開始前に法定解除権を取得したが、行使していない場合、相手方契約当事者は、解除権を倒産手続開始後に行使できる（開始前解除権の行使を肯定）。
③ 　相手方契約当事者が、倒産手続開始前に法定解除権を取得していない場合、相手方契約当事者は、倒産手続開始後に、倒産者の債務不履行を理由として法定解除権を取得することはない（開始後解除権の取得を否定）。

という通説を前提に処理されており、この理論に基づく一定のバランスが形成されている。加毛報告によれば、債権法改正後も、前記通説は維持されることになり、一見、新しい契約解除法制が、実務に与える影響は小さいようにみえる。しかし、今回の債権法改正は解除を認めやすくする方向での改正であり、仮に、催告における「相当期間」や「契約目的不達成」または「軽微性」の解釈に当たり、債権者の事情をより重視

(注24)　私見では、債務者に帰責性がある場合とない場合に分け、前者の場合は「最後の仕上げ」としての催告で足りるが、後者の場合は森田修教授のいう「再交渉型」の催告が必要となり、その期間は、不履行の程度および態様、債務者の追完可能性、追完に向けた債務者の態様、ならびに履行がさらに遅延することによる債権者の代替取引の困難性などを考慮して、決せられるべきと解する。

して判断されるようなことがあれば、倒産手続開始前に相手方契約当事者が法定解除権を取得または行使する事例が、現行民法に比べて増えることも考えられる。前記区分けでいえば、従前③に該当した事例の一部が①②にシフトすることになる。したがって、催告の要件で解除の範囲を制約する加毛報告の立場に立った場合でも、これに対する、倒産法の観点からの対応や理論武装を検討しておくことが有益と考える。

また、無催告解除特約の問題がある。「一方契約当事者が債務の履行を怠ったとき、相手方契約当事者は催告なく解除できる旨の特約が定められていた場合において、倒産手続開始後の倒産者の債務不履行を理由に、相手方契約当事者は解除できるか？」という設例を考えたとき、現在の通説によれば、倒産者の帰責性の不存在を理由に解除を否定することになるが、民法改正後は、通説の立場から解除を否定するのは困難である。また、催告の要件で解除を制約する加毛報告の立場でも、契約当事者が任意に解除要件から催告を除外した以上、解除を否定するのは難しいということになれば、債権法改正後は、これまで否定されていた、"開始後解除権"が新たに登場することになりそうである。

4 私見（無催告解除特約の効力を中心に）
(1) 平常時における無催告解除特約の効力

まず、平常時における無催告解除特約（債務不履行が生じた場合には催告なしに直ちに解除できる旨の特約とする）の効力について、従来、このような特約は一般に有効であるが、催告不要の特約は、解除権発生の他の要件についての特約と結びついている場合が多く、特にこのような場合には基本たる契約の性質およびその具体的事情に応じて特約の効力が判断されるものと論じられていた[注25]。

無催告解除特約は賃貸借契約で多く用いられており[注26]、最判昭和43・11・21（民集22巻12号2741頁）は、賃貸借契約において「賃料を

(注25) 谷口知平ほか編『新版注釈民法(13)〔補訂版〕』（有斐閣・2006）831頁[山下末人]。

1ヶ月でも滞納したときは催告を要せず契約を解除できる」旨定めていた事案において、賃貸借契約が継続的関係であることを指摘した上で、無催告解除特約について、「契約を解除するに当たり催告をしなくてもあながち不合理とは認められないような事情が存する場合には、無催告で解除権を行使することが許される旨を定めた約定であると解するのが相当である」とする(注27)。

このように、平常時の議論としても、無催告解除特約は常にその通りの効力を有するわけではなく、解除が制約されることがある。前述のように、改正債権法における催告要件は、債権者と債務者との利益衡量を取り込んだ規範的な要件と解するべきであり、無催告解除特約の効力を、当該観点も考慮して検討することになる。

(2) **倒産時の無催告解除特約の効力**

次に、倒産時における無催告解除特約の効力について検討する。

まず、倒産手続開始申立てを期限の利益喪失事由とし、かつ無催告解除特約がある場合(実務的には、無催告解除特約が定められている契約の圧倒的多数は、同時に期限の利益喪失条項も定められていると思われる)には、実質的には、倒産手続開始申立てを理由に解除権を行使できるとする倒産解除特約に等しい。当該内容の倒産解除特約の効力は否定されると解されており(注28)、同様の理由から、この場合には、無催告解除特約の効力は否定されると解する。

これに対して、例えば、売買契約において、倒産手続開始申立てを期

(注26) 谷口ほか編・前掲(注25)831頁[山下]、篠崎昭次ほか編『新・判例コンメンタール民法(6)』(三省堂・1995)251頁。
(注27) 同事案は、建物賃貸借契約において、1か月分の賃料の遅滞を理由に催告なしで解除できる旨の特約について、本文のように述べた上、契約期間3年6月のところ、賃借人が5か月分の賃料を継続して支払わなかったことをもって、「他に特段の事情の認められない本件においては、右特約に基づき無催告で解除権を行使することも不合理であるとは認められない」と判示する。
(注28) 伊藤ほか・前掲(注4)413頁、双方未履行双務契約における選択権を無意味にする等、説明は論者により分かれる。

第1 新民法からみた倒産手続上の契約解除

限の利益喪失事由とすることなく、買主が1回でも支払を怠ったときに催告なく解除できる旨の特約が定められていた場合、倒産解除特約と同旨と解することはできない。買主に倒産手続が開始し、売買代金を支払えなくなった場合、従前の通説によれば、帰責性の不存在を理由に解除は否定されるが、改正債権法により帰責性は不要となる。そして、破産法100条により適法な催告ができないことをもって同旨結論を導く加毛報告によっても、催告が不要であるのならば解除を否定できないのではなかろうか。

この点、倒産時における<u>無催告解除特約</u>は、次の2つの理由により、その効力が否定されるべきと解する。

1つ目の理由であるが、現行債権法は債務者の帰責性を解除の要件としており、長年にわたり、無催告解除特約は債務者に帰責性があることを解除権行使の前提としてきた。また、前述の通り、改正債権法における催告は、債権者と債務者との利益衡量を取り込み、債務者に追完機会の保障を与える役割を有している。このような状況および催告の機能に鑑みれば、契約当事者の合理的意思解釈として、債務者が追完機会の利益を無制約に放棄したものと解することは妥当でない。<u>無催告解除特約は、債務者に帰責性がある場合に債権者は催告を要せず解除できる旨の合意であって、債務者に帰責性がない場合は、特段の事情のない限り、債権者は無催告での解除をなし得ない</u>と解すべきである。したがって、開始決定後に倒産者が債務の履行をしないのは、債務者の弁済禁止（破産法100条など）の効果であって債務者に帰責性が認められないから、債権者は、無催告解除特約に基づき解除することはできないと解する。

2つ目の理由として、<u>無催告解除特約は、双方未履行双務契約における破産管財人等の選択権を無意味にすることから、その効力が認められないものと解する。</u>

すなわち、同選択権は、特に再建型手続において、管財人等が履行選択して仕掛かり中の取引を継続することで再建を図る重要な手段であるとともに、破産管財人等が解除を選択した場合には相手方の原状回復

請求を財団債権・共益債権として保護を図ることで、倒産時の双方未履行関係における利害関係人の関係を調整する、という重要な機能を果たしている。そして、破産管財人等は、相手方契約当事者が倒産法に基づく催告を行った場合には、相当期間のうちに解除か履行かを選択することになるが（破産法53条2項、民事再生法49条2項、会社更生法61条2項）、この選択に当たっては、履行した場合の収支、履行する人的・物的能力、資金繰り等諸般の事情を考慮し、必要に応じて、債権者とも協議して判断するため、「相当期間」とは相応の考慮期間を意味する[注29]。ところが、無催告解除特約の効力を認めた場合、本来債権者は債務者の追完機会の保障としての相当期間経過後でなければ解除をなし得なかったところ、同特約に基づき、破産であれば開始決定後直ちに（民法137条1号、破産法103条3項）、会社更生・民事再生であれば債務不履行後直ちに解除権行使が可能となり、双方未履行双務契約に基づく破産管財人等の選択権行使とのいずれかの早い者勝ちとなるため、破産管財人等には十分な考慮期間が与えられず、選択権が有する重要な機能を無意味にする。

以上の通り、倒産時における無催告解除特約はその効力を否定すべきと解する。

(3) 双方未履行双務契約における破産管財人等の選択権の強調

なお、破産管財人等の選択権をより重視するのであれば、双方未履行関係にある場合、利害関係人の調整はもっぱら破産管財人等の選択権に委ねられるべきであるとの立場もあり得よう。この立場に立てば、無催告解除特約の効力を論ずるまでもなく、開始決定後の相手方契約当事者の解除権の行使自体が否定されることになる。また、倒産手続開始に先立ち解除権が発生していた場合（1(1)②の場面）においても同旨の結論となり（開始前解除権の行使を否定）、従前の通説と異なる結論となる。

前述のように債権法改正により、倒産の場面において、相手方契約当事者が解除権を取得・行使できる事例が相応に増えることも考えられる。

(注29) 平成14年改正前会社更生法103条2項は「30日」と定め、裁判所がこれを伸縮可としていた。

第1　新民法からみた倒産手続上の契約解除

倒産実務における妥当な結論・バランスを導くためには、これまでの通説の枠組みにとらわれない、倒産法の観点からの対応や理論武装が必要となる場合があるようにも思われ、前記立場も一考に値するものと考える。

第1部 シンポジウムの概要

[第2報告]
新しい契約解除法制各論
——各種契約ごとの分析

立教大学教授　藤澤　治奈

1　はじめに（各論の諸相）

本報告では、「新民法からみた倒産手続上の契約解除」というテーマの各論部分を扱います。

はじめに、一口に「各論」といいましても、そこには、いくつかの問題が混在することを指摘しておきたいと思います。本報告で扱うのは、3つの「各論」です。

(1)　契約総則の改正と各種契約

第1は、民法の契約総則の規定が改正されたことにより、それが各種契約の倒産手続上の取扱いに影響を与える場合です。本シンポジウムの総論との関係でいえば、まさに「各論」というべきものです。

具体例としては、契約解除の規定が改正されたことにより、従来の所有権留保売買やファイナンス・リースの取扱いに影響を与えるのではないかという問題を挙げることができ、このうち、ファイナンス・リースを2で扱います。

(2)　契約各則の改正と各種契約

第2は、民法改正によって、契約各則の規定が変わった場合です。これによって、契約における債務の構造に変化が生じ、そのことが、当該契約の倒産手続上の取扱いに変化を生じさせるかもしれません。

具体例としては、消費貸借契約および使用貸借契約が、現行民法では原則要物契約であるとされていたのに対して、改正民法では諾成契約に

もなり得るとされたことから、未履行の消費貸借契約および使用貸借契約の倒産手続上の取扱いに変化が生じるのではないかとの問題を挙げることができます。このうち、消費貸借契約を3で扱います。

(3) 残された問題

第3は、以前から各種契約の倒産手続上の取扱いにつき不明確・不適切な点があり、立法的解決が待たれていたものの、結局、改正が不十分であり、問題が残ったという場合です。この問題は、民法改正により生じたものではありませんが、今後の課題であるといえるでしょう。具体例としては、請負契約における注文者破産の場合の処理を挙げることができ、この問題を4で扱います。

2 ファイナンス・リース契約

(1) 契約解除規定の改正

それでは、以上を踏まえて、各論に入っていきたいと思います。まずは、ファイナンス・リース契約です。

総論の報告でも論じられたように、今回の民法改正では、契約解除の規定が改正されましたが、改正民法は、解除に債務者の帰責事由は不要であるという立場に立っています。

(2) ファイナンス・リース契約の解除と倒産手続

(i) 具体例

では、なぜこの改正が、ファイナンス・リース契約に影響を与えるのか、ファイナンス・リース契約に関する判例を振り返ってみましょう。説明に当たっては、以下の具体例のような場面を念頭に置きます。

第1部　シンポジウムの概要

> 　A社（ユーザー）は，B社（リース業者）との間にファイナンス・リース契約を締結し，甲機械の引渡しを受けて，それを使用していた。その後，A社は，民事再生手続開始の申立てを行い，それと同時に，弁済禁止の保全処分の申立てを行い，同日，弁済禁止の保全処分が発令された。また，その2週間後に，再生開始決定があった。申立ての時点まで，A社は，リース料を遅滞なく支払っていたものとする。
> 　なお，上記ファイナンス・リース契約には，①ユーザーにつき倒産手続開始の申立てがあった場合には，ユーザーは，残リース料につき期限の利益を失うこと，②ユーザーにつき倒産手続開始の申立てがあった場合には，リース業者は，催告をしないで契約を解除することができること，③ユーザーが，リース料の支払を1回でも怠ったときは，リース業者は，催告をしないで契約を解除することができること等の特約があった。

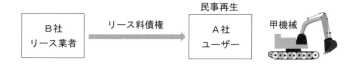

(ii)　ファイナンス・リース契約の倒産手続上の取扱い

　第1に、判例において、ファイナンス・リース契約は、倒産法上の双方未履行双務契約ではないと解されています（最判平成7・4・14民集49巻4号1063頁）。そして、第2に、ファイナンス・リース契約におけるリース物件は、担保としての意義を有するものであると解されています（最判平成20・12・16民集62巻10号2561頁）。要するに、第3に、リース業者は、ユーザーの倒産手続において、別除権者や更生担保権者として扱われることになります（前掲・最判平成20・12・16の調査官解説）。

(iii)　ファイナンス・リースの担保権実行と倒産手続

　では、リース会社は、どのようにして担保権を実行するのでしょうか。上記具体例のリース会社は、別除権者なので、倒産手続外で担保権を実行することができるはずです。そして、先に挙げた平成20年判決は、ファイナンス・リース契約を解除して、リース物件の返還を受けることが担保権の実行であると解しているようです。

しかし、倒産手続においては、担保権消滅許可制度など、担保権に対する制約があります。そこで、このような制約に服させるためには、倒産手続開始申立直後に担保権実行が完了してしまうという事態を防ぐ必要があります。

この問題に対応して、平成20年判決は、再生手続開始の申立てがあったことを解除事由とする特約は無効であるとしました。

ただし、リース会社には、履行遅滞解除の途が残されています。こちらについてはどうでしょうか（【図1】参照）。

【図1】

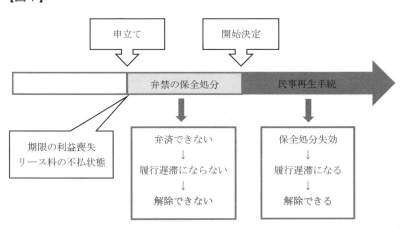

平成20年判決の田原裁判官補足意見によれば、再生手続開始申立後、弁済禁止の保全処分の間は、債務者が弁済を禁じられている以上は履行遅滞とはならず、契約を解除することはできない、しかし、開始決定があったときには、弁済禁止の保全処分は失効するので、債務者は債務不履行状態に陥り、リース会社による契約の解除が可能になるといいます。この補足意見が引用する昭和57年判決の調査官解説は、保全処分の間の履行遅滞は、「債務者の責めに帰すべからざる事由によるもの」であるとして、このような説明を正当化しています。

以上のような説明によって、倒産手続開始申立直後の解除（担保権実行）が封じられ、保全処分の間に、実行中止命令や担保権消滅許可の準備をすることができます。

(3) 民法改正のファイナンス・リース契約への影響

ところが、民法改正により、このような説明が維持できなくなるのではないか、との疑問が生じます。というのも、契約を解除するために、債務者の帰責事由が不要であるというのならば、弁済禁止の保全処分中にも、履行遅滞を理由とした解除が可能になるのではないか、と考えられるからです。

そうであるとすれば、期限の利益喪失条項によってリース料が履行遅滞となり、倒産手続開始決定前に、ファイナンス・リース契約における担保権実行が終わってしまうことにもなりかねません。倒産解除条項が無効であるといっても、履行遅滞解除が可能であるのならば、平成20年判決の意義が大きく減殺されるのではないか、との懸念が生じます。

(4) 今後の課題

このような懸念を解消するために、検討すべき点がいくつかあります。

第1は、これまでのファイナンス・リース契約の理解を精査することです。平成20年判決は、ファイナンス・リース契約における担保権実行に、契約の「解除」が必要であるとしていますが、本当にそうなのでしょうか。また、解除が必要であるとしても、解除しただけで担保権実行が終了したといえるのでしょうか。例えば、目的物の引揚げ完了まで、担保権実行の手続が続いていると考えることで、その間の、実行中止命令や担保権消滅許可を可能にすることができるのではないでしょうか。

第2に、改正民法541条、542条の解釈論を、倒産手続との関係で煮詰める必要があります。保全処分の間に履行遅滞状態が生じた場合に、契約の解除が認められるのかという点です。この論点は、ファイナンス・リース契約にとどまらず、総論のご報告やこの後のご報告で検討されることに関係しています。

第3に、立法的解決が必要なものもあるかもしれません。再建型倒産

手続においては、差し当たり、担保権実行中止命令を活用することによって、この問題を避けて通ることができるかもしれませんが、破産手続でどうするかという問題があります。また、実行中止命令を活用するといっても、担保権者の意見聴取が必要なため、意見聴取を行った途端に契約を解除されてしまい、担保権実行が終わってしまうといった問題も指摘されているところで、これらの問題には、立法的な手当てが必要かもしれません。

3 消費貸借契約
(1) 民法の改正と倒産手続との関係

現行民法587条は、「消費貸借は、当事者の一方が種類、品質及び数量の同じ物をもって返還をすることを約して相手方から金銭その他の物を受け取ることによって、その効力を生ずる」と定めており、このことから、消費貸借契約は、要物契約であると解されてきました。ただし、明文はないものの、解釈により、諾成的消費貸借契約の存在も認められています。

これに対して、改正民法は、587条を維持しつつ、587条の2という条文を付け加えました。その第1項は、書面でする消費貸借契約は、「約することによって、効力を生ずる」と定めており、書面でする消費貸借契約が諾成契約であることが示されています。

では、消費貸借契約における貸す債務が未履行の状態で、借主または貸主につき倒産手続が開始した場合、当該契約はどのように処理されるのでしょうか。

要物契約である消費貸借契約については、貸す債務が未履行であれば、契約が効力を生じていないことから、当事者には何らの債権債務も発生しておらず、倒産手続における処理を検討する必要はありません。

これに対して、諾成契約である消費貸借契約は、合意の時点ですでに効力を生じていることから、倒産手続における処理を検討する必要があります。

この問題に対応して、改正民法587条の2第3項は、「書面でする消費貸借は、借主が貸主から金銭その他の物を受け取る前に当事者の一方が破産手続開始の決定を受けたときは、その効力を失う」と規定しました。すなわち、要物契約である消費貸借契約の場合と同様に、倒産手続における処理が不要になるような規定が置かれたわけです。

しかし、この規定は「破産手続」についてのものであり、再建型倒産手続についての定めはありません。再建型倒産手続における処理は、解釈に委ねられているということです。では、どのように解釈すべきでしょうか。具体的には、以下のようなことが問題となります。

① 借主倒産の場合

> 貸主Bと借主Aとが、書面により金銭消費貸借契約を締結していたが、金銭の引渡しが行われる前に、Aにつき、民事再生手続又は会社更生手続が開始した。この消費貸借契約は、どのように処理されるか?

② 貸主倒産の場合

> 貸主Aと借主Bとが、書面により金銭消費貸借契約を締結していたが、金銭の引渡しが行われる前に、Aにつき、民事再生手続又は会社更生手続が開始した。この消費貸借契約は、どのように処理されるか?

(2) 検討すべき論点

書面による消費貸借契約の再建型倒産手続における処理、という問題を解決するためには、【図2】のフローチャートにあるように、いくつかの問題を順に検討しなくてはならないと考えます。

第1は、そもそも、書面による消費貸借契約は、民法上の双務契約かという問題です。

第2に、双務契約に該当するとした場合、倒産法上の双方未履行双務契約に該当するかという問題が生じます。該当するとすれば、倒産法上の双方未履行双務契約の規律に従って処理することになるでしょう。

反対に、「民法上の双務契約ではない」または「倒産法上の双方未履

【図2】

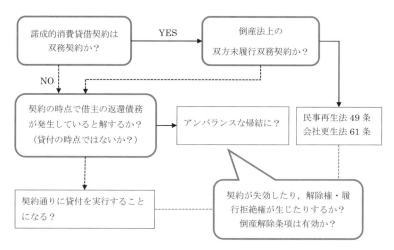

行双務契約ではない」という理解に立った場合、では、そのような契約を倒産手続においてどのように処理するのかという問題が生じてきます。この問題は、書面による消費貸借契約において、借主の返還債務は、契約の時点ですでに発生していると解するかどうかにかかわります。

最後に、改正民法587条の2第3項の類推適用などを根拠として、契約が失効したりするかという問題があります。なお、実務上は、倒産解除条項の有効性も問題になりますが、この点については、時間の関係上、別報告に委ねます。以下では、以上の点を順にみていきます。

(3) **各論点の検討**
　(i) **書面による消費貸借契約は双務契約か**
(a)　双務契約の定義

第1に、書面による消費貸借契約は、民法上の双務契約かという問題です。

この点に関連して、民法上の双務契約とは何かが問題となります。実は、双務契約をどのように定義するかについては、2つの考え方があり

ます。

1つは、形式的な定義で、双務契約とは、契約の効果として両当事者が相互に対立する債務を負担する契約であると定義され、双務契約か否かは、この定義に当てはまるか否かによって決まることになります。

もう1つは、実質的な定義の仕方です。民法上、双務契約には、同時履行の抗弁権等の規定が置かれていますが、これらの双務契約の規定が適用されるような契約が、双務契約であると考えるのです。

(b) 書面による消費貸借契約の理解

形式的定義からすれば、書面による消費貸借契約も、貸主が貸す債務を負担し、借主が返す債務を負担するものであるため、双務契約であるということになります。ただし、貸す債務と返す債務とが同時履行の関係に立つことはないため、民法の双務契約の規定が適用されるわけではない、特殊な双務契約であると説明されることになります。

他方、実質的定義からすれば、書面による消費貸借契約は、双務契約ではないということになりそうです。また、(iii)の問題とも関連するのですが、書面による消費貸借契約では、契約から返す債務が発生するわけではなく、貸す債務の履行の結果、返す債務が発生すると理解すると、対立する債務が同時に存在することはなく、片務契約にすぎないと考えることになります。

(ii) **書面による消費貸借契約は双方未履行双務契約か**

書面による消費貸借契約が、民法上の双務契約であるとしても、それが倒産法上の双方未履行双務契約（民事再生法49条、会社更生法61条）に該当するかどうかは別問題です。

まず、双方未履行双務契約であると解した場合の処理につき、まとめておきましたので、下記をご覧ください。

第1　新民法からみた倒産手続上の契約解除

```
①　借主倒産の場合
　⇒　借主側（再生債務者・管財人）が履行か解除かの選択をする
　　・　履行選択の場合：貸主は契約通り貸付を実行
　　　　　　　　　　　　　→　返還請求権は共益債権に
　　・　解除選択の場合：損害賠償請求権が再生債権・更生債権に

②　貸主倒産の場合
　⇒　貸主側（再生債務者・管財人）が履行か解除かの選択をする
　　・　履行選択の場合：手続のなかで契約通りに貸付を実行
　　　　　　　　　　　　　→　返還請求権が債務者財産に
　　・　解除選択の場合：損害賠償請求権が再生債権・更生債権に

　　　　　　　　　　↓↓↓

⇒　履行選択の場合，倒産にもかかわらず従前と同じ条件で貸付を実行しなくては
　　ならない点が問題
⇒　①の場面では，共益債権とはいっても，きちんと返済されるか不安
```

　次に、判例が、双方未履行双務契約をどのように解しているかですが、判例は、当事者が相互に牽連関係に立つ債務を負担し、その債務が互いに担保視し合っている関係にあることが必要であるとしています。

　では、書面による消費貸借契約は、双方未履行双務契約に該当するのでしょうか。

　消費貸借契約においては、貸す債務と返す債務とが同時履行関係にあるわけではなく（互いに担保視し合っているわけではなく）、消費貸借契約は、信用供与型契約の典型です。したがって、未履行の書面による消費貸借契約は、倒産法上の双方未履行双務契約ではないと考えることになるのではないでしょうか。

　なお、学説上は、異なる方向も示されていることには注意が必要です。

(iii) 書面による消費貸借契約における債務の発生時期

　以上に述べたように、未履行の書面による消費貸借契約は、双方未履行双務契約に該当しないため、倒産手続においては、貸す債務と返す債務とを別々に処理することになります。この場合、倒産手続との関係で

重要な意味をもつのが、債務の発生時期です。なぜなら、債務が倒産手続開始前に発生していたか否かによって、その取扱いが大きく異なるからです。

(a) 貸す債務の発生時期

まず、争いがないと思われるのが、貸す債務の発生時期です。これまでも、諾成的消費貸借契約について、貸す債務は、契約時に発生すると解されており、改正民法における書面による消費貸借契約についても、同様に解すべきでしょう。

(b) 返す債務の発生時期

問題になるのが、返す債務の発生時期で、学説は、①契約時説、②金銭引渡時説、③弁済期説の3つに分かれています。

このうち、改正民法との関係では、金銭引渡時説が有力といっていいのではないでしょうか。

第1に、条文の文言があります。改正民法587条の2第1項は、借主は、「受け取った物と……同じ物」を返す債務を負うことを規定しており、「受け取った」という文言から、金銭受領時に返す債務が発生すると定めているように読めます。部会資料にも、「諾成的消費貸借においては、消費貸借の成立によって借主の貸主に対する目的物引渡債権が発生し、また、貸主が借主に目的物を引き渡すことによって貸主の借主に対する目的物返還債権が発生することを前提としている」とあります。

第2に、理論的な根拠もあります。契約時説への批判として、「契約の拘束力ないし『契約の規範的効力』と当該契約に基づく債務の発生とを区別して捉える必要がある」、「契約によって設定された規範に当事者は服するという意味での『契約の規範的効力』は、契約時に発生しているが、そのことは必ずしも債権債務の形で表現されなければならないわけではない」として、金銭引渡時説が正当化されます。

(4) 倒産時の処理
(i) 借主倒産の場合

以上の理解を前提にすると、未履行の書面による消費貸借契約の再建型倒産手続における処理は、どのようになるのでしょうか。まず、借主が倒産した場合です。

貸主が負担する貸す債務は、手続開始前にすでに発生しているため、再生債務者財産・更生会社財産に帰属します。再生債務者・管財人としては、貸す債務の履行を求めることができ、反対に、もはや借入れの必要性がなくなっている場合には、改正民法587条の2第2項に基づいて、借主の側から、契約を解除することができます。

他方、貸付が行われた場合の、返還請求権ですが、その発生時期は、前記の理解によれば、実際に貸付が行われた時点になります。すなわち、手続開始後に発生した債権であると解することができ、双方未履行双務契約の場合（民事再生法49条4項）や開始後の借入れの場合（同法119条5号）に準じて、共益債権として扱われるべきでしょう。

このように、貸付金の返還請求権が共益債権であるとしても、倒産手続開始という信用危殆が生じている債務者に対して、従前と同じ条件で貸付を行わなくてはならないのか、という疑問が生じ、この点については、(5)で検討します。

(ii) 貸主倒産の場合

次に、貸主が倒産した場合ですが、この場面でも、借主の側が、借入れをやめたい場合には、改正民法587条の2第2項に基づいて、契約を解除することができます。

反対に、借入れを受ける場合には、借主が有する金銭給付請求権は、手続開始前（契約時）に発生していたため、再生債権・更生債権となります。

他方、返還請求権は、金銭が給付された時に、その分だけ生じ、それが再生債務者財産・更生会社財産に帰属すると解することができます。

このように解すれば、借主と貸主との間にアンバランスが生じること

はないのですが、しかし、実際問題として、貸主が金融機関であるような場合に、再生債権・更生債権の配当として貸付が実施されるのであれば、借主の側からすれば、契約で決められた時期に決められた額の借入れを受けられないという事態に陥り、そのことは、借主につき新たな信用不安を生じさせることにもなりかねません。また、貸主としても、利益の源泉である貸付を実行できないことで、事業の再建が不可能になりかねず、あまり落ち着きのよい結論にはなりません。

以上のように実際上問題の多い帰結を避けるためには、「未履行の諾成的消費貸借契約は双方未履行双務契約に該当する」という解釈にも、実益があるようにも思われます。

(5) 契約の解除・失効・履行拒絶
(i) 契約終了の可能性

以上のように、未履行の書面による消費貸借契約の倒産手続上の取扱いを検討しましたが、その中で、2つの問題を指摘しました。

1つは、借主倒産の際に、契約通りに貸付を実行しなくてはならないのか、という問題です。貸主としては、借主の信用危殆が現実化した段階で、従前と同じ条件で融資を行うことには抵抗もありそうです。

もう1つは、貸主倒産の際に、再生債権・更生債権の配当として貸付が実施されることに伴う、貸付の遅延や手続の煩雑さです。

このような問題が生じることから、当事者としては、倒産手続開始により、契約を終了させたい場合も少なくないと考えられます。では、その手段はあるのでしょうか。民法および倒産法の明文上は、破産手続の場合を除き、契約終了は認められていないことから、解釈により契約終了を導くことができないかが問題となります。

(a) 改正民法587条の2第3項類推適用による失効

第1に、改正民法587条の2第3項類推適用により、契約を失効させる可能性が考えられます。

同項の趣旨は、①「借主が破産手続開始の決定を受けた場合には、借主に弁済の資力がないことが明らかになり、この場合まで貸主に貸す債

務を負わせるのは不公平」であること、②「貸主が破産手続開始の決定を受けた場合には、借主は破産債権者として配当を受ける権利を有するにとどまり、借主が配当を受けると貸主に対する返還請求権が破産財団を構成することになり、手続が煩雑になるから」ということにあります。

このような趣旨が、再生手続・更生手続についても妥当するとすれば、同項を類推適用して、契約が失効すると解することができると思います。

(b) 解除の可能性

第2に、倒産手続開始を原因とした解除を認める可能性が考えられます。そもそも、借主は、金銭を受け取るまでは契約を解除することができるので（改正民法587条の2）、問題となるのは、貸主からの解除です。

借主倒産の場合には、貸主が、借主の信用危殆を理由として解除することができる可能性があります。反対に、貸主倒産の場合に、貸主側に解除権が生じることを根拠付けるのは難しいでしょう。

(ii) **履行拒絶の可能性**

前記のような契約の失効または解除が認められないとしても、借主につき倒産手続が開始された場合には、借主の信用危殆を理由として、貸付の履行を拒絶することができるとも考えられます。ただし、反対の考え方もあります。

(iii) **背景にある価値判断**

なお、倒産手続開始に際して、契約の終了を認めるか、それとも、履行拒絶にとどめるか、といった問題の背景には、一方当事者が倒産した場合に、金融取引をどのように再構築すべきかについての価値判断があるように思われます。どのような考え方が、どのような構成に親和的かまとめてみましたので、下記を参考にしてください。大川先生のご報告でも触れられる点かと思います。

第1部　シンポジウムの概要

① 借主倒産の場合

借主が倒産したとしても（契約締結に際して虚偽の申告等をしていない以上），契約通りの貸付を受けられるべきである	・双方未履行双務契約説 ・片務契約説＋失効・解除を否定＋履行拒絶権も否定
借主が倒産したときには，従来の貸主と再び交渉を行い，新たな条件の下で貸付を受けられるべきである	・片務契約説＋失効・解除を否定＋履行拒絶権を肯定
借主が倒産した以上は，それ以前の契約は消滅し，新たな貸し手から，新たな条件の下で貸付を受けるべきである	・失効・解除の肯定

② 貸主倒産の場合

貸主が倒産したとしても，借主が望む場合には，可能な限り，契約通りに貸付を実行するべきである	・片務契約説＋失効の否定
貸主が倒産した場合には（再建型倒産手続の場合には），貸主に有利なものを選択して，貸付を行うことができる	・双方未履行双務契約説＋失効の否定
貸主が倒産した以上は，それ以前の契約は消滅し，新たに契約を結び直して，貸付を実行するべきである	・失効の肯定

4　請負契約（注文者破産）
(1)　民法の改正

最後に、請負契約を取り上げます。請負契約については、さまざまな改正点がありますが、本報告では、注文者破産の場合に焦点を当てて、2つの条文を紹介します。

まず、請負人の報酬請求権につき、改正民法634条は、仕事の完成が不能となった場合または仕事の完成前に請負契約が解除された場合、①すでにされた仕事の結果が可分であり、②その部分の給付により注文者が利益を受けるときは、その部分につき、仕事の完成があったとみなし、請負人の報酬請求権が生じるとしています。これは、従来の判例を明文化したものです。

次に、改正民法642条です。この規定は、注文者破産の場合の請負人または破産管財人の解除権を定めたもので、この解除権は、現行法通りです。ただし、これまでの裁判例をもとに、仕事の完成後の請負人の解除権を制限するただし書が新たに付け加えられています。

以上からすれば、請負契約の倒産手続における処理については、民法が改正されたとしても、変わらないように思われます。ただし、現行法が抱える問題が残っており、それが改正により顕在化したという面があることから、その点を紹介しておきたいと思います。

(2)　残された問題(1)——634条と642条2項との関係

まず、第1の問題は、請負人の報酬請求権に関する問題です。下記具体例をご覧ください。

〈設例1〉は、建築請負契約の例で、契約の途中で注文者が破産、請負人が解除したという事案です。この例は、改正民法634条にいう「可分な部分の給付によって注文者が利益を受けるとき」に当たり、同条からも請負人の報酬請求権が基礎付けられます。

これに対して、〈設例2〉は、システム開発といった労務型請負契約の例で、改正民法634条からは、請負人の報酬請求権は導かれません。

第1部　シンポジウムの概要

〈設例１〉　可分な部分の給付によって注文者が利益を受けるとき

> 注文者A社と請負人B社は、建物の建設を目的とする請負契約を締結した。それによれば、工期は5か月で、請負代金1億円は、建物完成・引渡時に支払うものとされていた。着工後、1ヶ月、出来高2割の段階で、Aにつき破産手続が開始した。Bは、民法642条にもとづき、請負契約を解除した。

〈設例２〉　仕事が不可分で注文者に利益がないとき

> 注文者A社と請負人B社は、システム開発を目的とする請負契約を締結した。それによれば、作業期間は5か月で、請負代金1千万円は、仕事完成時に支払うものとされていた。作業開始後、1ヶ月の段階で、Aにつき破産手続が開始した。Bは、民法642条にもとづき、請負契約を解除した。（なお、当該システムは、他社によって完成させることはできず、1部の完成では意味のないものとする）

　ところが、改正民法642条2項によれば、両方の場合に、請負人は、報酬請求権を破産債権として行使することができるのです。これは、おかしいのではないか、というのが問題の所在です。

　確かにおかしくて、642条を削除する等の立法的課題が残っているように思われますが、一応、バランスがとれているという説明も可能かもしれず、チャレンジしてみます。

　〈設例１〉の場合には、未完成建物の引渡しと報酬の支払について、同時履行を主張することができるとすれば、報酬請求権は財団債権的な扱いになります（争いあり）。これに対して、〈設例２〉の場合には、単なる破産債権にすぎないということになるので、〈設例１〉の請負人の

ほうが有利になり、バランスがとれているということができるかもしれません。

(3) 残された問題(2)——注文者の管財人からの解除

第2の問題は、解除の効果にかかわります。下記の具体例をご覧ください。

〈設例3〉 建物完成前の管財人の解除

> 注文者A社と請負人B社は、建物の建設を目的とする請負契約を締結した。それによれば、工期は5か月で、請負代金1億円は、建物完成・引渡時に支払うものとされていた。着工後、1ヶ月、出来高2割の段階で、Aにつき破産手続が開始した。Aの破産管財人は、民法642条にもとづき、請負契約全体につき解除を主張した。

〈設例4〉 建物完成後引渡前の管財人の解除

> 注文者A社と請負人B社は、建物の建設を目的とする請負契約を締結した。それによれば、工期は5か月で、請負代金1億円は、建物完成・引渡時に支払うものとされていた。5か月が経過し建物が完成したが、引渡しが済んでいない段階で、Aにつき破産手続が開始した。Aの破産管財人は、民法642条にもとづき、請負契約の解除を主張した。

〈設例3〉は、建築請負契約において、建物完成前に注文者が破産し、管財人が解除を主張したというケースです。これに対して、〈設例4〉は、建物完成後、引渡前に、管財人が解除を主張したというケースです。

改正民法634条が、昭和56年最判を明文化したものであるとすれば、〈設例3〉のような場面では、既施工部分については、解除できないということにもなりそうです。他方、〈設例4〉のような場面につき、642条の改正に際して、請負人からの解除は認められないと明文で規定する一方、管財人からの解除は否定されませんでした。つまり、解除できるとすれば、両者は、整合しないのではないかという点が気になります。

しかし、一応、整合的に説明することもできそうです。

まず、改正民法634条は、昭和56年判決を明文化したものであるとしても、解除できないとまでは書いていません。つまり、解除したとして

も、仕事が完成した部分については、原状回復の必要はなく、報酬請求権が発生することを規定したものとも読むことができます。

これに対して、改正民法642条1項の管財人の解除権の意義は、2項の報酬請求権の破産債権化にあると解することができます。

つまり、両方の設例において、管財人の解除は認められ、改正民法634条に基づき原状回復は制限され、請負人の報酬請求権の発生が基礎付けられる一方、改正民法642条2項によって、その報酬請求権は、破産債権になると説明することができるのです。

ただし、(2)でも論じたように、この場合の報酬請求権は、財団債権的な扱いになるべきであるという考え方もあり、解除の効果論と大きくかかわります。

この点については、後半のご報告の重要なテーマの1つでもありますので、そちらにお任せしたいと考えております。

藤澤報告に対するコメント

弁護士　大川　治

　弁護士の大川でございます。藤澤先生の報告に対するコメントという形でレジュメを用意しました（＊シンポ当日のレジュメに最小限の加筆をしたものを本稿末尾に添付）。藤澤先生のご報告は例えば請負だったりとか、各論まで広い範囲に及んでいるのですが、それをいちいちコメントするのは私の能力を超えますので、2つだけ、解除と非典型担保の問題と、金銭消費貸借契約、とりわけ借主が倒産した場合で、貸主の貸す債務をまだ履行していない、この場面においてどうなのかという話に限定してコメントいたします。

　まず、1つ目です。レジュメの「1　『解除』と非典型担保」（本書87頁）をご覧ください。先ほど藤澤先生からファイナンス・リース契約に関する平成20年最判、あるいは田原先生の補足意見で示された考え方（①倒産解除特約による解除〔弁済禁止の保全期間中、開始決定後ともに〕、②保全期間中の債務不履行解除のいずれもが否定されるとの考え方）について、保全期間中の解除が禁止されるのは帰責性がないからだという理論に立っているのだとすると、今回、契約解除法制が帰責性を必要としないものに変わることによって影響を受けるのではないか。つまり保全期間中に改正民法に従ってファイナンス・リース契約を解除することができてしまうのではないかというご懸念が示されました。

　そこは結論的には「変わらない」というのが私の考えです。非常にざっくりした考え方で恐縮なのですが、このファイナンス・リースであるだとか、あるいは所有権留保売買など、担保権の実行として解除という法形式を要求しているといいますか、そういう「形」をとっている

非典型担保がございます。これは、あくまでそういう「格好」、「形」をとっているということだと私は理解しておりまして、非典型担保における「解除」は担保権の実行手続として行われるものであり（所有権留保の実行には「解除」は不要とする考え方もあることに注意）、「担保権実行としての解除」と「法定解除」は別の扱いができるのではないかと思っています。

その上で、本来、担保権実行としての解除であれば、被担保債権について履行遅滞があれば実行できるのではないかと思うのですけれども、ファイナンス・リース契約に関する平成20年最判の田原先生補足意見で示されたように、保全期間中につきましては弁済禁止が出ておりますので、再建型倒産手続の趣旨・目的に照らして、その期間中は、「解除」を実行方法とする非典型担保に関しては、担保権実行としての解除をすることができない（すなわち、保全期間中は担保実行が封じられる）、そういう構成を改正民法下でもそのまま維持できるのではないかと思っております。

田原先生は、開始決定後は履行遅滞があるので担保権実行としての解除ができるのだとおっしゃっていると私は理解しているのですけれども、そこのところはこの改正民法のもとでも同じでありまして、ただし、それは担保権の実行として何の制限も受けないわけではなくて、担保権消滅許可制度だったり、中止命令だったりの制約のもとにあるということだと思いますので、結論からいうと、新しい契約解除法制で帰責性が必要でなくなったとしても、別に今と変わらないというのが私の考えであります。ということなので、藤澤先生のご指摘になった問題提起については、心配ないだろうと考えております。

続いて、2つ目はレジュメの「2　諾成的消費貸借契約と契約当事者の倒産」（本書90頁）です。先ほど藤澤先生のほうからご説明がございましたように、改正民法下では書面による消費貸借契約が諾成化されます。

話をわかりやすくするために金銭消費貸借契約に限定いたしまして、

第1　新民法からみた倒産手続上の契約解除

　レジュメ「(2)　借主が再建型法的整理手続を選択した場合」（本書93頁）のところに、〈設例〉を用意しました。Ａ銀行がＢ株式会社と、例えば特殊当座貸越契約をしているだとか、コミットメントライン契約を締結しているだとか、ドキュメント・ローン契約を締結しているだとか、そういったパターンです。こういう具体例を想定して、実際に5月末が実行日ないし資金需要の日であるという設定にした上で、今日は5月19日ですから、ここのところで再建型の倒産手続が申し立てられたとする。その場合に、この貸付をしなくてはいけないかどうかという問題設定をいたします。

　そのときに、立場は大きく2つに分かれるのではないかなと。1つは、いやいや、契約は締結しているのだから、倒産手続に入ろうと入るまいと貸す債務は履行しなさい、契約は守らなければならないという位置付けです。事業再生研究機構の会員の皆様方はどちらかというとこちらの立場でしょうか。一方、金融機関の立場からしますと、そんな倒産した会社に金なんか貸せますかという話です。当然、何かできるでしょうという話になると思うのです。

　いや、貸してもらえるはずだという考え方に立つ場合はいくつかの理由がありまして、破産手続が開始されたときのように消費貸借契約が失効するという条文がないではないかというのが1つ考えられます。もう1つは、諾成的消費貸借契約は双方未履行双務契約なので、再生債務者側が履行を選択すれば貸してもらえる、こういう話です。貸し付けてもらった場合の返す債務は共益債権になるのだから問題ないではないかとか、倒産するぎりぎりのところまでで貸すという決定をしていた以上は、それを前提に与信管理をしていたはずなので貸しなさいと、こんな立論になるのだろうと思います。一方、貸す側は、いやいや、全然話が違いますよねということになって、何とかしたいということになります。

　そこで考えられるのは、理屈でいうと双方未履行双務契約ではないのだという話をして、再生債務者側にイニシアティブはないですよという構成です。それと、貸付の前提条件であったりとか、倒産解除特約を契

83

約に盛り込んでありますので、それに基づいて、あなたは倒産していますので貸す債務は消滅します、こういうやりとりをする、こういう主張をすると、こんな段取りなのだろうと思います。

　以上の点をレジュメに書いているのですけれども、ここまでつらつら考えて、よくよく考えてみると、貸したくないというほうの立論について、ふと思いつくのは、諾成的消費貸借契約が双方未履行双務契約でないとした場合は再生債務者側にイニシアティブがないというだけのことでありまして、諾成的消費貸借契約が消えてなくなるわけではない、したがって、貸す債務は依然として残っているではありませんか、ということです。貸す債務は残ったままなので、貸したくないという立場に立つ場合、話はまだその先にありまして、貸す債務から免れるためには、貸付の前提条件を設ける規定や、倒産解除特約について、倒産手続を申し立てた債務者、倒産手続が開始された債務者との関係で、有効性が認められること、結局、そこに尽きるのではないかという話になってきそうな感じです。ならば、諾成的消費貸借契約が双方未履行双務契約に当たるかどうかなんて考える必要はなくて、貸す債務を消滅させる工夫のところだけを議論すればいいのではないかというような話にもなりかねないですけれども、一応検討してまいりましたので、時間の許す限りコメントしてまいりたいと思います。

　レジュメ「(2)　借主が再建型法的整理手続を選択した場合」の(ii)（本書94頁）をご覧いただきまして、先ほどの〈設例〉で申し上げますと、新しい改正民法下の検討の順番としては、諾成化されるのは書面による消費貸借契約のみですので、そもそもこれは書面による消費貸借契約なのかどうかをまず検討することになると思います。例えば当座貸越契約が本当に書面による消費貸借契約なのかなど議論のあり得るところだと思います。ですので、まず最初のハードルを乗り越えまして、諾成的消費貸借契約であるという結論に至った後は、それが倒産手続下でどのように扱われるかというのは次の問題になるのだろうと思います。

　先ほど藤澤先生のご報告でもありましたように、判例の示している理

屈ですね。倒産法下の双方未履行双務契約がどんなものなのかという判例の考え方に従うと、貸す債務と返す債務ないし利息を支払う債務が相互に担保し合っているという関係にはどうもないなと思いますので、双方未履行双務契約ではないと整理されるのかなと直感的に思っているところです。だけど、実務家の立場としては、結論的に貸す債務が消えるか消えないかという、そこがポイントですので、正直、どっちでもいいなとも思っているんですけれども、素直に考えると双方未履行双務契約ではないのだろうと考えております。

　その次、双方未履行双務契約でないのであれば、当該契約は倒産手続開始の効果を何ら受けませんので、諾成的消費貸借契約はそのまま残ったままで、貸す債務も残ったままになります。それを貸付実行日に履行しなければ、当然、債務不履行ということになりますので、そこで、はたと困る。では、どうしますかという話になってくると思います。

　諾成的消費貸借契約は債権法改正で新しく導入された制度でも何でもありませんで、昔から存在しているものなのです。コミットメントライン契約やシンジケート・ローンは諾成的消費貸借契約だと考えられていて、大体、貸付の前提条件という格好ですね。例えば倒産していないことを表明保証させて、表明保証違反がないことを貸付の前提条件にするという、こんなやり方をしているのが普通のやり方なのかなと思うのです。ということは、前提条件を満たしてなければ諾成的消費貸借契約を締結していても、実はまだ貸す債務は発生していないと整理できると思います。こういった形の貸付の前提条件という形で貸す債務を発生させない、あるいは消滅させる工夫ですね。これは法的倒産手続との関係でも有効性を認めていいのではないかなと思っております。

　それとの関係で、金銭消費貸借契約書で倒産解除特約を定めている場合はどうなるか。会社更生手続と民事再生手続において、倒産解除特約は無効だとする最高裁判例があります。この２つの判例の事案では、いずれも債務者側に目的物を交付済みなのですよね。それと比べて、諾成的消費貸借契約の場合は、「貸す債務」を履行する前の段階なわけであ

ります。「貸す債務」、逆にいうと「貸してもらう債権」は再生債務者の財産になっておりますので、それを簡単に消滅させていいのかという問題意識は確かにあるのですけれども、これからお金を貸しますよ、というのと、すでに納品したリース物件だとか売買目的物を債務者の手元から逸出させるというのとはやっぱりわけが違うだろうと思っております。したがいまして、この場合は倒産解除特約の有効性を認めるべきであると私は考えております。

　こんな議論を検討していたところで、こんな話を見つけてきてしまいました。部会資料44というのがありまして、期限の利益喪失条項が置かれている場合は、貸付をしても、その時点ですぐに返す義務が発生してしまう。つまり民事再生等が申立済みなので直ちに失期事由に該当してしまう。そんな場合にまで「貸す債務」というのを残す意味があるのか。それは消滅するのではないかということが部会資料44に記載されています。ここで示されているような考え方で済むのであれば話は簡単なわけです。書面による消費貸借契約の場合、期限の利益喪失条項を必ず定めておけば貸す債務を履行しなくていいということになって、いろいろと悩まなくて済むような感じもいたします。

　といったことをレジュメ「(2)　借主が再建型法的整理手続を選択した場合」の(ⅴ)（本書99頁）のところに書いているのですが、この辺りについては本当にそれでいいのかといまだ悩んでいるところでもありますので、そういう考え方もあるということだけをコメントしておきたいと思います。ありがとうございました。

| レジュメ |

新しい契約解除法制各論
──藤澤報告に対するコメント

1 「解除」と非典型担保

(1) 非典型担保と解除

　藤澤報告は、帰責性を不要とする解除規定の改正（改正民法541条・542条）により、判例が示したファイナンス・リース契約の担保権実行としての解除権行使を制限する理論（倒産解除条項の効力否定。最判平成20・12・16民集62巻10号2561頁。以下、「平成20年最判」という）に影響が生じるのではないかと問題提起している。この点に関し、若干コメントする。

　平成20年最判は、「民事再生手続開始の申立てがあったことを解除事由とする部分は、民事再生手続の趣旨、目的に反するものとして無効と解するのが相当」として倒産解除特約の効力を否定し、再生手続開始決定後の同特約に基づく解除の効果を否定した。法廷意見は、直接には開始決定後の解除に関して判断しているが、倒産解除特約自体の効力を否定しているので、弁済禁止の保全処分期間中の解除権行使の効力も否定されると考えられる。

　また、田原睦夫判事の補足意見（以下、「田原補足意見」という）は、弁済禁止の保全期間中は、保全処分の効果としてリース料金の弁済が禁じられ、その反射的効果として、リース業者も、弁済禁止の保全処分によって支払を禁じられた民事再生手続開始の申立以後のリース料金の不払を理由として、リース契約を解除することが禁止されるに至るとする(注1)。

開始決定後の履行遅滞による解除の可否について、平成20年最判はふれておらず、議論は分かれる。開始決定の効果により再生債権の弁済が原則として禁止される以上、法定解除もできないとの考え方[注2]がある。他方、田原補足意見は、弁済禁止の保全処分が失効するのでリース料金等の債務不履行により別除権者としてその実行手続として解除できる、とする[注3]。

　整理すると、平成20年最判および田原補足意見により、①倒産解除特約による解除（保全期間中、開始決定後ともに）、②保全期間中の債務不履行解除は、いずれも否定されると考えられる。そして、開始決定後の債務不履行解除については、田原補足意見をとらず、否定説をとれば、③開始決定後の債務不履行解除も否定される、ということになる。

　しかし、今般の改正によって解除に帰責性が要求されないのであれば、保全期間中、開始決定後のいずれについても、リース料の履行遅滞を理由に法定解除できるようになるのでは、という疑問が浮かぶ。もしそうなると、倒産解除特約の効力を否定するだけでは足りず、「再生手続の中で債務者の事業等におけるリース物件の必要性に応じた対応をする機会」（必要に応じて、担保権実行中止命令申立てを講じるなど）を確保しようとした平成20年最判の意義が失われそうである。このことは、ファイナンス・リース契約に限らず、解除が担保の実行方法であると考えられている非典型担保（所有権留保売買など[注4]）にも当てはまり得る。

（注1）　最判昭和57・3・30民集36巻3号484頁参照。保全処分により、債務者は債務を弁済してはならないとの拘束を受けることを理由に履行遅滞解除を否定している。
（注2）　中島肇「民事再生手続におけるリース契約の処遇」NBL907号（2009）70頁など。
（注3）　田原睦夫編著『裁判・立法・実務』（有斐閣・2014）63-67頁参照。弁済禁止の保全期間中は弁済が禁止されているため債務不履行にはならず、手続開始後は債務不履行になる、とする。伊藤眞『破産法・民事再生法〔第4版〕』（有斐閣・2018）968頁注6は、開始決定後は期限の利益喪失条項に基づく債務不履行および解除の効力を主張できるとする。

(2) 検討とコメント

結論としては、少なくともファイナンス・リースおよび所有権売買に関する限り、今般の民法改正は、これまでの取扱いに大きな変更を生じさせないと思われる。

第2部の杉本報告・三森コメントで取り扱われるが、非典型担保における「解除」は、担保権の実行手続として行われるものであり、改正民法541条、542条における「解除」とは別のものとして扱うべきである[注5]。この点、総論での加毛報告・糞毛コメントでは、解除法制の改正後も、改正前通説と同様、開始決定後の解除権取得・行使を否定すべきとする。そこでは、有効な催告ができなくなることが根拠とされている。しかし、改正民法541条、542条による「解除」についてその議論が成り立つにしても、担保権実行としての解除は異なる取扱いを受けるべきである。

非典型担保は倒産手続上、別除権として扱われ、手続外で実行できる（会社更生では、担保実行が禁止されるので別論）。倒産手続の開始決定により、少なくとも履行遅滞は生じると考えられ（そうでないと別除権行使もできないことになってしまう。なお、期限の利益喪失条項の有効性は否定されていないからこれによる弁済期到来・履行遅滞も生じると思われる）、非典型担保を実行できると考える。

そして、非典型担保の実行方法が「解除」とされているのであれば、当該「解除」は開始決定後であってもその行使を認めてよいだろうと考える（田原補足意見中の開始決定後の解除に関する議論は、このような「担保権実行の手段としての解除」に関するものとして理解できるように思われる）。

（注4） ただし、所有権留保については、担保実行に際し、解除不要とする考え方も有力である。

（注5） 例えば所有権留保の実行方法として解除が必要とする諸説も、売買契約が文字通り完全に解除されて動産売買先取特権を喪失する結果になることを積極的に肯定するわけではなかろう。

他方で、別除権であるからといって、いかなる制約も受けないということではない。再建型倒産手続の趣旨・目的に照らして、その実行が制約を受けることは当然あり得る。保全期間中・開始決定後の倒産解除特約による解除を封じた平成20年最判および保全期間中の債務不履行解除が禁止されるとする田原補足意見はそのような文脈で理解すべきである。この結論については、法定解除の帰責性を不要とする今般の改正を経ても変更されないと考える。

　また、開始決定後の債務不履行解除の可能性を認める田原補足意見も、中止命令や担保権消滅許可制度の存在を前提としており、無条件での担保権実行を許容したものではない。

　そうすると、平成20年最判や田原補足意見が示した保全期間中の解除が禁止される、との結論は、契約解除法制改正の影響を受けず、これまでの実務の取扱いに大きな変更は生じないものと思われる。

2　諾成的消費貸借契約と契約当事者の倒産

(1)　消費貸借契約の諾成化と問題点の整理

　改正民法587条の2により、「書面による消費貸借契約」が諾成化される。要物契約と異なり、諾成的消費貸借では、合意成立時に契約の効力が生じ、貸主は、契約成立時に「貸す債務」（借主からみると「目的物引渡請求権」）を負担する、というのが共通した理解である[注6]。

　そこで、貸付義務が履行される前に、一方当事者に法的倒産手続の申立てまたは開始があった場合に、この「貸す債務」がどうなるのかが問題になる[注7][注8]。実務上の重要性に鑑み、ここでは、専ら金銭消費

(注6)　逆に「返す債務」の発生時期については諸説がある。藤澤報告参照。
(注7)　他の論点として、①貸す債務（借りる権利）の譲渡・差押えの可否、②貸す債務による相殺の可否等が論じられているが、ここでは取り上げない。
(注8)　なお、要物契約としての消費貸借契約であれば、貸付を実行しない限り契約が成立していないので、借主倒産の場合も貸主倒産の場合も、貸主は貸付したくなければ（あるいは貸し付ける資力がなければ）、貸付実行しなければよいので、問題は生じない（ただし、状況次第では契約締結上の過失の問題が残る）。

貸借契約を前提に検討する。なお、改正法以前においても、契約自由の原則等を理由に、諾成的消費貸借契約は可能と考えられていたから[注9]、現行法下でも一方当事者の法的倒産と「貸す債務」の帰趨の問題は存在した。しかし、今般の改正により書面による消費貸借契約がすべて諾成化されたのに、破産手続を除いて（改正民法587条の2第3項）、特段の立法的手当てがされなかったので[注10]、問題がよりクローズアップされる。

この問題についての態度・立場としては、大きく、次の2つに分かれると思われる。

① 貸す債務がある以上、一方当事者が倒産しても貸付実行すべきだ。
② 一方当事者が倒産しているのに（特に借主倒産では、借主の信用不安が現実化している）、貸す債務を実行するなんてとんでもない。

この点、破産、民事再生、会社更生のそれぞれでどうなるか、であるが、破産手続については、前述の通り、改正民法587条の2第3項が「書面でする消費貸借は、借主が貸主から金銭その他の物を受け取る前に当事者の一方が破産手続開始の決定を受けたときは、その効力を失う」と規定しており、諾成的消費貸借契約は失効するので、すんなり解決する[注11]。問題は、そのような規定のない民事再生、会社更生手続においてどうなるか、である。

①の立場（法的倒産手続を選択した債務者〔借主〕側の視点であることが多いだろう）からは、ⅰ民事再生・会社更生には改正民法587条の2第3項のような規定はない、ⅱ諾成的消費貸借契約は双務契約であり、法

(注9) 極度貸付、分割貸出、コミットメントライン契約、シンジケート・ローン等は諾成的消費貸借契約であると考えられてきた。
(注10) 法制審議会では、倒産法制における双方未履行契約の解釈などに委ねることとしたとされる（三上徹「債権法研究会報告(1)（消費貸借）」金法2008号〔2014〕26頁、部会第2分科会第6回会議議事録等）。
(注11) なお、破産手続申立てから開始決定までの間に履行期が到来した場合にどうなるかの問題は残る。少々荒っぽいが、借主破産の場合は開始決定まで貸付実行せずに開始決定を待てばよく、貸主破産の場合、借主は改正民法587条の2第2項により解除できるので、実務的には、問題はない。

第1部　シンポジウムの概要

的倒産手続下で双方未履行双務契約として取り扱われるから、再生債務者・更生管財人に履行・解除の選択権があり、再生債務者・更生管財人が履行を選択すれば、貸主は貸付を実行しなければならない、ⅲ倒産解除特約は無効である等の立論がなされる。この立場では、貸主倒産の場合の問題点（貸す債務が倒産債権となり、手続内でしか履行・行使できなくなることによる実務的混乱）（本書73-74頁）にも適切に対処できる[注12]というメリットが強調されるかもしれない。

　他方、②の立場（借主倒産の場合の貸主側の視点であることが多いだろう）からは、貸す債務を実行しなくてよい根拠として、ⅰ諾成的消費貸借契約は民法上双務契約ではなく、倒産法下でも双方未履行双務契約とはならないから、再生債務者・更生管財人に履行・解除の選択権はない、ⅱ破産以外の法的手続においても改正民法587条の2第3項を類推適用し、契約を失効させることができる、ⅲ新たに信用を供与することになるので、この場合には倒産解除条項の有効性が認められるべきである等の立論が考えられる。

　ただし、次の点に留意が必要である。

　前記ⅰの立場は、諾成的消費貸借契約を双方未履行双務契約であると整理する考え方と親和的である（むしろ、貸す債務を履行させる理屈として双方未履行双務契約と整理する側面もあると思われる）。

　しかし、前記ⅱの立場をとることと、諾成的消費貸借契約の双方未履行双務契約性を否定することとは論理必然ではない。一方当事者に再建型法的整理手続が開始された場合において、諾成的消費貸借契約は双方未履行双務契約ではないと整理しても、諾成的消費貸借契約はそのまま存続するから、貸す債務も消滅しない。この場合、債務者・管財人側に解除・履行選択権というイニシアティブが与えられていないというだけであって、貸す債務を消滅させるためには、倒産解除特約の有効性を肯定する等の別途の理屈が必要になる（その理屈が否定されてしまえば、結

(注12)　貸主（またはその管財人）が履行を選択すれば貸す債務（目的物引渡請求権）は倒産債権ではなく共益債権となり全額貸付ができる。

局、貸す債務を履行しなければならない)。そして、諾成的消費貸借契約を双方未履行双務契約であると整理しても、倒産解除特約等、貸す債務を消滅させる理屈の有効性を肯定すれば、結論として貸す債務の履行を免れることができる[注13]。

したがって、実務的にみたとき、問題の核心は、貸す債務履行前の諾成的消費貸借契約が双方未履行双務契約なのかどうか、ではなく、倒産解除特約など貸す債務を発生させない・消滅させる工夫の有効性が肯定されるかどうか、であるといえる。

(2) **借主が再建型法的整理手続を選択した場合**

(i) **はじめに**

以下、現実に生じる可能性が高い類型として、諾成的消費貸借契約が成立しているが、貸付実行前に借主が再建型法的整理手続を申し立てた場合について検討する。

なお、藤澤報告にあったように、金融機関、ノンバンク等の貸主が再建型法的整理手続を申し立てた場合、貸す債務が倒産債権となって実務上混乱が生じ得る。それはそれで興味深い論点であるが、貸す債務が倒産手続における割合的弁済の対象となっては、借主にとってそもそも契約の目的を達成できなさそうだし、貸主にとっても同様であろう。その場合、借主は、改正民法587条の2第2項により諾成的消費貸借契約を解除するだろう。また、貸す債務を履行することが再建手続上不可欠であれば、既存の諾成的消費貸借契約の合意解約と同一内容での再契約を締結したこととする集団的処理等の実務上の工夫で乗り切れるように思われる。ということで、貸主倒産の場合については検討の対象外とする。

(注13) 双方未履行双務契約と整理した上で借主が履行を選択しても貸主に解除権を与える立法提言をするものとして、中井康之「民法改正と倒産法」倒産法改正研究会編『続・提言倒産法改正』(金融財政事情研究会・2013) 157頁。

〈設例〉
　A銀行がB株式会社との間で、次のような銀行取引をしていたとする。
　①　当座貸越（資金繰り上、5月31日に資金需要が見込まれている）
　②　手形貸付（5月31日付けでのロールオーバーの口頭合意ができている）
　③　証書貸付（実行日は5月31日で、すでに同日付の証書が差し入れられている）
　④　特定融資枠の設定（5月31日実行の申込みがある）
　⑤　金銭消費貸借契約書（ドキュメント・ローン）を締結済み（実行日は5月31日）
　そうしたところ、B株式会社が5月19日に民事再生を申し立てた。
　①～⑤はどうなるか。

この場合、考え方の順序としては、次のようになると思われる。
ⅰ　「書面でする消費貸借」＝諾成的消費貸借であるかどうか。
ⅱ　ⅰが肯定できる場合、貸す債務を履行する前の諾成的消費貸借契約が民事再生法上どのように扱われるか。
ⅲ　倒産解除条項、契約書における貸付実行の前提条件（一方当事者が倒産の申立てをしていないこと等を貸付実行の前提条件とする）の効力はどうなるか。
ⅳ　期限の利益喪失条項の適用関係をどう考えるか。

　(ⅱ)　**消費貸借の「書面性」**

実務的には、そもそも書面でする消費貸借であるかどうか（これが否定できれば要物契約であるため、貸す債務は生じていない）が検討ポイントになり得る[注14]。

①当座貸越契約：ひな型、約款があるが、極度額を超えて手形・小切手の支払をする義務が明定されているとはいえない？現に極度額を超えて手形・小切手を決済した時に、要物性を満たす？

②手形貸付：銀行取引約定書のみ。現に手形の振出し・交付を受けて貸付が実行されるので、諾成的消費貸借契約とはいえないのでは。

第1　新民法からみた倒産手続上の契約解除

③証書貸付：融資実行日までに条件を確定し、先日付（貸付実行日）で証書の作成、金融機関への差入れがなされるが、実務上、貸付実行日に契約が成立すると考えられてきた。しかし、証書が差し入れられている以上、書面でする消費貸借といえると思われ、諾成的消費貸借が成立しているのでは？

④特定融資枠：コミットメントライン契約（特定融資枠契約）は、現行法下でも融資枠契約の法的性質は消費貸借の一方の予約、予約完結権行使時に成立する本契約は諾成的消費貸借とされている。

⑤金銭消費貸借契約書（ドキュメント・ローン）：個別案件ごとに金銭消費貸借契約書が作成されているので、諾成的消費貸借に該当する。

　(iii)　**諾成的消費貸借は双方未履行双務契約か**

　次いで、諾成的消費貸借契約であると判断された場合に、それが再生手続上、双方未履行双務契約として扱われるのか、そうではないのか、を検討する必要がある。双方未履行双務契約として扱われる場合、再生債務者（前記〈設例〉ではＢ株式会社）が履行を選択してくる可能性がある。

　この点、藤澤報告において詳細に検討されたように、民法レベルで双務契約といえるかどうか、倒産法レベルで双務契約（双方未履行双務契約）といえるかどうかを検討することが考えられる。ただ、藤澤報告において、民法レベルで双務契約かどうかは、何を「双務契約」と定義するかの問題に左右されることが明らかにされた。確かに、論者ごとに前提とする「双務契約」の理解が異なるようにみえ、民法レベルで双務契約である、ないを明らかにするのは難しいように思われる[注15]。したがって、民法レベルで「双務契約」と判断したとしても、当然に倒産法

(注14)　三上・前掲（注10）24頁。ただし、立案担当者は、目的物の交付によって消費貸借の効力が生じるとする要物的消費貸借を書面によってすることは当然に有効としている（筒井健夫・村松秀樹編著『一問一答　民法（債権関係）改正』〔商事法務・2018〕292頁）。そうすると、ここでは、端的に、諾成的か要物的を検討することになる。

上の双方未履行「双務契約」と判断されることにはならない(注16)・(注17)。

　藤澤報告では、貸す債務履行前の書面による消費貸借契約は、倒産法上の双方未履行契約に該当しないとしている。この点、倒産法上の双方未履行双務契約に該当するか否かについて、「同法103条1項の規定（筆者注・破産法53条に相当）は、双務契約の当事者間で相互にけん連関係に立つ双方の債務の履行がいずれも完了していない場合に関するものであって、いわゆるフルペイアウト方式によるファイナンス・リース契約において、リース物件の引渡しをしたリース業者は、ユーザーに対してリース料の支払債務とけん連関係に立つ未履行債務を負担していないというべきであるから、右規定は適用されず、結局、未払のリース料債権が同法208条7号に規定する共益債権であるということはできない」とする判例がある（最判平成7・4・14民集49巻4号1063頁〔ファイナンス・リース契約に関するもの〕）。ここでいう牽連関係については、「契約当事者が、その債務を自己の債権と担保視し得る関係にある場合、通常、相手方が同時履行の抗弁権を有するような場合をいうものと解される」(注18)、「双務契約における双方の債務が、法律上及び経済上相互に関

（注15）　片務契約とするのは鈴木禄弥『債権法講義〔4訂版〕』（創文社・2001）375頁など、双務契約とするのは内田貴『民法Ⅱ〔第3版〕』（東京大学出版会・2011）251頁。第2分科会第5回会議における畑瑞穂幹事、山本和彦幹事および金洪周関係官の各発言参照（議事録5-8頁）。なお、伊藤眞「片務契約および一方履行済みの双務契約と倒産手続」NBL1057号（2015）30頁は、「愚見は、諾成契約化が片務契約性を変更するものではないことを前提とし、契約当事者について破産手続が開始されたことによって契約関係が当然に終了するかどうかに関しては、明文の規定を置く場合は別として、契約の種類ごとに考えなければならない」としており、諾成化されたとしても片務契約が直ちに双務契約になるわけではないということを前提としているように思われる。
（注16）　なお、何が「双務」なのかについては、通常は、「貸す債務」と「返す債務」であると理解されている（部会資料16-2・4頁以下。潮見佳男『契約各論Ⅰ』〔信山社・2002〕300頁）。「貸す債務」と「借りる債務」を想定する見解があるかもしれないが、一般的ではないと思われる。
（注17）　逆に民法レベルでは片務契約であると整理されても、倒産手続で双方未履行双務契約として扱うべき場合もあり得るだろうか。
（注18）　八木良一「判解」平成7年度（上）最高裁判例解説民事篇412頁。

連性をもち、原則として互いに担保視しあつているものである」（最判昭和62・11・26民集41巻8号1585頁）などとされている。これを諾成的消費貸借契約についてみると、「貸す債務」と「返還義務」または「利息支払義務」は、判例のいう「牽連関係」＝「その債務を自己の債権と担保視し得る関係」にはないように思われる。というのは、貸す債務と返す債務を同時履行にかからしめるというのは、ことの性質上、意味がないし、利息支払と同時履行にしたからといって自己の債権と担保視し合っているとはいえなさそうだからである。

そうすると、消費貸借契約が諾成化されたとしても、倒産法上の双方未履行双務契約に該当するとはいえないと考えるのが素直なように思われる(注19)。

(iv) **貸す債務からの解放**

次いで、諾成的消費貸借契約が双方未履行双務契約ではないとすると、民事再生法49条、会社更生法61条の適用はなく、契約関係は、倒産手続の影響を受けないことになる。そうすると、A銀行の貸す債務（証書貸付、特定融資枠、ドキュメント・ローン）はなお存続していることになる。藤澤報告にあったように、貸す債務（B株式会社からみて借りる権利）はB株式会社の財産であるから、そのままであればB株式会社はA銀行に対し、貸付の実行を求めることができる。また、B株式会社がもはや借入を要しない場合は、改正民法587条の2第2項により解除することもできるだろう。

この点、A銀行が貸付を実行したとして、仮に、当該諾成的消費貸借契約が手続開始前に成立したものであることを理由に（開始前の原因）、B株式会社の「返す債務」（貸金返還請求権）が再生債権に該当するとすれば、A銀行に酷であり、バランスを欠く。そのような結論になるのであれば、当事者間の衡平上、倒産解除特約等、貸す債務から解放される

（注19）　この点、中井・前掲（注13）156頁は、議論はあり得るものの、少なくとも片務債務のみが存在する場合ではないので、双方未履行双務契約の処理準則の適用を排除するまでもないとする。

合意の効力を認めるべきだと考えられる。しかし、藤澤報告では、「返す債務」については、金銭受領時に発生するため、双方未履行双務契約の場合（民事再生法49条4項）や開始後の借入れの場合（同法119条5号）に準じて、共益債権として扱われるべきであるとする。そうだとすると、倒産解除特約等の有効性を肯定する必要はなく、A銀行は貸す債務を履行すべきだということになりそうである[注20]。

　しかし、いかに再建型の手続とはいえ、法的倒産手続をとった場合とそうでない場合とでは、与信判断の基礎がまったく異なるであろう（再建型であるとはいえ、牽連破産の可能性が常に残る）。この点、信用リスクがあるのは、消費貸借契約だけでなく、売買その他でも同じであるという考え方があり得る。しかし、同時履行の抗弁権や先取特権（動産売買の場合）の保護のある契約類型と比べ、金銭消費貸借契約は貸す債務が常に先履行で、金銭が消費されてしまうため、相対的に回収リスクが高い。

　そうすると、諾成的消費貸借に関する契約書中に、法的倒産手続の申立て、または開始を解除事由とする約定解除条項や、貸付の前提条件条項[注21]が置かれている場合、その有効性を認め、貸主からの解除または貸す債務を消滅（もしくは不発生）させることを認めるべきだと考える。

　いわゆる倒産解除特約については、第2部で取り上げられる予定であるため、深入りしないが、倒産解除特約の有効性を否定した判例[注22]は、

(注20)　民事再生手続申立後、開始決定までの間に貸す債務の履行期が到来した場合はどうなるか。開始決定前に返す債務が発生するので、共益債権化の手続がとられない限り、再生債権になるのではないか。

(注21)　借主の表明保証の対象として、法的倒産の申立てを含めた期限の利益喪失事由に該当していないことを含め、当該表明保証が真実かつ正確であることを貸付実行の前提条件とする実務が広く行われている。諾成的消費貸借契約であるが、前提条件が充足されない限り「貸す債務」が発生しない、という建付けであり、これはこれで契約自由の原則により認められるべきであり、倒産手続上、効力を否定される理由はないと考える。

(注22)　最判昭和57・3・30民集36巻3号484頁（所有権留保特約付売買）、最判平成20・12・16民集62巻10号2561頁（ファイナンス・リース契約）。

いずれも目的物を債務者に引渡し済み（売買の目的物、リース物件）の事案であって、倒産解除特約の有効性を認めれば当該目的物を債務者の責任財産から逸出させることになる点に問題があった。貸す債務履行前の諾成的消費貸借契約では、倒産解除特約の有効性を肯定しても、債務者の責任財産が「逸出する」ことはないから、状況を異にすると思われる[注23]。

(v) 期限の利益喪失条項がある場合

さらに、銀行取引約定書や金銭消費貸借契約書には、法的整理手続の申立等を失期事由とする期限の利益喪失条項が規定されている。周知の通り、倒産解除特約を無効と判断した判例があるが、法的整理の申立等を失期事由とする期限の利益喪失条項については有効であると考えるのが通常である。

そうすると、A銀行が貸す債務を履行しなければならないとしても、B株式会社が期限の利益喪失事由に該当しているので、直ちに返還時期が到来するのではなかろうか。そのような場合、「貸す債務」は消滅すると整理できるのではないか[注24]。

そのような説明が可能だとすると、書面による金銭消費貸借契約が諾成化されるとしても、契約書中に期限の利益喪失条項を怠りなく規定す

(注23) 伊藤・前掲（注15）37頁は、借主破産については、貸主が借主に対して信用を許与し、借主の返済義務の履行がその財務状態によって決定されるという消費貸借の特質を考慮したのが改正民法587条の2第3項であるとすると、破産手続開始申立てを失効・解除事由とする約定の有効性を認めるのが合理的であり、契約自由の原則、事業再生型手続といえどもその成功が保証されているわけではなく、また、DIPファイナンスとして融資を実行するときであっても、以前の契約内容と融資条件が異ならざるを得ないこと等を考慮すると、特約の効力を認めて消費貸借契約関係を終了させるのが合理的であるとする。

(注24) 「消費貸借を諾成契約として規定する場合には、消費貸借を締結した後、貸主が目的物の引渡しをしない間に、約定の返還時期が到来してしまった場合の処理について、検討すべきであるとの指摘がされている。これについては、目的物の引渡し前に目的物の返還時期が到来した以上、貸主の目的物引渡債務すなわち「貸す債務」は消滅すると扱うのが一般的な理解であるように思われる。第15回会議でもその旨の指摘がされたが、特段の異論は示されなかった」（部会資料44・28頁以下）。

ることで、貸す債務から解放され得ることになる。

　もっとも、この点については、貸す債務が履行されてはじめて返す債務が発生するのだとすると、過去に失期事由にヒットしていたとしても、その後に貸す債務が履行されたのであれば、返す債務が期限の利益を喪失する理由はないのではとも考えられる[注25]。この点はさらに検討を要すると思われる。

(3)　実務上の留意点

　以上の検討からは、金銭消費貸借契約の貸主の立場では、従前の対策、すなわち、金銭消費貸借契約書中に、①貸付実行の前提条件を定める方法、②期失条項と貸付義務消滅条項を定める方法、③約定解除事由を定める方法を励行することで借主の民事再生、会社更生に備えることができると考えられる[注26]。

（注25）　もっとも、「開始決定がなされたこと」が失期事由であれば、その状態が解消されない限り、失期事由への該当性を否定できないのではないか。
（注26）　加えて、書面による要物的消費貸借とする方法も考えられる。（注14）参照。

第1　新民法からみた倒産手続上の契約解除

【質疑応答】

○赫　弁護士の赫と申します。難しいお話で、質問が的を射ているかどうかわかりませんけれども、加毛先生のご発表に質問させていただきたいのですが、要するに破産手続開始後の不履行については解除事由になりませんという理由として、催告解除については、債務者の追完機会の保障という観点からすると破産後の場面では破産債権の履行は禁止されるから有効な催告ができないということをポイントに解除事由に当たらない。無催告解除については改正民法542条1項1号から4号のカタログに該当しない。5号の包括条項も催告解除をなし得る場面であることを前提とするから、ここでは要件に該当しない。このようなお話であるものと理解いたしました。

　しかしながら、そもそも改正民法における催告解除制度というものが、先生がおっしゃる債務者の追完機会の保障という観点をそこまで重視しているのか、疑問に思っております。少なくとも改正の経緯からは、契約の相手方、破産者の相手方から見て、債務不履行により契約目的を達成できない事態に至っていれば、相手方は、解除によって契約から解放されるはずであり、債務者側に追完の機会が保障されていようと保障されていまいと、帰責事由があろうとなかろうと、債務が履行されない、履行される見込みが立たない、ということであれば、債権者は、そういう契約に拘束されるのが妥当でないから解除権を与えましょうというのが今回の改正の趣旨だったのではないでしょうか。そこの根本からいって、先生がなぜ、破産手続開始後の不履行状態があっても相手方は契約に拘束され続けなければいけないとおっしゃるのか。しかも先生は、民法の要件でそのようにおっしゃるので、倒産法のまた別の目的で、これは解除は認めませんよというならば、まだわかるのですけれども、民法要件からいって、この拘束から解放させてあげるところに達していないとおっしゃる理由をちょっと教えていただきたいです。

○**加毛** ご質問ありがとうございます。重要なご指摘を頂戴したものと思います。ご質問には、いくつかの異なる問題が含まれているものと理解しました。

　まず、催告解除において債務者の追完機会の保障が重視されるのか、というご指摘がありました。この点については、催告要件の理解をめぐって議論の対立が存在するところです。催告を解除の手続要件と位置付け、催告解除を債権者が契約から迅速に離脱するための制度と理解する立場はあろうかと思います。実務では有力なのかもしれません。この立場によれば、債務者に対する追完機会の保障という要請は後退すると思います。これに対して、催告要件を規範的なものと捉え、債務者に追完機会が保障されたにもかかわらず、追完がなされなかったことが、契約の拘束力から債権者が離脱することを正当化する、という理解もあります。学説にはさまざまな見解が存在しますが、相当に有力な立場であると思われます。本日は、催告要件に関する後者の理解を前提として、報告をした次第です。

　次に、ご質問の最後のところで、問題を民法の要件の解釈として議論することに対する疑問が提起されました。確かに、報告では、民法の解釈論として、破産手続開始後に法定解除権が成立しないことを正当化できる旨を申し上げました。もっとも、民法の規定を解釈するうえでは、破産法の規定の目的や趣旨が重要な意義を有するものと考えます。例えば、報告の重要な主張の1つが、破産手続が開始すると、破産者・破産管財人による債務の履行が制約を受けるので、催告や相当期間の経過という催告解除の要件が充足されなくなる、というものです。これは、破産手続の開始を前提として、民法の規定の解釈を行う必要があるということを示すものです。破産法の規定の目的や趣旨を、民法の規定の解釈に取り込むことによって、民法の領域と破産法の領域を一貫して理解することができるのではないでしょうか。

　最後に、破産手続の開始によって、契約目的が達成できないという事態が生じた場合に、契約解除を認めるべきである、とのご意見を頂戴し

第1　新民法からみた倒産手続上の契約解除

ました。契約目的の不達成を理由とする解除なので、無催告解除に関するお話と理解しました。この点については、シンポジウムの母体である研究会において、改正民法542条１項５号に基づく無催告解除が許容されるのではないか、とのご指摘を、複数の先生方から頂戴しました。本日の報告では岡先生のご論文を批判的検討の対象とさせていただきましたが、岡先生は、今後、私の報告を批判する形で、倒産手続開始後に改正民法542条１項５号に基づく無催告解除を肯定すべきとする内容のご論文を公表されるとのことです（岡正晶「倒産手続開始後の相手方契約当事者の契約解除権・再論」松川正毅編集代表『木内道祥先生古稀・最高裁判事退官記念・家族と倒産の未来を拓く』〔金融財政事情研究会・2018〕361頁）。それゆえ、赫先生のお考えを支持される方も多いのではないかと考えます。

　他方、報告でも申し上げました通り、私は、改正民法542条１項５号に基づく無催告解除も認められないと考えています。同号は、「債権者が前条の催告をしても」という文言に現れる通り、債権者が有効な催告をできること、つまり、催告を受けて債務者が債務を履行できることが前提とされていると考えられます。そうすると、催告解除について申し上げたところと同様に、破産手続の開始によって、債権者が有効な催告をできなくなり、債務者が債務を弁済できなくなった段階では、改正民法542条１項５号を適用する前提が欠けることになるように思います。

　この点に関連して、シンポジウムの母体研究会における実務家の先生方との議論を通じて感じたことがあります。抽象的に申しますと、破産手続というものに対する評価のあり方、ということなのかもしれません。ある主体について債務超過や支払不能があった場合に、その者に帰属する積極財産とその者が負担するすべての債務（消極財産）を包括的に処理することは望ましく、その妨げとなるような契約相手方の行為を抑制すべきである、という評価が、一方で存在すると思います。他方、債務者が債務超過や支払不能に陥ったという事態をネガティヴに捉え、契約相手方に対抗手段を認める必要があるという評価も存在するところです。

2つの評価は必ずしも対立するものではなく、いかにして両者のバランスをとるかが問題なのかもしれません。ただ、岡先生のお話をうかがっていると、後者の評価に重心が置かれているように思われ、債務者が自らの経営の失敗によって破産に陥ってしまった以上、契約相手方に解除権を与えて救済を図る必要があると考えていらっしゃるように感じました。あるいは赫先生のお考えも、それに近いのかもしれません。これに対して、私の議論は、前者の評価を重視するものといえます。破産手続という包括的な債権債務の処理手続が開始した以上は、債権者に新たに法定解除権の成立を認める必要はない、という考え方です。もっとも、岡先生や赫先生のように、倒産実務の第一線で活躍されている実務家の先生方からのご批判が多いのだとすると、私の破産手続に対する理解はナイーヴにすぎるのかもしれない、とも思われるところです。

○赫　仮に民法理論上、破産手続開始後の不履行が解除事由に当たるとしても、破産法53条1項に破産管財人の解除権という明文規定、同条2項に相手方の催告権という明文規定があるわけですから、破産者の相手方としては、自身の民法上の債務不履行解除権のルートで解除することが制限され、破産管財人に催告をして破産管財人の判断に委ねるべきある、破産管財人のイニシアティヴで契約の帰趨が決められるべきであるという考え方が成り立ちうるように思われます。私自身はこの考え方を支持しないわけですが、参考にさせていただきたく、この考え方に対する先生のお考えをお聞かせいただきたくお願いします。

　また、同じく倒産手続でも、特別清算手続には破産法53条に相当する規定はありません。しかし清算会社は、自身の債務を割合弁済しなければならず、一部の債権者に満額弁済をするようなことが許されないことは破産債権と同様です。この特別清算手続の場面の未履行契約の処理は、倒産法に特有の規定がない以上、民法で処理をすることになると思います。そして、このときにも先生のお考えだと、清算会社に、追完の機会が保障されないことから相手方の債務不履行解除を認めないことになってしまうように思いますが、それでよいのかどうか。相手方からすれば、

第1　新民法からみた倒産手続上の契約解除

債務の全部が履行される見通しは立たないのになにゆえその契約に拘束され続けなければならないのか。破産の場合と違って、催告権を行使して、破産管財人に解除するか否かの決着を迫ることができないわけです。

改正民法が設けた催告解除の制度については、複数の捉え方があり得ると思いますが、私は、大雑把すぎるのかもしれませんが、催告解除制度・無催告解除制度を通じて、重大不履行ないし契約目的不達成があれば解除できるという考え方で捉えることができると思っています。履行不能が直ちに重大不履行を意味することは明らかですが、催告後相当期間内に履行がないときも軽微な不履行でない限りは重大不履行と評価し得ると思います。催告後相当期間内に履行がないという債務者の態様が、解除に値する重大不履行性を基礎付けるということがいえると思います。こうして考えると、債務者が倒産して本旨履行がなされない状況は、どう考えても重大不履行であり、相手方を契約から解放してあげるに値する状態だと思います。先生のお考えによると、開始後の不履行は重大不履行に当たらないということになるのか、それとも重大不履行に該当するものの別の観点からの解除制限ということになるのでしょうか。重大不履行の観点とは別に、債務者の追完機会の確保の観点を強調するならば、実質的には帰責事由を解除要件に導入しているのに等しいようにも感じられるのですが、いかがでしょうか。

○**加毛**　詳細なご質問をありがとうございました。

まず、破産法53条1項に基づいて破産管財人が履行請求と解除の選択権を有することが、契約相手方による法定解除権の取得を否定する論拠となるという考え方につきましては、報告で言及した『条解破産法』においても指摘されているところであり、従前の学説の1つの論拠であったといえます。ただ、破産法53条1項の立法論上の当否は措くとしても、破産管財人が選択権を有するということが、実体法上、契約相手方が解除権を取得するものと判断される場合に、それを否定する論拠として十分であるかには疑問があります。また、同項は双方未履行双務契約に関する規定であり、契約相手方が自らの債務を履行済みの場合には適用さ

れないため、破産管財人の選択権を根拠とする議論の射程は限定されるように思われます。そうだとすると、破産管財人の選択権の有無を根拠として、破産手続と特別清算手続に異なる議論が妥当するのか、疑問に思われるところです。

　他方、特別清算手続につきましては、報告の検討対象から除外していたことを、申し上げておかなければなりません。それゆえ、十分なお答えをする用意がないのですが、報告の立論を前提とした場合には、特別清算手続の開始によって、清算株式会社の債務の履行が禁止されるのかが問題となるように思われます。赫先生のご説明にあった、清算株式会社が割合弁済の義務を負うということの意味が問題となります。割合弁済に反する弁済の有効性の問題と言い換えてもよいかもしれません。ただ、この点は、特別清算手続という倒産手続そのものの評価にかかわるように思います。今後の検討課題とさせていただければ幸いです。

　次に、破産手続の開始後に債務の重大な不履行が生じるか否か、というご質問がございました。まず、改正民法が催告解除と無催告解除の要件を区別した結果として、両者の関係をいかに理解するかが問題となりますが、両者を「重大な不履行」という上位概念のもとに把握するという赫先生のお考えは、学説上も有力な理解であるように思われます。そのことを前提として、本日の報告の立論によれば、破産手続が開始すると、破産者・破産管財人による債務の弁済が禁じられ、催告や相当期間の経過という催告解除の要件が満たされなくなりますので、重大な不履行と評価すべき事態が生じなくなると考えることになります。

　最後に、以上のような議論は、改正民法が否定した債務者の帰責事由という要件を、実質的に導入するものではないか、とのご指摘をいただきました。この点に対するお答えとしては、従前の議論において、債務者の帰責事由の不存在を基礎付けるものと考えられていたところは、実は有効な催告を否定するものであったと考えるべきである、ということになります。現行民法の解釈としても、破産手続が開始し、債務の履行が禁止された場合には、債権者は有効な催告ができなくなりますので、

債務者の帰責事由の存否を問題とせずとも、解除権の成立が否定されることになります。従前の学説では、解釈論上、債務者の帰責事由が履行遅滞解除の要件であると考えられていたために、債務者の帰責事由の不存在というロジックが用いられたのだと思いますが、必ずしもそのようなロジックを用いる必要はない、というのが、私の報告の立場ということになります。

○岡　藤澤先生に質問です。請負が中途で終了した場合、その途中成果物が「可分＋利益」でないときは、634条だと報酬請求権は発生しないことになります。しかし、注文者に破産手続が開始された場合で、642条（今回改正されませんでした）による解除がなされたときは、注文者に利益がなくても報酬請求権が発生することになります。これは見た目、非常にアンバランスです。ただ請負人に何の債務不履行もないときに、注文者の破産管財人が民法642条で解除した場合で、途中成果物が「可分＋利益」でないときは、2項がなければ、報酬請求権が発生しない代わりに、損害賠償請求権が発生するだろうと思います。そういう意味で、642条2項の「可分＋利益」を満たさないときでも報酬請求権が発生するという表現は非常に違和感がありますが、結果としては、B社の請負人が損害賠償請求権を取得して、結論としては許せるかなと思っています。ただ、642条2項のような構成ではないほうがわかりやすいと思っています。このような理解についてはいかがでしょうか。

○藤澤　ご質問いただき、ありがとうございます。請負契約のことがさっぱりわからなくてあまり自信がないのですけれども、報告の中では、請負人側からの解除という例で設例1と設例2を作りました。これらの場合だと、642条3項により、請負人側からは損害賠償請求ができないので、やはり報酬請求権の問題として考えざるを得ないような気がしております。ただし、642条3項についての立法論として、損害賠償請求を認めるべきであるという考え方もあり得るかもしれません。

○加毛　時間が残されているのであれば、赫先生のご質問について、補足的な説明を差し上げてもよろしいでしょうか。

報告では、催告解除における催告が債務者に追完の機会を保障するものであるということ述べたのですが、赫先生のご質問をうかがって、この点を強調しすぎたかもしれないと反省しています。催告による追完機会の保障という理解を前提としても、催告要件は規範的な性格を有するので、必ずしも、債権者が債務者に追完のために長い期間を保障する必要があるというわけではありません。期間の相当性の判断においては契約内容が重要な意味を有しますので、短い期間を与えれば足りる場合もあり得ます。商人間の取引については、そのような場合が多いとも考えられます。追完機会の保障という催告理解が、債務不履行後、長期間にわたって債権者を拘束することに直結するわけではないということを確認させていただければ幸いです。
〇**司会** ありがとうございました。

第2 倒産法からみた倒産手続上の契約解除

第1報告
新しい契約解除法制が倒産法に与える影響

千葉大学准教授（当時）　杉本　和士

　杉本でございます。本報告では、倒産法の立場から、新しい契約解除法制が倒産法に与える影響について検討することを目的とします。

1　問題状況——委員会における議論を踏まえて
　最初に、「問題状況」についてです。今般の民法改正によって契約解除法制に関する規律が改められるに伴い、倒産法上の規律にどのような影響が生じうるのか、という問題状況について、このシンポジウムの準備を目的とした本機構委員会における議論を踏まえながら、説明して参りたいと思います。
(1)　民法改正法における新しい契約解除（法定解除）の規律（【加毛報告】参照）
　民法改正法における新しい契約解除法制については、すでに加毛報告で取り上げられ、詳細な説明がなされておりますので、ここでは繰り返すことをいたしません。私の報告との関係で重要な点だけを改めて指摘しますと、改正民法541条および542条は、法定解除権の要件として債務者の帰責事由を要求しない、という点です。その趣旨または根拠として

は、法制審議会民法（債権関係）部会資料（68Ａ・25-26頁）によりますと、契約の目的を達することができなくなった場合（すなわち、契約目的達成不能の場合）に、債権者に対してその契約の拘束力からの離脱または解放を認めるためである旨の説明がなされております。

(2) **新しい契約解除法制において法的倒産手続開始を原因として手続開始後に法定解除権を取得・行使する可能性——岡正晶論文からの問題提起**

かつて破産手続を原因として、手続開始後に相手方が法定解除権を取得し行使することができるか、という問題につきましては、福永有利教授による先行研究がございます。そこでは、破産手続開始後に相手方が法定解除権を取得することはできない、という見解が示されており、従来、この見解が倒産法学における支配的な学説でありました。

これに対し、今般の民法改正法における新しい契約解除法制への転換を踏まえて、岡正晶弁護士が、伊藤眞教授の古稀記念論文集に寄稿なされたご論稿において、次のような問題提起とご見解を提示なされておられます（岡正晶「倒産手続開始後の相手方契約当事者の契約解除権と相殺権」高橋宏志ほか編『伊藤眞先生古稀祝賀・民事手続の現代的使命』〔有斐閣・2015〕777頁、特に779-793頁）。

それは、先程申し上げた従来の通説とは異なり、契約の拘束力からの解放を広く認めようとする新しい契約解除法制の下では、「相手方契約当事者は、倒産手続開始後でも、倒産者の履行不能（倒産手続開始による履行不能を含む。）を認定できる場合には、それを理由として、契約解除権を取得・行使できると解すべきである、そう解しても公平な結果が得られるという見解」でございます。

(3) **法的倒産手続開始後に相手方が行使し得る法定解除権の有無（【加毛報告・蓑毛コメント】参照）**

(i) 法的倒産手続開始後に取得する法定解除権（開始後の法定解除権）

このように、岡弁護士のご見解は、法的倒産手続開始後に相手方が取得する法定解除権——この報告では「開始後の法定解除権」と呼ぶこと

第2　倒産法からみた倒産手続上の契約解除

にしますが、その行使を認めようとするものでございます。

　加毛報告で説明があったように、今般の民法改正法において無催告解除と催告解除の規律が条文上明確に区別されているところ、前者の無催告解除に関する改正民法542条1項は、従来の履行不能に相当する局面を想定し、まさに契約目的達成不能を要件としています（同項3号〜5号）。他方で、後者の催告解除に関する改正民法541条は、従来の履行遅滞に相当する局面を想定し、契約目的達成不能を要件とせず、債務者の追完の利益を保障する趣旨で、相当期間を定めた催告が行われたことをもって法定解除の要件としております。

　そこで、加毛報告は、このうち後者の履行遅滞に基づく催告解除権について、破産手続開始後に債権者が債務者に対して有効な催告をなし得ないことから、破産手続開始後に債権者が催告解除権を取得することはできないと結論付けられておられます。

　他方で、やはり加毛報告で検討されておりました通り、改正民法の規律において、破産手続開始後に契約の相手方である債権者が契約目的達成不能に基づく無催告解除（従来の履行不能解除）をなし得ないのか、という点につきましては、委員会でも繰り返し議論の対象となりました。債務者に対して破産手続が開始されますと、破産債権者が個別的に権利を行使することが禁止され（破産法100条1項）、破産手続への参加（同法103条1項）によって、最終的には、僅少な配当または無配当に甘んじなければならないという事態が通常想定されるところでございます。そうすると、破産手続等の法的倒産手続の開始をもって、はたして契約目的達成不能がないといえるのか、条文に即していえば、改正民法542条1項1号から5号までのいずれかの事由に該当し得るのではないか、という疑問が投げかけられてきた次第です。

　本報告では、法的倒産手続開始後の契約目的達成不能を根拠とする民法上の無催告解除権の成否という論点については、差し当たり検討を保留することにいたします。そして、民法上、開始後の法定解除権の取得が認められ得るという事態を想定しつつ、倒産法の観点からこの解除権

111

の行使の当否という点に焦点を当て、その検討を行って参りたいと思います。

　(ii)　倒産手続開始前の債務不履行に基づき取得した法定解除権
　　　（開始前の法定解除権）

　なお、以上の議論は開始後の法定解除権に関するものですが、本報告では、法的倒産手続開始前の債務不履行に基づいてすでに取得した法定解除権——これを「開始前の法定解除権」と呼びますが、この解除権を手続開始後に行使できるか、という問題も取り上げます。従来の通説は、民法545条1項ただし書による効果面での一定の制約があるものの、このような開始前解除権の行使を認めてきました。

　また、併せて、法的倒産手続開始前に契約当事者間の合意により取得された約定解除権、さらには倒産解除特約による解除権——併せて「開始前の約定解除権」と総称できようかと思いますが、これらについても、適宜、言及したいと思います。

　(4)　**本報告における検討**

　以上から、本報告では、岡弁護士のご論稿における問題提起に応えるべく、仮に法的倒産手続開始後にも民法上の解除権が相手方によって取得されるとした場合、あるいは開始前に相手方が法定または約定の解除権を取得していた場合において、相手方による解除権の行使が倒産法における固有の規律と整合するのか否かについて、検討を行って参りたいと思います。

　なお、検討に際しましては、売買契約における買主破産の事例を念頭に置きつつ、双方未履行双務契約と一方未履行双務契約の各事例を順に採り上げて参ります。

　ここで、検討に当たり、留意すべきと思われる視点を導入し、確認しておきたいと思います。

　まず、伊藤眞教授のご指摘の通り、従来の倒産法上の規律を「プロクルステスの寝台」とするがごとく、これに過度に束縛されることなく、虚心坦懐に新しい契約解除法制を受け入れつつ、両者の関係に関する検

討を行う必要があるという視点です。

次に、中田裕康教授が提示なされる視点でございますが、「契約起点思考」と「債権起点思考」を意識しておきたいと思います。法的倒産手続において、契約関係は債権と債務に解体され、それぞれにつき処理が図られることになりますが、そこでは明らかに「債権起点思考」が支配しているといえます。しかし、中田教授が「契約起点思考」としてご指摘なされるように、例えば、一方履行済みの双務契約についても、単なる1個の債権債務だけでなく、そこにはなお契約関係が存続しているはずですから、その契約関係、さらに契約当事者の有する契約上の地位にも着目する視点が重要であろうと思われます。

2　双方未履行（双方履行未了）双務契約事例の検討

では、「双方未履行双務契約事例の検討」から行って参りたいと思います。

なお、レジュメでは、〈設例①〉として買主破産事例を、〈設例②〉として売主破産事例をそれぞれ掲げておりますが、本報告では主に〈設例①〉に関して検討して参りたいと思います。

〈設例①〉（買主Bの破産事例）

> 美術商Aが、骨董品収集家Bに、2部作の絵皿である甲および乙を1000万円で売却した。その後、買主Bに対して破産手続開始の決定がなされ、破産管財人Cが選任された。
>
> なお、この時点で、甲および乙の評価額は、2000万円まで上がっていたとする。
>
> 1000万円の代金債権（α債権）および2部作の絵皿である甲および乙の引渡債権（β債権）の履行につき、Aは甲のみをBに引き渡していたが、Bは代金を支払っていなかった。

第1部　シンポジウムの概要

> Q　このとき、売主Aは、売買契約を解除して甲の返還を請求することができるか。

〈図表①〉（基本的な法律関係）

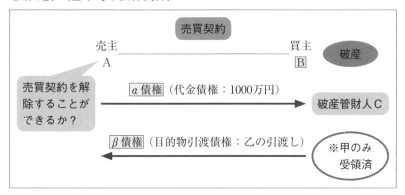

〈設例②〉（売主Aの破産事例）

> 　美術商Aが、骨董品収集家Bに、2部作の絵皿である甲および乙を1000万円で売却した。その後、売主Aに対して破産手続開始の決定がなされ、破産管財人Cが選任された。
> 　なお、この時点で、甲及び乙の評価額は、400万円まで下がっていたとする。
> 　1000万円の代金債権（α債権）および2部作の絵皿である甲及び乙の引渡債権（β債権）の履行につき、Aは甲および乙をBに引き渡していなかったが、Bは代金のうち半額の500万円のみを支払っていた。
> Q　このとき、買主Bは、売買契約を解除して500万円の返還を請求することができるか。

〈図表②〉（基本的な法律関係）

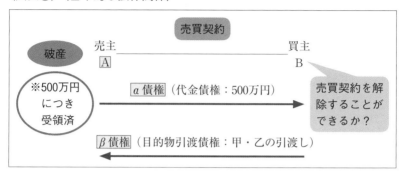

(1) **管財人等の有する双方未履行双務契約に関する選択権の制度趣旨・機能**

〈設例①〉はいわゆる双方未履行双務契約事例に該当しますので、破産者の相手方である破産管財人の有する双方未履行双務契約に関する選択権（破産法53条１項）との調整が問題となります。

ここで存続する契約関係を破産管財人の側から解除する場合には、結論として「契約が解除される」という効果の点に限って申しますと、破産管財人または相手方のいずれのイニシアチヴで解除権を行使すべきかどうかは実質的には問題とならないように思います。したがって、解除選択を原則とする破産手続（破産法78条２項９号参照）を想定する限りにおいては、相手方からの解除権行使を認める余地もあるように思われます。

しかし、特に再建型倒産手続である民事再生手続または会社更生手続においては、法は管財人等による履行選択を原則として想定しています（民事再生法41条１項４号・54条２項、会社更生法72条２項４号参照）。したがって、管財人等の選択権は、必ずしも解除による契約の早期解消のみを想定するわけではない点に留意する必要がございます。

そこで、双方未履行双務契約における管財人等の選択権に関する制度趣旨あるいは機能をここで確認しておきます。

従来、倒産法学説においてさまざまな見解が主張されてきた点でございますが、選択権の有する実際的な機能面に着目しますと、専ら選択権行使を管財人等に委ねることの制度趣旨は、破産財団等の増殖や事業再構築にとって適切な判断を可能とする点に求められ、この点において選択権制度は法的倒産手続で重要な機能を果たしていると考えられます。したがって、管財人等のイニシアチヴによる選択を優先させるべきであり、管財人等の選択権行使によってのみ未履行状態の契約の処理がなされなければならない、と結論付けられることとなります。

(2) **管財人等による選択権と相手方の解除権の競合関係**

しかし、相手方が民法上の解除権を取得しているとすれば、これとの競合関係をどのように調整するのかについて、さらに具体的に検討をしておく必要がございます。そこで、管財人等による選択の結果に応じて場合分けをしつつ、検討を進めて参ります。

(i) **管財人等による解除選択の場合**

まず、「管財人等による解除選択の場合」です。この場合、〈設例①〉において、仮に相手方である売主Aの側から解除権の行使が認められても、破産管財人Cが民法545条1項ただし書の「第三者」に該当するため、Aは、引渡し済みの甲につき、取戻権(破産法62条)として返還請求をすることはできません。つまり、その原状回復請求権は破産債権(破産法2条5項)として処遇されるにすぎません。

これに対して、管財人等による解除選択がなされますと、相手方に対しては、管財人等による解除選択の効果として、原状回復請求権につき取戻権または財団債権・共益債権として処遇される等の倒産法上の特別の保護が与えられることとなります(破産法54条1項2項、民事再生法49条5項および会社更生法61条5項による準用)。

このように、相手方としては、自ら解除権を行使するよりも、管財人等によって契約解除を選択してもらったほうが有利な結果となります。したがって、相手方から、開始前・開始後、法定・約定のいずれであっても、自ら解除権を行使する実益は乏しいといわざるを得ません。

なお、以上と関連する論点として、〈設例①〉において、例えば、買主Bの破産手続開始の時点で、甲および乙の評価額が400万円まで下がっていたとして、相手方である売主Aのほうから、自ら残りの乙の引渡しを行うことで、破産管財人に対して当初の約定通り1000万円を代金として、その支払を求めることができるか、という問いにつきまして、このように相手方から履行選択を求めることは管財人等の選択権と抵触するために認められない、ということになります。

(ⅱ) **管財人等による履行選択の場合**

今度は、「管財人等による履行選択の場合」についてです。この場合、相手方が管財人等の履行選択に対して、自らは民法上の解除権を行使して、双方未履行双務契約を解除することができるかが問題となります。

まず、開始後の法定解除権については、加毛報告での検討の通り、履行遅滞に基づく催告解除の余地はないと考えられ、また、そもそも相手方にとって契約における所期の目的が果たされ、改正民法542条1項の契約目的達成不能の要件を満たさないため、その取得を認める根拠を欠くと考えられます。

次に、開始前の法定解除権については、破産手続開始前に履行遅滞が生じ、すでに催告がなされたにもかかわらず履行がされなかったため、相手方が法定解除権（催告解除権）をすでに取得していた場合が想定されます。これにつき、相手方は解除権を行使することができるとする肯定説が従前より支配的な見解でありました。

そこで、この開始前の法定解除権についてどう考えるべきかですが、私は、従来の通説とは異なり、開始前の法定解除権についてもその行使を否定すべきであると考えております。

その根拠については、次のように論じることができます。

例えば、民法上の無効の主張や取消権の行使については、法的倒産手続の開始後においても認められます。しかし、これらとは異なり、民法上の法定または約定の解除権の行使は、倒産手続においては管財人等の解除／履行の選択権と直接競合する関係にあるといえます。そうすると、

第1部　シンポジウムの概要

　この競合関係への対応に当たっては、先ほど述べたように、倒産法における双方未履行双務契約処理を管財人等に委ねることの制度趣旨やその機能を重視し、ひいては各倒産手続における目的（破産法1条、民事再生法1条、会社更生法1条）を実現するには、その合目的観点から管財人等の選択権の優越を認めるべきであると考える次第です。

　こう考えますと、相手方は民法上の解除権をすでに取得していたのですから、その権利を不当に損なう帰結であるとか、開始時においてすでに存在する民法上の権利は、法的倒産手続においてもできる限り尊重されるべきであるという建前に反するとの批判が想定されます。

　しかし、倒産法においては、このような解除権行使のいわば「代替措置」として、相手方には管財人等の選択権行使を促すための確答催告権（破産法53条2項、民事再生法49条2項、会社更生法61条2項）という独自の制度が用意されています。これにより相手方は早期に契約を終了させるように働きかけることが認められ、この限りで相手方の地位は尊重されていると評価できるかと思います。

　以上と同様に、法的倒産手続開始前の約定解除権または倒産解除特約による解除権の場合についても、その行使を否定すべきであると考えます。ただし、藤澤報告および大川コメントでも言及されているように、例えば所有権留保特約付売買契約やファイナンス・リース契約において担保の私的実行を目的とする倒産解除特約については、少なくとも別除権構成をとる破産手続または民事再生手続との関係においてその効力を認めつつも、その上で各手続における別除権行使に対する規律に服するものと解すべきでしょう。なぜならば、これらの場合には、前提としてそもそも双方未履行双務契約関係を認めるべきではなく、倒産解除特約はいわば「私的実行のトリガー」としての意味を有するにすぎないからです。

　以上が、双方未履行双務契約事例における処遇についてです。

3 一方未履行（他方既履行）双務契約事例の検討

次に、「一方未履行・他方既履行の双務契約事例の検討」を行って参ります。この一方未履行双務契約事例に関する基本的な考え方について説明いたします。

これは、開始前に法定もしくは約定による解除権を相手方が取得していた場合、または開始後に（要件を満たして）法定解除権を相手方が取得した場合には、相手方はその解除権を行使することにより契約の拘束力から離脱する利益を有し、またその契約上の地位は法的倒産手続においても尊重されるべきであるから、原則として相手方から契約を解除することが認められるべきである、という考え方です。たしかに、先ほど見て参りました双方未履行双務契約事例においては、競合関係の調整のため倒産法上の管財人等の選択権に委ねるべきとの立場を強調せざるを得ませんでした。この限りにおいて、「契約起点思考」は後景に退くことを余儀なくされます。しかし、一方未履行双務契約事例においては、相手方の民法における契約上の地位、そしてその解除権について、倒産法の規律や秩序に反しない限りで、尊重すべきだという考え方でございます。

そこで、以下では、「破産者の側が履行済みの場合」と「相手方の側が履行済みの場合」とに場合を分けて、それぞれにつき検討をして参りたいと思います。

(1) **破産者は債務の履行を完了していたが、相手方は債務の履行をしていない事例**

まず、売買契約における買主である破産者側が履行済みの場合として、〈設例①-2〉について検討いたします。なお、売主破産事例に関する〈設例②-2〉もレジュメに掲げておりますが、ここでも買主破産事例を念頭に置いて検討して参りたいと思います。

第1部　シンポジウムの概要

〈設例①-2〉（買主Bの破産事例）

　　売主Aは甲および乙の引渡債務（β債務）を履行していなかったが、買主Bは1000万円の代金債務（α債務）をすでに履行していた。

〈図表①-2〉

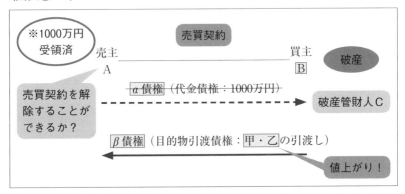

Q　このとき、売主Aは、売買契約を解除して、すでに受け取っていた1000万円の代金を返金することで、（値上がりをした）甲および乙の引渡債務（β債務）を免れることができるか。

〈設例②-2〉（売主Aの破産事例）

　　売主Aは甲および乙の引渡債務（β債務）をすでに履行していたが、買主Bは1000万円の代金債務（α債務）を履行していなかった。

第2　倒産法からみた倒産手続上の契約解除

〈図表②-2〉

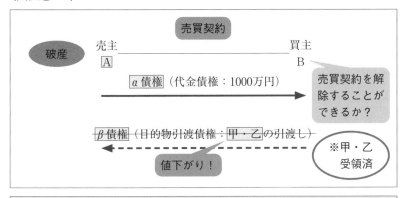

Q　このとき、買主Bは、売買契約を解除して、すでに受け取っていた（値下がりをした）甲および乙を返還することで、1000万円の代金債務（α債務）を免れることができるか。

(i)　開始後の法定解除権の取得の有無

まず、開始後の法定解除権を取得できるかという点ですが、〈設例①-2〉においてAは代金1000万円の弁済をすでに受けており、契約目的を達成しているため、そもそも開始後の法定解除権（無催告解除権）取得の要件（改正民法542条1項各号）を満たさないと考えられます。

(ii)　開始前に取得していた法定解除権または約定解除権の行使の可否

これに対して、開始前に相手方が法定解除権または約定解除権（倒産解除特約の場合を含む）を取得していた場合、この開始前の解除権の行使は認められるでしょうか。

この場合にも、相手方が解除権を行使することで契約の拘束力から離脱する利益を有しているとすれば、その契約上の地位に基づく解除権の行使は認められるようにも思われます。また、確かに、〈設例①-2〉において、相手方が、履行遅滞等を理由に手続開始前に法定解除権を取得していたという場合には、たとえすでに給付を得ているとしても、その

解除権の行使につき尊重されるべき契機も認められるかもしれません。

しかし、倒産法の観点から考えますと、開始前の解除権といえども、その行使を認めることは、本来破産財団等に帰属するはずの権利を喪失させるため、破産財団等にとって不利な帰結をもたらすことは否定できません。そうすると、先ほど申し上げた履行遅滞等に基づく開始前の法定解除権の場合はともかく、事前の当事者間の合意のみで法的倒産手続開始後の解除を可能とする倒産解除特約に関しましては、すでに本来の契約の目的に沿った給付を得ているにもかかわらず、一方的に特約に基づいて解除することは、もはや倒産手続において尊重すべき契約上の地位であるとは評価することができず、認めがたいのではないか、と考えております。

(2) **破産者は債務の履行をしていないが、相手方は債務の履行を完了していた事例**

次に、売買契約における売主である相手方の側が履行済みの場合として、〈設例①-3〉について検討いたします。なお、売主破産事例に関する〈設例②-3〉もレジュメに掲げておりますが、ここでも買主破産事例を念頭に置いて検討して参りたいと思います。

〈設例①-3〉（買主Bの破産事例）

> 売主Aは甲および乙の引渡債務（β債務）をすでに履行していたが、買主Bは1000万円の代金債務（α債務）を履行していなかった。

第2　倒産法からみた倒産手続上の契約解除

〈図表①-3〉

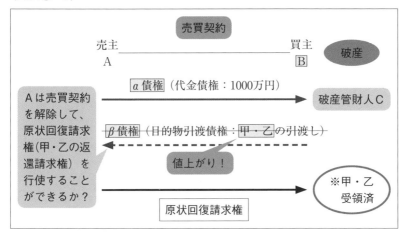

(i) 契約解除による原状回復請求として履行済みの給付の返還を求めることの可否

> Q1　売主Aは、1000万円の代金債権（α債権）を破産債権として行使する代わりに、売買契約を解除して、原状回復請求権として（値上がりをした）甲および乙の返還請求権を取戻権（破62条）として行使することができるか。

この点に関しては、仮にAが解除権を行使したとしても、破産管財人が解除前の「第三者」（改正民法545条1項ただし書）に該当するため、取戻権（破産法62条）としての所有権に基づく返還請求権は行使できません。

(ii) 契約解除による原状回復請求権を破産債権として行使することの可否

> Q2　売主Aは、1000万円の代金債権（α債権）を破産債権として行使する代わりに、売買契約を解除して、原状回復請求権として（値上がりをした）甲および乙の返還請求権を破産債権として行使

することができるか。

　この〈設例①-3〉において、破産手続開始後にAが法定解除権を取得し、これを行使することができるとした場合、または、開始前に法定解除権もしくは約定解除権を取得した場合には、解除による原状回復請求権（改正民法545条1項本文）としての甲および乙の返還請求権は、破産債権（破産法2条5項）に該当することとなります。

　そこで、いわゆる破産債権の「金銭化」によって、破産手続開始の時における破産債権の評価額（破産法103条2項1号イ）として、甲および乙の返還請求権の評価額が2000万円であるとすれば、解除権の取得および行使により2000万円の破産債権がAに認められることとなります。本来であればAは1000万円の破産債権を有するにすぎなかったわけですから、契約を解除することで、Aの利得の改善を認める結果となります。

　これをどう考えるかでございますが、私は、結論として、このような解除権の行使も、破産手続において認められると考えます。

　確かに、破産手続開始後に破産債権の評価額の変更を認めるのは、他の破産債権者との関係で平等を害するように思われるかもしれません。しかし、Aは破産手続開始時点において契約当事者としての地位を有していた以上、この地位に基づいて利得改善を図る権能は認められて然るべきであると考えます。また、こう考えたとしても、相手方は依然として破産債権者としての地位を有するにすぎないため、破産財団に対する影響はさほど大きくはないともいえます。

〈設例②-3〉（売主Aの破産事例）

　売主Aは甲および乙の引渡債務（β債務）を履行していなかったが、買主Bは1000万円の代金債務（α債務）を履行していた。

第2　倒産法からみた倒産手続上の契約解除

〈図表②-3〉

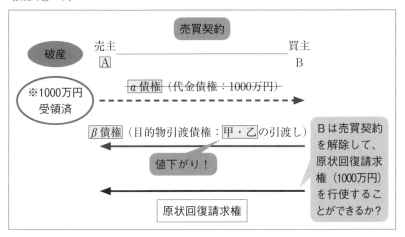

Q　買主Bは、(値下がりをした) 甲および乙の引渡債権 (β債権) を破産債権として行使する代わりに、売買契約を解除して、原状回復請求権として1000万円の代金債権 (α債権) を破産債権として行使することができるか。

→　〈設例①-3〉の場合と同様、Bによる解除権行使が認められる。

　なお、〈設例①-3〉のような事例とは異なり、むしろ「売主破産事例」に近い事例ですが、役務提供を目的とする契約等に関して、役務提供者が破産したという事例においては、解除いかんで帰結に実際上の差が生じるわけではなさそうです。例えば、最近、話題となっている旅行会社の破産事件において、利用客が旅行代金全額を振込済みであったという場合、海外旅行のための役務提供を受ける利用客の権利につき開始時の評価額につき破産債権として扱おうとも、あるいは、解除をした上で、支払済の代金につき破産債権として原状回復請求をするとしても、結局、役務提供を受ける権利に関する評価のあり方次第では破産債権額に実際の相違はないようにも思われます。

(iii) 再建型手続の場合

　破産手続に関する設例の検討としては以上の通りでございますが、再建型の民事再生手続や会社更生手続においては、少し事情が異なって参ります。民事再生手続や会社更生手続においては、〈設例①-3〉で解除により生じる原状回復請求権としての甲および乙の返還請求権は再生債権（民事再生法84条1項）や更生債権（会社更生法2条8項）に該当し、破産債権のように金銭化がなされません。したがって、この場合には再生計画や更生計画における権利変更の対象とされる結果、例えば返還請求と引換えに一定額の金銭の支払を求められる等の対処がなされるでしょう。

(iv) 破産者一部履行・相手方全部既履行の事例

　また、〈設例①-3〉とは異なり、Bも1000万円の代金債務（β債務）のうち、その一部である300万円をすでに履行していたという事例（「破産者一部履行・相手方全部既履行」の事例）については、解除による処理が異なってくる可能性がございます。

　売主Aが契約を解除した場合においては、Aによる原状回復請求権としての甲および乙の返還請求権と、Bの破産管財人による300万円の原状回復請求権は同時履行の関係に立つことになります（改正民法546条の準用する533条）。したがって、Aの原状回復請求権の処遇としては、単に破産債権となるのではなく、同時履行関係にある一定の範囲で優先的な処遇を受け得るとも考えられます。あるいは、双方の原状回復請求権につき300万円の限度での相殺が認められるという考え方もあろうかと存じますが、この検討については、中西報告に委ねたいと思います。

4　おわりに──新しい契約解除法制と倒産法との関係

　最後に、「おわりに」といたしまして、新しい契約解除法制と倒産法との関係を考える上での課題を述べて、報告を終えることにします。

(1) 倒産法から改正民法に対して投げかけられる問題

　まず、倒産法から改正民法に対して投げかけられる問いとして、次の

点を指摘することができます。すなわち、破産手続をはじめとする法的倒産手続の開始後において、解除権発生の要件としての履行不能（契約目的達成不能）が認められ得るか（言い換えれば、改正民法542条1項1号から5号までのいずれかの文言に該当し得るか）、という問いです。

　この問いの意味するところは、倒産法の観点から検討を行う前提として、まずは民法上の規律の領域における問題として、法的倒産手続開始をもって契約目的達成不能と評価されるべきか否かについて、改正民法の条文における文言解釈問題として検討する必要があるということでございます。

　言い換えれば、法的倒産手続の開始をもって契約目的達成不能と評価すべきか否か、具体的には改正民法542条1項各号のいずれかの事由に該当し得るかという解釈問題は、一次的には民法学に投げかけられた課題でございます。そこで倒産手続開始をもって解除権が発生し得るという帰結となったならば、これを受けて今度は倒産法の観点からその解除権「行使」の当否と限界が論じられるべきだと考えられます。

(2)　改正民法から倒産法に対して投げかけられる問題

　次に、改正民法の側から倒産法に対して投げかけられる問いとしては、次の点が考えられます。すなわち、倒産手続において、「契約起点思考」をどこまで承認することができるか。裏を返していえば、特に双方未履行双務契約について、契約の拘束力からの離脱を広く認めることを志向する新しい契約解除法制にもかかわらず、なお相手方の解除権よりも管財人等の選択権を優越させることが正当化できるか、という問いです。

　この問いの意味するところは、改正民法における新しい契約解除法制の登場により、現行の倒産法における規律を見直す契機が認められるのではないか、ということです。

　本報告では、現行倒産法を前提とする限り、たとえ改正民法の下での新しい契約解除法制が登場したとしても、双方未履行双務契約の処理に関しては、競合関係の調整として、管財人等の選択権が優越すべきであ

るという立場を採っております。

　しかし、法体系全体において民法上の解除権による契約の拘束力からの解放という点を重視し徹底しようとするのであれば、倒産法上の規律を変更して、双方未履行双務契約における管財人等の選択権として「解除」選択ではなく、「履行拒絶又は放置」を選択できるにとどめ、契約自体の「解除」については専ら民法上の規律に委ねる、ということも考え得るところです。

　このように、今般の民法改正と倒産法との関係についての検討は、やがて次の倒産法改正論議へとつながっていくものと考えられます。

　以上で、私の報告を終えます。御清聴たまわり、ありがとうございました。

第2　倒産法からみた倒産手続上の契約解除

杉本報告に対するコメント

弁護士　三森　仁

　弁護士の三森です。どうぞよろしくお願いいたします。私からは、先ほどの杉本和士先生のご報告に対して、私なりに検討したところをお話しさせていただきます。まず始めに、①開始前に相手方が取得していた解除権について、倒産手続、特に破産手続が開始した以上は、その行使を認めるべきではないのではという素朴な考えを出発点として悩んだ結果をご説明します。もっとも、この試みはうまくいきませんでした。次に、②杉本報告を事例に当てはめ検討した結果についてご紹介しようと思います。最後に、③帰責事由を不要とされた改正民法の下での法定解除法制において、倒産手続開始をもって履行不能に当たるとして解除権行使が頻発する事態にならないかという問題について、第1部とは異なり、倒産法の観点からも少しだけ検討してみました。

　この後、目玉の報告が控えておりますので、私の報告はリラックスして聞いていただければ幸いです。なお、以下の検討は、断りのない限り、債務者の財産等の適正かつ公平な清算を目的とする破産手続を前提といたします。

1　債権起点思考に基づく「開始前の法定解除権」の再考

　まず、債権起点思考に基づき「開始前の法定解除権」について改めて考えてみました[注1]。債権起点思考とは、中田裕康教授が提示される考え方です。脚注2にある通り、中田教授は契約起点思考も必要であると

（注1）　なお、倒産手続開始に伴う履行不能解除については、後記4参照。

指摘するのですが、私は、破産手続の「債務者の財産等の適正かつ公平な清算」(破産法1条)の要請を踏まえれば、債権起点思考が重視されるべきと考えます。すなわち、「破産手続においては、多くの契約は、債権と債務に解体されるべき存在」であり、「相手方の債権については、破産法上の区分こそが重要であり、財団債権か破産債権かは決定的な相違をきたす。契約の内容は、その判断資料として位置づけられるべき」と考えます。「このように、倒産手続においては、契約よりも債権に関心がもたれる。つまり、債権を思考の起点に据える、債権起点思考がとられる」(以上、中田裕康「契約当事者の倒産」野村豊弘ほか『倒産手続と民事実体法(別冊NBL60号)』〔商事法務・2000〕7頁)(注2)わけです。

この債権起点思考に立った場合、破産法の規律に従えば、契約は、破産手続による清算を目指して、以下のように処理されるべきです。

① 双方未履行双務契約⇒破産法53条以下の規律に従い契約の処理を行う。
② 上記以外⇒債権と債務に解体され、破産者の相手方の債権は、破産法上の区分に従い取り扱われる(破産債権は破産手続の制約に服する)(注3)。

なお、これに関連して、脚注3で、財産上の請求権に付随するコベナ

(注2) ただし、前記中田裕康「契約当事者の倒産」は、債権起点思考を提示しつつも、大多数の契約は、一方当事者の破産によって当然に終了するわけではないとして、「契約を起点とする発想、すなわち『契約起点思考』は、……倒産手続における契約の適正な規律を考えるうえで必要でもある」とする。
(注3) この観点から、財団債権や別除権といった破産手続の制約を受けない権利と不可分一体の関係にあるコベナンツは除き(三森仁「最高裁判決の射程如何」NBL851号〔2007〕55頁参照)、破産管財人がコベナンツに係る義務を当然に「承継」するものではないと考えるべきである(東京三弁護士会(倒産法部シンポジウム)「倒産と契約──現代的課題の解決・倒産法改正を見据えて(2)」NBL1055号〔2015〕54-55頁〔柴田義人発言〕参照)。こうしたコベナンツに係る義務は、それ自体が破産債権の要件を満たして破産債権として位置付けられるか、またはそれが付随する破産債権の判断資料として取り扱われるべきである。

ンツの合意の効力について言及しております。要は、義務の承継理論に基づき破産管財人等が完全な履行を求められると考えるのはおかしいということを申し上げているものです。

戻りまして、かかる債権起点思考によれば、開始前の法定解除権も本来は破産手続の制約に服するべきではないか、破産手続が開始した以上は行使できないと考えるべきではないかと素朴に思います。ただ、破産法2条5項[注4]は破産債権を「財産上の請求権」としており、形成権たる法定解除権が破産債権に該当すると解するのは文理解釈上困難かもしれません。

この点について、中西正教授は、結果の妥当性に加え、信用供与した後の破産手続開始決定の場合、「他の破産債権者と同様に……が破産したことによる損失を負担すべきで、これを覆すことは許されない」という倒産実体法のルールを理論的根拠として、相手方による開始前解除権の行使自体を認めないと解するのが妥当との見解を示されています（中西正「破産管財人の実体法上の地位」金融財政事情研究会編『田原睦夫先生古稀・最高裁判事退官記念論文集・現代民事法の実務と理論（下）』〔金融財政事情研究会・2013〕387頁）。私の前記問題意識にも親和的であり、大変魅力を感じます。

もっとも、この見解に対し、岡正晶弁護士は、「目的物が変動する事案では、解除を認めた方が合理的な解決が得られる」と指摘しており（岡正晶「倒産手続開始後の相手方契約当事者の契約解除権と相殺権」髙橋宏志ほか編『伊藤眞先生古稀祝賀・民事手続の現代的使命』〔有斐閣・2015〕784頁）[注5]、確かに、開始前に解除権を取得し、いつでも解除権を行使してその効果の実現を求め得る立場にあった相手方の適切な保護の観点

(注4) 破産法2条5項：「破産者に対し破産手続開始前の原因に基づいて生じた財産上の請求権（第97条各号に掲げる債権を含む。）であって、財団債権に該当しないものをいう」。

(注5) ただし、岡説は開始前解除権の行使の結果生じる原状回復請求権同士の相殺を認めるが、後述する通り、これについては反対である（破産法71条1項1号）。

からは、解除権の行使を認めるほうが合理的という見方も合理性があるように思われます。例えば、買主破産のケースで、売主は目的物を引渡し済みですが、代金の支払が未了なケースで考えた場合、目的物が値上りしているようなときには、相手方たる売主の開始前解除権の行使を認め、売主に目的物の返還請求権に代る価額償還請求権（破産手続開始時の目的物評価に基づく請求権＝後述するように、破産債権）の行使を認めるのが妥当という気がいたします。

仮に、開始前の法定解除権を破産手続開始後に行使することを認めたとしても、解除権行使に基づき相手方が取得する原状回復請求権は破産債権となるものと思われ、しかも、これを自働債権として相手方がその負担する原状回復義務と相殺することを認めないとするならば、破産手続の「債務者の財産等の適正かつ公平な清算」（破産法1条）の要請にも反しないように思います。

結局、あれこれ検討してみたものの、相手方が破産手続開始前に取得していた解除権を破産手続開始後に行使することは認めざるを得ないように考えました。ただし、開始前解除権の行使の効果は、他の破産債権者と同様に、破産による損失を負担することが前提というべきかと思います。

なお、第1部等で議論された、双方未履行双務契約に係る破産管財人の選択権との関係で開始前解除権の行使に制約を及ぼす見解は別の議論であり、かかる見解を否定する趣旨ではありませんので、ご留意ください。

2 双方未履行（双方履行未了）双務契約事例[注6]の検討

(1) 杉本報告（本書113頁）の〈設例①〉（買主Bの破産事例、売主Aが目的物甲乙のうち甲のみを買主Bに引き渡していた事例）

まず、売主A（相手方）の開始前解除権の行使の効果ですが、売主A（相手方）は引き渡した甲の返還請求権について価額償還請求権（破産手続開始時点の価額は仮に1000万円とする）を破産債権として行使でき、ま

た、乙の引渡義務・代金請求権は消滅するということになると思います。

それでは、他方で、買主Ｂの破産管財人による双方未履行双務契約の規律の場合の効果はどうでしょうか。

買主Ｂの破産管財人は、売買契約全部の解除か履行の請求を選択することになりますが、①売買契約全部を解除した場合には、完全な巻戻し、すなわち、売主Ａ（相手方）は甲の返還を請求でき（破産法54条２項）、買主Ｂ（破産管財人）は、甲乙代金支払義務からは解放されるということになるかと思います。

他方、履行の請求の場合には、完全な履行、すなわち、破産管財人は、代金1000万円を支払って、乙の引渡しを求めることになります。

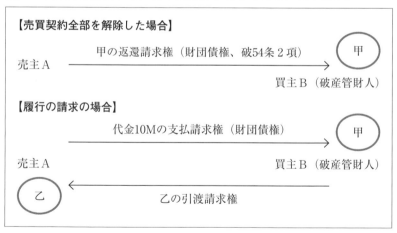

杉本報告の事例は、甲乙の売買契約が可分ではないケースでしたが、

（注６）　第１部では、催告解除の要件を満たさず、かつ履行不能にも当たらないとして、相手方が解除権を取得しないことについて検討がなされたが、２および３の報告では、相手方が倒産手続開始前に法定解除権を取得した前提で検討を行う。

仮に、甲の売買契約と乙の売買契約が可分（代金はそれぞれ500万円）の契約の場合、契約の個数の問題ともいえますが、可分の場合の双方未履行双務契約の規律はどうなるでしょうか。

まず、①買主Ｂの破産管財人が乙契約のみ解除の場合、甲の代金請求権は破産債権、すなわち、売主Ａ（相手方）は引き渡した甲の代金請求権（500万円）を破産債権として行使できるのみ、ということになるかと思います。次に、②乙契約のみ履行請求の場合には、乙契約については、破産管財人は、代金500万円を支払って（財団債権）、乙の引渡しを求める一方、甲契約については、引き渡した甲の代金請求権（500万円）を売主Ａ（相手方）が破産債権として行使できるのみとなります。

(2) **杉本報告（本書114頁）の〈設例②〉（売主Ａの破産事例）**

まず、買主Ｂ（相手方）の開始前解除権の行使の効果ですが、買主Ｂ（相手方）は支払った500万円の返還請求権を破産債権として行使でき、また、甲乙の引渡義務・代金請求権は消滅することになります。

第2　倒産法からみた倒産手続上の契約解除

　次に、売主Aの破産管財人による双方未履行双務契約解除権の規律の場合の効果ですが、売主Aの破産管財人は、売買契約全部の解除か履行請求を選択することになります。
　まず、①売買契約全部の解除の場合ですが、完全な巻戻し、すなわち、破産管財人は受領済みの500万円を財団債権として返還し（破産法54条2項）、甲乙引渡義務からは解放されることになります。
　他方、②履行の請求の場合には、完全な履行、すなわち、破産管財人は、甲乙を引き渡して、代金500万円を請求することになります。

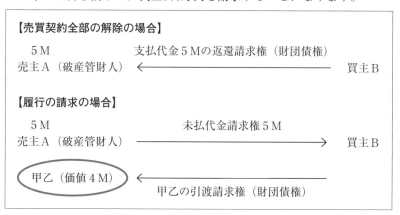

　仮に、甲の売買契約と乙の売買契約が可分の（代金はそれぞれ500万円）契約の場合はどうなるでしょうか。
　まず、①乙契約のみ解除の場合には、甲の引渡請求権は破産債権となりますから、買主B（相手方）は甲の引渡請求権について価額償還請求権（200万円？）を破産債権として行使できるのみです。
　次に、②乙契約のみ履行請求の場合には、乙契約については、破産管財人は、乙を引き渡して代金500万円を請求することになります。甲契約については、買主B（相手方）が甲の引渡請求権について価額償還請求権（200万円？）を破産債権として行使できるのみということになるでしょうか。

第1部　シンポジウムの概要

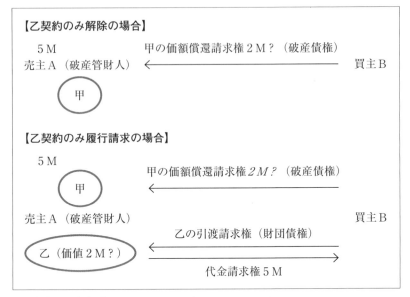

(3) 杉本報告（本書116頁以下）へのコメント
　(i) **杉本報告（本書116頁）：(2)(i)管財人等による解除選択の場合**
　基本的に、管財人等による解除のほうが相手方に有利であり、相手方からの解除権行使を認める実益が乏しいとの評価に賛成です。ただし、可分とされる場合には、管財人が著しく有利になり得る、という点は留意すべきかと思います。
　(ii) **杉本報告（本書117頁）：(2)(ii)管財人等による履行選択の場合**
　開始前の法定解除権について、杉本報告は管財人等のイニシアティブによる選択を優先させるべきとします。双方未履行双務契約に関する選択権の制度趣旨（すなわち、破産財団等の増殖や事業再構築にとって適切な判断を専ら管財人等に委ねることは、選択権制度が法的倒産手続において果たす重要な機能というもの）に立ち返り、また、相手方の有する法定または約定の解除権は、無効主張や取消権の行使とは異なり、管財人等の解除・履行の選択権と競合関係にある点を鋭く突くものであり、大変説得的と考えます。

以下、私なりに杉本説について疑問を投げかけてみました。

まず、破産管財人が解除または履行請求の選択をする前に、相手方が開始前解除権を行使してしまった場合に権利関係が不安定とならないかという問題があろうかと思います。もっとも、杉本説では、そもそも選択前の開始前解除権行使を認めないことになるのかもしれません。

次に、改正民法415条2項3号でてん補賠償が認められたこととの関係が気になりました。例えば、目的物が値下りしている〈設例②〉（売主A破産、杉本報告）（本書114頁）において、一部500万円を支払済みの買主Bは、開始前解除権を行使するまでもなく、支払済代金5Mの返還請求権（破産債権）を行使できるはずなのですが、破産管財人が履行請求した場合、破産管財人は、甲乙（破産手続開始時の価値4M）を引き渡して、さらに代金500万円を請求できることになります（甲契約・乙契約が可分の場合には、破産管財人の選択いかんで買主Bはさらに不利益を被る可能性がある）。かかる帰結は買主Bに酷ではないか、と少々悩むところです。杉本報告が指摘する破産法上の相手方の催告権は、解除権のない相手方にも与えられているものですから、決め手にならないかもしれません。

(iii) **杉本報告（本書118頁）：(2)(ii)の最後の部分**

杉本報告は、所有権留保特約付売買契約やファイナンス・リース契約において担保の私的実行を目的とする解除特約については、少なくとも別除権構成をとる破産手続または再生手続との関係においてはその効力を認めつつも、各手続における別除権行使に対する規律に服するものと解すべきとします（最判昭和57・3・30民集36巻3号484頁、最判平成20・12・16民集62巻10号2561頁参照）。

別除権行使に対する規律に服するとの考え方に、基本的に賛成です。要するに、破産手続申立てまたは破産手続開始決定を解除原因[注7]とする解除特約については、債務者の事業等において必要となる対象物件を、

(注7) なお、蓑毛報告のレジュメ（本書58頁）は、倒産手続開始申立てを期限の利益喪失事由とし、かつ無催告解除特約がある場合も実質的に同様であるとする。

債務者の責任財産から逸出させ、倒産手続の中で対象物件の必要性に応じた対応をする機会を失わせることになる場合[注8]には、別除権行使に対する規律（破産の場合には、担保権消滅許可制度の活用機会）を無意味なものとするという観点から当該特約は無効と考えるべきです。

この点に関連し、①所有権留保特約付売買契約の買主（株式会社）に更生手続開始の申立ての原因となるべき事実が生じたことを契約解除の事由とする旨の特約について論じた前掲・最判昭和57・3・30、②いわゆるフルペイアウト方式によるファイナンス・リース契約中の、ユーザーについて民事再生手続開始の申立てがあったことを契約の解除事由とする旨の特約について論じた前掲・最判平成20・12・16の判示内容は、改正民法による解除法制の変更の影響を受けないものと考えております。また、前掲・最判平成20・12・16が示した「債務者の責任財産の逸出防止」の観点からは、倒産手続の中で対象物件の必要性に応じた対応をする機会（破産手続の場合には、担保権消滅許可制度）を失わせることになる倒産解除特約を無効とすべきことは破産手続においても同様と考えるべきと思われます（森冨義明「判解」『最高裁判例解説民事篇平成20年度』597頁参照）[注9]。これらの点については、第1部大川報告のレジュメ（本書89-90頁）に詳しく論じられておりますので、ご参照ください。

3 一方不履行（他方既履行）契約事例の検討

(1) **杉本報告（本書119頁）**：(1)破産者は債務の履行を完了していたが、相手方は債務の履行をしていない事例

倒産手続開始前に相手方が法定解除権または約定解除権（倒産解除特約の場合を含む）を取得していた場合には問題となり得るのだと思います。

しかし、「事前の当事者間の合意のみで法的倒産手続開始後の解除を

(注8) なお、第1部大川報告のレジュメ（本書98-99頁）は、諾成的消費貸借契約に関する倒産解除特約について、債務者の「責任財産」が逸出することにはならないとして、別異に解するべきとする。

可能とする倒産解除特約に関しましては、すでに本来の契約の目的に沿った給付を得ているにもかかわらず、一方的に特約に基づいて解除することは、もはや倒産手続において尊重すべき契約上の地位であるとは評価することができず、認めがたいのではないか」との杉本報告（本書122頁）の見解は実質的な価値判断において妥当であり、傾聴に値するものと考えます。

(2) 杉本報告（本書122頁）：(2)破産者は債務の履行をしていないが、相手方は債務の履行を完了していた事例

買主Ｂの破産事例を中心にコメントいたしますと、まず、①契約解除による原状回復請求として相手方（売主Ａ）が履行済みの給付の返還を請求することに関しては、取戻権として所有権に基づく返還請求権を行使することができないとする見解に賛成です。次に、②契約解除による原状回復請求権[注10]の法的性格ですが、破産債権として行使すること、および破産債権の評価額を契約締結時点の対価の額ではなく、破産手続開始時における評価額に変更することを認める見解にも賛成です。

1点コメントしますと、破産者が一部履行している場合に、その原状回復義務と相手方の原状回復請求権（破産債権）との相殺を認めるべきか、問題になると思います。この点、私は、消極に解していますが、なかなか悩ましいです。

杉本報告（本書122頁）：買主Ｂの破産事例〈設例①-3〉で、買主Ｂ（破産者）も代金を一部（例えば、3Ｍ）支払済みであったケースを想定

(注9) なお、双方未履行双務契約の場合には、破産管財人の選択権を無意味にするという観点から倒産解除特約を無効と解することも可能である（伊藤眞ほか『条解破産法〔第2版〕』〔弘文堂・2014〕413頁、伊藤眞『破産法・民事再生法〔第3版〕』〔有斐閣・2014〕358頁）。もっとも、伊藤・前掲は、契約の性質や目的に照らし、例外的にこの種の約定を有効とする余地もある（破産法58条1項参照）と指摘する。

(注10) 再建型の再生手続・更生手続において、倒産債権の金銭化がなされないことから、再生計画・更生計画における権利変更の対象として処理されることとなる点について、園尾隆司＝小林秀之編『条解民事再生法〔第3版〕』（弘文堂・2013）415頁〔杉本和士〕参照。

します。この場合、売主Aが、開始前解除権を開始後に行使し、甲乙売買契約を解除した場合、売主Aは、原状回復請求権としての甲乙返還請求権について価額賠償請求権（破産債権）を行使できます。他方で、破産管財人に対し既払代金3Mの返還債務も負担することになります（下記図参照）。問題は、この価額賠償請求権（破産債権）と既払代金3Mの返還債務とを相殺できるかという点です。

　結論から述べますと、私は、既払代金3Mの返還債務は、破産債権者（売主A）が、破産手続開始後に破産財団に対して負担した債務であり、破産法71条1項1号に基づき相殺はできないと考えます。
　この点、破産法67条2項後段の停止条件付債務との相殺が可能ではという議論もあります。私は、同項後段の停止条件付債務を受働債権として行う相殺に関する判例の立場（証券投資信託の解約金支払請求権を受働債権とする相殺に関する大阪高裁判決を不受理決定）に反対ですが、仮に同項後段の相殺を認めるべき場面としても、そもそも、設例の場合、平時では、甲乙という物の返還請求権と既払代金3Mの返還債務との相殺の議論であり、同種の目的の債務という相殺の要件（民法505条1項）を満たさないので、相殺の合理的な期待はなく、相殺を妨げる「特段の事情」があると考えるべきと思います。なお、破産の場合、金銭化の問題もありますが、金銭化は破産手続開始の効果ではなく、破産債権の確定の効果と解されているようですから（伊藤眞『破産法・民事再生法〔第4版〕』〔有斐閣・2018〕285頁）、この意味でも、相殺を認める余地はないと思います。
　また、杉本報告（本書124頁）は、甲乙の返還請求権と既払代金3Mの返還債務とが同時履行の関係に立つ（改正民法546条の準用する533条）と

して、売主Aを保護する法解釈の可能性を示唆しています。この同時履行の抗弁権についても、破産手続開始後に相手方（この場合売主A）が行使することは、「開始前解除権の行使の効果は、他の破産債権者と同様、破産による損失を負担することを前提に設定すべき」という観点から反対です。

理論的根拠が悩ましいですが、①中西報告にあるように、開始後の解除について、破産法48条1項に基づき同時履行の抗弁権は破産法上保護されないと解する余地はあるのではと思います。また、②そもそも、破産手続開始により、破産管財人に対し破産債務の履行を求め得る状態にはなくなるわけですから、（改正民法533条ただし書の弁済期にはない）と考え、売主は同時履行の抗弁権を行使できないと考えられないでしょうか。破産法71条1項1号の趣旨、すなわち、開始後に破産財団に対し負う債務は完全履行させることで財団を保護するものと思いますが、かかる趣旨に照らしても、同時履行の抗弁権を保護しないという解釈は許容されるのではないかと考えます。

もっとも、後者②の点については、破産法103条3項の破産債権の現在化（弁済期が到来したものとみなす）との関係で、民法と破産法の弁済期の意味を別異に解し得るか問題です。ここでは、破産法の現在化は、破産債権としての行使、破産手続上の制約を前提とする現在化であり、民法の定める弁済期とは異なると解しておきます。

4 おわりに

最後に、杉本報告「4　おわりに——新しい契約解除法制と倒産法との関係」（本書126頁）に関し、履行不能の問題に少しだけ言及したいと思います。

第1部の加毛報告は、大変説得的で、債権法改正により実務は変わらないと考えていた者として、岡先生が投げかけた大問題に立ち向かう大変心強い見解であります。民法の世界は加毛先生にお任せするとして、倒産の世界でもこの問題を考えておきたいと思います。

「法的倒産手続開始をもって契約目的達成不能と評価されるべきか否か」という問題ですが、私には、法的倒産手続開始の瞬間に債権がもつ履行請求権は凍結される以上、履行請求権の不履行の一態様である履行不能を要件とする解除権の発生も凍結されるのが筋ではないか、法的倒産手続開始の時には、解除権は発生しておらず、債権起点思考によれば、債務者の財産等の適正かつ公平な清算に向けて、相手方の債権の処理のみが問題となるべきではないか、という問題意識がございます。

すなわち、解除権は、契約当事者に発生しますが、債権者が有する債権について債務不履行を原因として債権者に与えられる法的手段（潮見佳男『債権総論Ⅰ〔第2版〕』〔信山社・2003〕430頁）であり、債権者が保有する債権の行使の側面もあるわけです。とすれば、破産法100条で、破産債権は、破産手続開始後には破産手続によらなければ行使できない以上、手続開始後に新たに解除権が発生する根拠となり得ないと考えるべきではないでしょうか。

私の報告は以上です。拙い報告をお聞きいただき、ありがとうございました。

|第2報告|
倒産手続における契約解除の効果

神戸大学教授（当時）　中西　　正

　神戸大学の中西です。本日は、皆様の前でご報告させていただけるという、すばらしい機会をいただきまして、ありがとうございます。厚く御礼を申し上げます。

1　はじめに

　私の報告のテーマは「契約解除の効果」ですので、①破産者の相手方による解除の効果、そして、②破産管財人による解除の効果が問題となります。そこで、「第1論文」で①の問題を、「第2論文」で②の問題を、取り扱うことといたします。

　私の、全体としてのメッセージは、解除の倒産法上の効果（例：原状回復義務が倒産債権となるか共益債権・財団債権となるか）は、解除の対象である当該取引の属性（例：同時交換型取引か信用供与型取引か）によって決まるのであり、解除しない場合の請求権（例：代金支払請求権）も、解除した場合の請求権（例：原状回復請求権＝引き渡した目的物の返還請求権）も、倒産法上の属性は同じなので（例：代金支払請求権が倒産債権となるなら原状回復請求権も倒産債権となり、前者が共益債権・財団債権となるなら後者も共益債権・財団債権となる）、解除が許されるか否かという問題は、解除した場合と解除しなかった場合の効果の差を危惧することなく、自由に議論すればよいのではないか、ということです。

　なお、破産法53条に基づく破産管財人の解除権に関しましては、同条の目的、対象、効果につき、基本的な話をいたしますが、その後の展開

第1部 シンポジウムの概要

につきましては、この問題ですでに詳細な研究を発表しておられる水元宏典教授にお任せしたいと思っております。

2 第1論文：相手方からの解除
(1) 設例

【設例】
　Bは、Aに対し、機械・甲を売り渡した。代金は1000万円で、毎月100万円を、10か月間支払うこととされた。なお、売買契約には無催告解除特約があった。

　1　同時履行の抗弁権が成立していない場合
　Aは、弁済期が徒過しても、第1回の支払をすることができず、Bは解除権を取得した。
　〈シナリオ1〉　Bは本件売買契約を解除し、Aは破産手続開始決定を受け、Xが破産管財人に選任された。
　〈シナリオ2〉　Aは破産手続開始決定を受け、Xが破産管財人に選任され、Bは本件売買契約を解除した。
　Q　Bは、Xに対し、甲の引渡しを求めることができるだろうか。

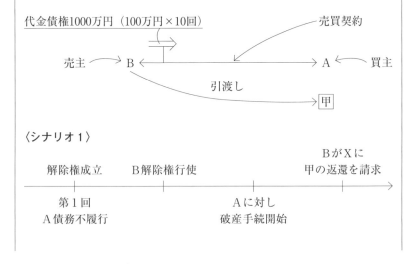

第2 倒産法からみた倒産手続上の契約解除

〈シナリオ2〉

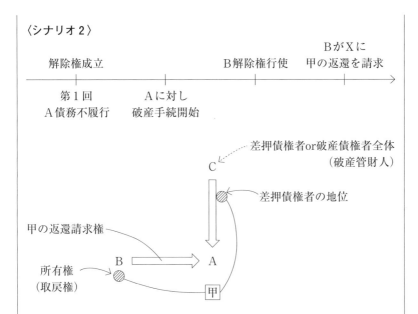

2 同時履行の抗弁権が成立している場合

Aは、第1回の支払を行った後、第2回の支払につき債務不履行となり、Bは解除権を取得した。

〈シナリオ1〉 Bは本件売買契約を解除し、Aは破産手続開始決定を受け、Xが破産管財人に選任された。

〈シナリオ2〉 Aは破産手続開始決定を受け、Xが破産管財人に選任され、Bは本件売買契約を解除した。

Q Bは、Xに対し、すでに受領した100万円の返還と引換えに、甲の引渡しを求めることができるのか。

第1部　シンポジウムの概要

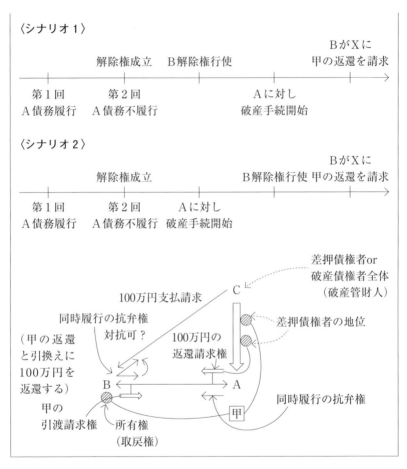

　第1論文の設例ですが、BはAに機械を売り渡し、先履行して、引き渡しました。代金は1000万円で、毎月100万円を10か月間払うことになっていた、という事案です。

　(2) 同時履行の抗弁権が成立していない場合
　　(i) はじめに
　最初は、設例1の「同時履行の抗弁権が成立していない場合」です。すなわち、民法546条の同時履行の抗弁権が成立していない場合につい

て、検討いたします。

債務者Aは、弁済期が徒過しても第１回の支払をすることができず、Bは解除権を取得しました。〈シナリオ１〉では、Bが契約を解除してから、Aが破産手続開始決定を受け、Xが管財人となっています。他方、〈シナリオ２〉では、Aが破産手続開始決定を受けてから、Bが解除権を行使しています。

　(ii)　〈シナリオ１〉

そこでまず、〈シナリオ１〉の、破産手続開始前に解除された場合ですが、Bの解除権行使によって、甲の所有権がBに復帰し（復帰的物権変動）、BのAに対する甲の引渡請求権が成立いたします。他方、Aに対する破産手続開始決定によって、甲の上に、破産債権者全体のため、差押債権者の地位が成立いたします。甲について、Bの所有権と、破産債権者全体（図ではCとなります）のための差押債権者の地位が、競合するわけであります。この場合、Bが取戻権を主張しようとしますと、破産管財人が対抗要件欠缺の抗弁を出しますので、結局、取り戻せるかどうかは、Bが取戻権を主張する時点で対抗要件を具備しているか否かによります。備えていれば、取戻権を行使でき、備えていなければ、Bは取戻しを請求できず、その請求権は破産債権になる、という結論になります。

破産手続では破産債権は金銭化されるので、甲が値上りしていたような場合を除けば、解除を認める実益は乏しいとも思われますが、民事再生や会社更生では、倒産債権の金銭化がないので、結果に違いが出てきます。つまり、解除を認める実益が出てくるのです。民事再生や会社更生で甲の引渡請求権がどのように権利変更されるかは、本報告ではふれません。ただ、解除した相手方の意図に沿った結果となるよう、配慮すべきだと思われます。

　(iii)　〈シナリオ２〉

次に、〈シナリオ２〉ですが、破産手続開始決定がなされ、甲の上に破産債権者全体のために差押債権者の地位が生じた後で、解除権が行使

された場合はどうか、という問題であります。普通に考えれば、差押債権者の地位が発生している以上、その処分禁止効により、復帰的物権変動は起きないはずなのですが、現行民法上は直接効果説により解除に遡及効があると解されますので、この遡及効により差押債権者の地位が消滅するとも考えられ、この問題が生じたわけです。

この問題については、次のように解されます。

まず、民法545条1項は、当事者の一方がその解除権を行使したときは、各当事者は、その相手方を原状に復させる義務を負うが、第三者の権利を害することはできない旨を、規定しています。そして、この第三者には差押債権者も含まれると解されております。したがって、遡及効によって差押債権者の地位が覆ることはなく、すでに成立している差押債権者の地位の処分禁止効に阻まれて、復帰的物権変動は起きないと解されます。したがって、Bは取戻しを請求できず、その請求権は破産債権になります。

ところで、先ほどより、破産手続開始決定により、個々の破産財団財産上に破産債権者全体のため差押債権者の地位が生じ、処分禁止効を発していると、述べております。この解釈は、理論的には問題ないと思うのですが、その実定法上の根拠が必要となりましょう。私見によれば、破産法48条1項が、実定法上の根拠であります。同項は、破産手続開始後に破産財団に属する財産に関して破産者の法律行為によらないで権利を取得しても、その権利の取得は、破産手続の関係においては、その効力を主張することができないと、規定しております。

(iv) **実質的考慮（〈シナリオ1・2〉共通）**

それから1点、重要なことですが、設例1の場合、〈シナリオ1〉でも、〈シナリオ2〉でも、BはAに信用を供与し、Aのデフォルトリスクを引き受けています。その後、この信用供与・リスク引受けが解消されるまでに、例えば、Bが代金を受領したり、契約を解除して甲を現実に取り戻したり（解除により復帰した所有権につき対抗要件を具備したり）するまでに、Aが破産手続開始決定を受けているわけですから、BはA

のデフォルトによる損失を現実に負担せざるを得ず、Bの返還請求権は破産債権になる、それゆえ取戻権を付与されることもないと、解されます。このような実質的根拠が妥当している点を、看過してはならないと考えます。

(3) 同時履行の抗弁権が成立している場合

(i) 問題の所在

問題は、民法546条の同時履行の抗弁権が成立している場合であります。

そこで、設例2の「同時履行の抗弁権が成立している場合」ですが、Aは第1回の支払は行いましたが、第2回の支払につき債務不履行となったため、Bが解除権を取得した、という事案です。〈シナリオ1〉は、Bが解除権を行使し、その後、Aが破産手続の開始決定を受けた場合です。〈シナリオ2〉は、まずAが破産手続の開始決定を受け、それからBが解除したという場合です。いずれの場合も、破産財団に帰属する100万円の返還請求権と、Bが有する甲の引渡請求権は、同時履行の関係（互いに他を担保視し合う関係）に立ち（民法546条を参照）、このような場合に、Bは同時履行の抗弁権を根拠に甲を取り戻せるのか否かが、問題となるわけです。

(ii) 同時履行の抗弁権と差押債権者・破産管財人

問題の検討に先立って、同時履行の抗弁権は、差押債権者に対抗でき、それゆえ破産管財人にも対抗できることを、明らかにしておきたいと思います。これを説明するため、【事例1】、【事例2】を作りました。

【事例1】
　BとAは、①BがAに機械・甲を1000万円で売り渡すこと、②甲の引渡しと代金の支払を同時交換的に行う旨を合意した後、Bの債権者Cが1000万円の代金債権を差し押さえた。
　【事例1】で、Aは、差押債権者Cの取立てに対し、甲の引渡しと同時交換的にでなければ1000万円は支払わないと、主張できる。

【事例2】
　BとAは、①、②の合意を行った。その後、Bは破産手続開始決定を受け、Xが破産管財人に選任された。
　【事例2】で、Aは、Xの取立てに対し（1000万円の代金債権上に破産債権者全体のため差押債権者の地位が成立し、Xはその地位に依拠して取立てをしていると解される）、甲の引渡しと同時交換的にでなければ1000万円は支払わないと、主張できる。

　平時実体法を可及的に尊重することが倒産実体法の基本原則だからである。

　そこで、説明いたしますと、事実関係は共通で、AとBの間に、AがBに甲を代金1000万円で売り渡す、代金は甲の引渡しと同時に支払う旨の売買契約が、成立いたしました。
　仮にAの債権者Cが代金債権を差し押えたとしても、Bは、Cによる取立てに対し、Aが甲を引き渡さない限り代金は払わないと、同時履行の抗弁権を対抗できます。それと同様に、Aに破産手続開始決定がなされ、差押債権者の地位の帰属主体がCから破産債権者全体に代わった場合でも、破産管財人による取立てに対し、Bは、破産財団から甲が引き渡されない限り、代金は支払わないと、同時履行の抗弁権を対抗できます（破産法53条1項参照）。
　以上について、異論はないものと思われます。同時履行の抗弁権は、差押債権者にも、破産管財人にも対抗できるのです。
　そこで、以下で、設例の検討に進みたいと思います。
　　(iii)　〈シナリオ1〉
　(a)　甲の返還の可否
　〈シナリオ1〉では、Bが解除権を行使し、Bの100万円の返還債務とAの甲を返還する債務が成立し、両者は同時履行の関係（互いに他を担保視し合う関係）に立ちました。その後、Aが破産手続開始決定を受けたため、甲の上に、そして、100万円の金銭債権の上に、破産債権者全体のための差押債権者の地位が、成立しています。甲も、100万円の

第2　倒産法からみた倒産手続上の契約解除

金銭債権も、破産財団財産だからであります。

　そこで、まず、Bは、Xによる100万円の支払請求に対しては、甲の返還と引換えでなければ100万円は支払わないと、主張できます。ここでは、Xは、100万円の金銭債権上の差押債権者の地位に依拠していますが、【事例1】【事例2】から明らかなように、Bの同時履行の抗弁権は、100万円の金銭債権上の差押債権者の地位に対抗できるからです。

　では、Bは、Xに対し、100万円の金銭債務につき弁済の提供をして、甲の引渡しを請求できるでしょうか。その答えは、Xが100万円の金銭債権上の差押債権者の地位に依拠した場合は、Yesです。B・A間でB・A債権とA・B債権が互いに担保視し合う形で対立するので、Aが破産手続開始決定を受けた場合、B・A債権は財団債権となると解されるからです。しかし、Xが甲の上の差押債権者の地位に依拠した場合は、どうでしょう。ここでは、Bが、解除権行使により復帰してきた甲の所有権を、解除権行使後に成立した破産債権者全体のための差押債権者の地位に対抗できるかが、問題となります。対抗できるか否かは、Bが、復帰的物権変動につき対抗要件を具備したか否かで決まりますが、本設例では、具備していないので、Bは甲の所有権を対抗できません。答えは、Noとなります。

　この結果は、【事例1】で確認したルールとも調和しています。仮に、【事例1】で、Cが100万円の金銭債権を差し押え、さらに、Aの他の債権者Dが甲自体を差し押えた場合、Bが甲の引渡しを受けるには、Cに100万円を提供するだけでなく、Dに対して第三者異議の訴えを提起し勝訴せねばならない（Bに復帰した甲の所有権がDの差押債権者の地位に対抗できなければならない）のです。

　以上によれば、〈シナリオ1〉では、Bは、Xが同意しない限り、100万円の金銭債務につき弁済の提供をして、甲の引渡しを請求することはできないと、解されます。では、Xの同意がない（Xが甲の上の差押債権者の地位に依拠する）場合、BのXに対する甲の引渡請求権と、XのBに対する100万円の返還請求権は、どのように処理されるべきでしょう。

この問題は、難問ですが、以下のように考えるべきではないでしょうか。
　ここでは、破産手続開始の時点で、Bの破産財団に対する100万円の返還債務と、X（破産財団）のBに対する甲の返還債務が、互いに他を担保視し合う形で対立しており、破産法53条1項の双方未履行双務契約と同様の利益状況が存在しています。したがって、同項を（類推）適用して、Xは、①履行を請求するか、②拒絶するか、いずれかを選択できると、解すべきです。①Xが履行を請求する場合、Bは100万円の支払と引換えに甲の返還を受けます。他方、②Xが履行を拒絶する場合、つまり、Xの同意がない（Xが甲の上の差押債権者の地位に依拠する）場合、Bは、100万円を保持する一方で（XはBに100万円の返還を求めない）、甲の返還については、甲の価値の90％の額面で、破産債権者として権利を行使することになると、考えます。すなわち、ここでは、Xが履行を拒絶した場合の結論になると解されますが、この点はこれから(b)で検討いたします。
　なお、岡正晶先生から強い批判のあった見解（中西正「破産管財人の実体法上の地位」金融財政事情研究会編『田原睦夫先生古稀・最高裁判事退官記念・現代民事法の実務と理論（下）』〔金融財政事情研究会、2013〕411頁）は、撤回いたします。
　以上の点は、破産管財人が53条1項に基づいて有する選択権をどのように理解するかという、杉本和士教授が提起された問題と、深くかかわってきますので、今後さらに検討を深めたいと考えております。

(b)　Xが履行を拒絶した場合の処理

　Bが解除権を行使し、Bが100万円を支払うのと引換えに、Xが甲を返還することを求めたが、Xがこれを拒絶した場合、Bは、100万円を保持する一方で、甲の返還については、甲の価値の90％の額面で、破産債権者として権利を行使すると、解されます。
　このように解する理由は、次の通りです。
　まず、BはAに対して、1000万円の信用供与・リスク引受けをしています。そして、Bは、偏頗行為危機否認に服さない形で100万円の弁済

第2　倒産法からみた倒産手続上の契約解除

を受けていますので、破産手続開始の時点で当該信用供与・リスク引受けを100万円の限度で解消しています。この状態は、BがAに1000万円を貸し渡し、偏頗行為危機否認に服さない形で100万円の返済を受けた後で、Aが破産手続開始決定を受けた場合と、同視できるように思われます。したがって、Bは、受領した100万円は保持することができ、甲の返還請求権の90％分を破産債権者として行使できると、考えられます。ただ、破産手続では破産債権は金銭化されますので、甲の返還請求権の実価の90％の額面の破産債権を行使できると、解するわけです。

この見解に対しては、解除を認めた実益がなくなるとの批判もありましょう。しかし、甲の時価が上昇していた場合には実益がありますし、これは破産債権の金銭化による仕方のない結果ですが、民事再生や会社更生の場合には、甲の返還請求権の90％分を権利変更することになりますので、解除を認める実益は確実に存在するということができます。

　(iv)　〈シナリオ2〉
(a)　甲の返還の可否

次に、〈シナリオ2〉ですが、ここでは、Bは、甲の上に、破産債権者全体のために、差押債権者の地位が成立した（甲の価値が破産債権者全体に排他的・優先的に帰属した）後で、解除権を行使し、甲の引渡しを求めています。

そこで、検討いたしますが、まず、すでに成立している差押債権者の地位の処分禁止効に阻まれて復帰的物権変動は起きませんので、Bは破産管財人に対して甲の所有権を主張できないと解されます。

次に、同時履行の抗弁権を根拠に、言い換えれば、Bが100万円を支払う債務と、Xが甲を返還する債務が、互いに担保視し合う関係に立つことを根拠に、Bが、Xに対し、100万円の債務につき弁済の提供をして、甲の所有権の取得と甲の引渡しを求めることは、破産管財人が甲の上の破産債権者全体のための差押債権者の地位を援用した場合には、認められないと、解されます。

以上によれば、Bは解除をして甲を取り戻す権利は有していません。

153

ただし、破産管財人は、Bによる解除を受けて、そうするほうが破産財団にとって有利だと判断できれば、100万円を受領して甲を返還する和解も許されると、解されます。これは破産財団の利害得失の問題であり、破産管財人が善管注意義務に従って判断すべき事項であります。

　(b)　Bの解除の効果

　以上のように解した場合、Bが解除権を行使した結果生ずる、XのBに対する100万円の金銭債権と、BのXに対する甲の返還請求権は、どのような関係に立つのかが、問題となります。

　ここでも、〈シナリオ１〉と同様、BがAに1000万円を貸し渡し、100万円の返済を受けた後で、Aが破産手続開始決定を受けた場合と、同視して、Bは、受領した100万円は保持することができ、甲の返還請求権の90％分を破産債権者として行使できると解されます。破産手続では破産債権は金銭化されますので、甲の返還請求権の実価の90％の額面で破産債権を行使でき、民事再生や会社更生の場合には、甲の返還請求権の90％分を権利変更することになると解するわけです。

3　第２論文：破産法53条に基づく破産管財人の解除

　(1)　はじめに

　次は、破産法53条１項に基づく破産管財人の解除の問題です。

　双方未履行双務契約に関する、破産法53条１項、54条２項、148条１項７号のルールは、次の通りです。ある双務契約が破産手続開始の時点で双方未履行であった場合、破産管財人はその契約を解除するか、債務を履行しながら、相手方にもその履行を請求することができます。先履行的ないし同時交換的に行うわけですね。そして解除の場合には、相手方は破産者に対する自分の給付の目的が破産財団に現存するときは、取戻権者としてその返還を請求し、現存しないときには、財団債権者としてその価額の償還を請求できます。他方、履行請求の場合には、相手方の反対給付を請求する権利は財団債権となります。

　本日は、破産法における双方未履行双務契約のルール趣旨を検討した

上で、破産管財人の解除の効果につき基本的な事項を検討いたします。その後の展開については、水元教授にお任せしたいと存じます。

さて、私は、双方未履行双務契約のルール趣旨を、信用供与型取引と同時交換型取引という観点から分析しております（後述いたしますように、破産法53条1項は、同時交換型取引にも、信用供与型取引にも、適用されます）。そこではじめに、これら2つの概念について、簡単に説明したいと存じます。

(2) 信用供与型取引と同時交換型取引

(i) 信用供与型取引

まず、信用供与型取引ですが、ここでは差し当たり、当事者の一方が他方に対し契約上の債務を先履行して、その対価を期限付債権としてもつ取引を、信用供与型取引と定義いたします。【設例1-1】は、信用供与型取引の典型です。

【設例1-1】
(1) Bは、Aに、金1000万円を、金利7.0％、3年間の約定で、貸し渡した。ところが、1年後に、Aは破産手続開始決定を受けた。
(2) BとAは、BがAに原材料・甲を100万円で売り渡す旨の契約（Bが4月1日に甲を引き渡し、Aが4月30日に代金を支払う）を締結し、BはAに約定通り甲を引き渡した。ところが、4月15日に、Aは破産手続開始決定を受けた。

信用供与型取引においては、信用供与者・Bは、信用供与を受けた者・Aの不履行に基づく損失を負担いたします。このような損失を、信用供与を受けた者が破産した場合には、「破産による損失」と呼ぶこととして、議論を進めたいと存じます。

(ii) 同時交換型取引

(a) 概念

次に、同時交換型取引ですが、ここでは、債務者（破産者）と相手方との間で、給付と反対給付を同時交換的に行うことが合意された取引を、同時交換型取引と定義いたします。給付と反対給付が互いに担保視し合

う取引であるということも可能です。
　【設例2-1】は、同時交換型取引の典型です。

> 【設例2-1】
> 　製造業を営むAと商社のBは、BがAに精密機械・甲を代金5000万円で売り渡すこと（BがAに甲を引き渡すのと引換えに、AがBに代金5000万円を支払うこと）を、合意した。そして、AもBも約定通りに履行を完了した。

　【設例2-1】では、製造業を営むAと商社のBが、BがAに機械・甲を代金5000万円で同時交換的に売り渡す旨合意し、その通り履行もなされています。これが、典型的な同時交換型取引であります。

　同時交換型取引を締結した場合でも、Aが代金を支払わないにもかかわらず、Bが自らの債務を約定通り履行しますと、Bは先履行したことになりますので、これにより当該取引は信用供与型取引に変わると解されます。

(b)　同時交換型取引の損失回避機能

　同時交換型取引は、破産法162条1項柱書括弧書により、相手方の破産による損失を回避する機能を付与されています。これを【設例2-2】で説明いたしますと、以下のようになります。

> 【設例2-2】
> 　製造業を営むAと商社のBは、BがAに精密機械・甲を代金5000万円で同時交換的に売り渡すことを、合意した。その頃、Aの財務状況は著しく悪化していたが、Bは、Aを支援するため、甲を売り渡すことにしたのである。その後、Aは支払を停止したが、AもBも約定通りに債務を履行し、Aは破産手続開始決定を受けた。なお、Bは、Aから5000万円の弁済を受けた時点でAの支払停止を知っていた。

　製造業を営むAと商社のBは、甲を代金5000万円で同時交換的に売り渡す合意をしました。その頃Aの財務状況は著しく悪化していましたが、BはAを支援するため甲を売り渡すことにしたわけです。その後、Aが支払を停止したにもかかわらず、BもAも約定通り債務を履行しました。

しかし、Bの支援にもかかわらず、Aは破産手続開始決定を受けてしまいました。

BはAから5000万円の弁済を受けた時点でAの支払停止を知っていましたが、仮にここでAがBに行った5000万円の弁済を破産法162条1項1号の偏頗行為危機否認に服せしめますと、BはAからもらった5000万円を破産管財人に返さねばならない一方で、自分がAに引き渡した甲は返してもらえません。したがって、復活した5000万円の代金債権について按分弁済を受けるだけになります。つまり、Bは破産債権者となり、Aの破産による損失を負担することになります。

このように、同時交換型取引であっても受けた弁済が偏頗行為否認に服することになりますと、結局、危機に陥った債務者との間で偏頗行為危機否認に服さずに取引をする手段がなくなり、取引相手がいなくなりますので、その債務者は取引界から排除されてしまい、事業再生や事業継続をするために必要不可欠な行為を行うことができなくなります。Aがこのような状態に陥ることを回避するため、AがBに対して行った弁済は偏頗行為否認に服さず、BはAの破産による損失を負担しないこととされました。同時交換型取引については、一方当事者に他方当事者の破産による損失を負担させないという、破産法162条1項柱書括弧書の規律が、設けられたわけであります。その結果、Bは、危機に陥ったAに対しても、同時交換型取引という法的手段を使うことにより、支援できることとなったわけです。

(3) 同時交換型取引と双方未履行双務契約のルール

(i) 通説・判例理論

破産法53条1項・54条2項・148条1項7号が定立するルールの趣旨については、以下のような見解が多数説であり、判例の理論であると、思われます。

「双務契約における当事者の債務は、原則として互いに他を担保視し合う関係にあるが、この関係は破産手続でも尊重されなければならない。そこで、破産法53条1項、54条2項、148条1項7号は、当事者の一方

につき破産手続が開始された場合にも、この担保視し合う関係を保護するとともに、その地位を害しない限度で破産財団の利益を追求する途を開いたものである。すなわち、担保視し合う関係を、①相手方にその債務の履行を請求しつつ、破産管財人も相手方に完全な満足を与えることによって保護するか、もしくは、②契約を解除して双方の債務を消滅させることによって保護することとし、③破産管財人に①または②を選択する権限を付与することによって、破産財団の増殖を図ることを、可能ならしめたものである。」

通説・判例理論からしますと、破産法53条1項の適用対象は、同時交換型の双方未履行双務契約に限られることになると思われます（後述するように、これは正しい結論ではありません）。互いに担保視し合う2つの債務が対立し合う関係とは、同時交換型取引のことだからであります。

(ii) 検討

破産法53条1項、54条2項、148条1項7号のルールは、同時交換型取引の当事者が相手方破産の損失を負担するのを回避するように機能します。破産法53条1項に基づいて、履行請求した場合も、解除した場合も、相手方に、その債務の完全な履行を求めつつ、対価は破産債権者として按分弁済し、その結果、破産による損失を負担させることを、避けているからです。

破産法53条1項、54条2項、148条1項7号は、破産法162条1項柱書括弧書とともに、同時交換型取引の当事者が相手方破産の損失を負担するのを回避させるのです。では、両者の関係はどう理解されるべきでしょう。この点を、【設例2-3】を使って、説明したいと思います。

【設例2-3】
　製造業を営むAと商社のBは、BがAに精密機械・甲を代金5000万円で同時交換的に売り渡すことを、合意した。その頃、Aの財務状況は著しく悪化していたが、Bは、Aを支援するため、甲を売り渡すことにしたのである。履行期は契約締結から3か月後であった。
　〈シナリオ1〉　契約締結から2か月後にAは支払を停止し、その1か

月後にAとBは約定通りに履行し、その1か月後にAは破産手続開始決定を受けた。
　〈シナリオ2〉　契約締結から2か月後にAは破産手続開始決定を受けた。

　【設例2-3】では、製造業を営むAと商社のBが、BはAに精密機械・甲を代金5000万で同時交換的に売り渡すとの売買契約を締結しています。その頃、Aの財務状況は著しく悪化していましたが、BはAを支援するために、甲を売り渡すことにしたのです。履行期は契約締結から3か月後でした。
　ここからは、〈シナリオ1〉と〈シナリオ2〉に分かれます。
　〈シナリオ1〉では、AとBが売買契約を締結してから2か月後にAは支払を停止し、支払停止の1か月後にA・B間の売買契約の履行期が到来し、AとBは約定通り履行し、さらに、その1か月後に、Aは破産手続開始決定を受けています。
　〈シナリオ2〉では、AとBが売買契約を締結してから2か月後に、Aは破産手続開始決定を受けています。つまり、A・B間の売買契約の履行期が到来するまでに、Aは破産手続開始決定を受けているのです。
　すでにお話ししたように、危機に陥った債務者が取引界から排除されるのを回避することは、倒産法上の重要課題です。破産法162条1項柱書括弧書はこれに応える規定です。
　そして、この問題に関しては、〈シナリオ1〉は、破産法162条1項柱書括弧書だけで、対処が可能です。
　しかし、〈シナリオ2〉は、そうではありません。AもBも履行を完了しておらず、否認の問題は起きないからです。
　〈シナリオ2〉のような事態が起き得ることを考慮に入れるならば、たとえ履行期到来までに相手方が破産手続開始決定を受けても、相手方は破産による損失を被らないという保障が必要です。このような保障がない限り、信用度の低下した債務者との取引に対する萎縮的な効果は存

在し、信用度の低い債務者が取引界から事実上排斥されるという問題は解決できないと思われるからです。

そこで、同時交換型取引については、①同時交換的取引は偏頗行為危機否認に服さないという法理だけではなく、②双方未履行双務契約に関する、破産法53条1項、54条2項、および148条1項7号の規律が、必要となってくるわけであります。

以上のように、破産法53条1項、54条2項、148条1項7号の損失負担回避機能は、破産法162条1項柱書括弧書のそれと一体的に、理解されるべきであります。両者が相まって、同時交換型取引は、危機に陥った債務者が取引界から排除されるのを回避する法的手段となり得るものと、思われます。

(iii) **結び**

通説・判例理論は、双務契約における両当事者の債務は原則として互いに他を担保視し合う関係にあり、これを破産手続で尊重することが、破産法53条1項、54条2項、148条1項7号の趣旨であると主張します。「互いに他を担保視し合う関係の尊重」とは、同時交換型取引の相手方に破産による損失を負担させないことと同義ですので（この点は一見して明らかだと思われます）、以上に関しては、通説・判例理論は正当であると思われます。しかし、破産法162条1項柱書括弧書との関係を明らかにしていない点は不十分であると思われますし、これから検討いたしますように、破産法53条1項の適用対象を同時交換型の双方未履行双務契約に限定した点は誤りであると、強く批判されるべきであります。

(4) **信用供与型取引と双方未履行双務契約のルール**

(i) **問題の所在**

そこで、ここからは、信用供与型取引と破産法53条1項、54条2項、148条1項7号の関係についてお話をしたいと思います。

破産法53条1項の適用対象を同時交換型取引に限っていいかというと、そうではありません。このことを、【設例1-1】の(2)を使って、説明したいと思います。

第2　倒産法からみた倒産手続上の契約解除

　【設例1-1】で、BとAは、3月1日に、①BはAに原材料・甲を100万円で売り渡す、②BはAに甲を4月1日に引き渡す、③AはBに4月30日に代金100万円を支払うという内容の売買契約を締結しましたが、BがAに甲を引き渡す前の3月15日に、Aに対して破産手続開始決定がなされたとします。B・A間の売買契約は信用供与型取引の双方未履行双務契約ですが、破産法53条1項が適用されます。この点に、異論はないでしょう。ここから明らかなように、破産法53条の適用対象を同時交換型取引に限るのは、明らかな誤りです。

　そして、ⅰ破産管財人が解除するのであれば、契約は締結されなかったのと同じになり、ⅱ履行請求するのであれば、Bの100万円の代金債権は財団債権となり（破産法148条1項7号）、破産管財人による代金の先履行ないし弁済の提供を受けて、Bは甲を破産管財人に引き渡すことになります。B・A間の売買契約は、信用供与型取引ではなく、同時交換型取引に変わっているのです。

　しかし、AとBの債務が互いに担保視し合う関係にないにもかかわらず、破産法53条1項などが適用されるのはなぜでしょう。信用供与型取引が同時交換型取引に変わるのは、なぜでしょう。以下では、【設例3-1】を使って、この問題を検討したいと思います。

【設例3-1】
　製造業を営むAと商社のBは、BがAに原料（以下、「甲」という）10トンを代金1億円で売り渡すことを合意した。契約では、Bが4月1日に甲・4トンを引き渡し、5月1日に残りの6トンを引き渡し、Aが6月1日に代金1億円を支払うこととされていた。Bは4月1日に甲・4トンを引き渡したが、Aは、4月15日に、つまり残り6トンの引渡しを受けるまでに、破産手続開始決定を受け、Xが破産管財人に選任された。

契約締結	甲4トン引渡し	A破産	甲6トン引渡し	代金支払
3/1	4/1	4/15	5/1	6/1

(ii) 不安の抗弁権

【設例3-1】では、製造業を営むAと商社のBが、BがAに原料10トンを代金1億円で売り渡すことを合意しています。契約では、Bが4月1日に甲を4トン引き渡し、5月1日に残りの6トンを引き渡し、6月1日に代金1億円を払うこととされていました。Bは4月1日に4トンを引き渡したが、4月15日に、つまり残りの6トンを引き渡すまでに、Aは破産手続開始決定を受けてしまいました。

【設例3-1】では、A・B間の売買契約は信用供与型取引であります。そして、この売買契約のうち、①甲の4トンの引渡しの部分については、Bが4月1日に甲を4トン引き渡すことによって、信用供与は完了しています。これに対して、②残り6トンの引渡しの部分については、4月15日の破産手続開始決定の時点で、Bの信用供与は完了しておらず、A・Bともに未履行の状態です。そして、②の残り6トンの引渡債務につき、Bは、Aに対して、不安の抗弁権をもっていると、解することができると思われます。

そこで、不安の抗弁権について検討していきたいと思います。不安の抗弁権については必ずしも十分な議論はなされていないと思いますが、ここでは、以下のような試論を、提示しておきたいと思います。

「B・A間で、BがAに信用を供与する旨の合意が成立した場合でも、Aの財務状況が悪化し、Bが損失を被る蓋然性が高い状況の下では、Bは先履行＝信用供与を適法に拒絶できる。その後、Aの債務の履行期が到来した時点で、BとAの債務は互いが他を担保視し合う関係に立つことになる。つまり、信用供与型取引が同時交換型取引に変わることになる。したがって、Aが自らの債務を履行できる場合には、BとAはそれぞれの債務を同時交換的に履行する。不安の抗弁権は以上のように機能する。」

不安の抗弁権の趣旨は、以下の点にあると思われます。①まず、反対給付について完全な満足を得られない可能性が高いと判断される状況の下で、信用供与者に履行＝リスク引受けを強制するのは、不公平であり

ます。また、②このような状況の下で与信を強制するのは、さまざまな紛争を誘発させる点で、不合理でもあります。そして、さらに、③このような場合に履行を拒絶する抗弁権を認めれば、その安全性が高められるので、信用供与型取引を促進することも可能となります。

(iii) 破産手続における不安の抗弁権の取扱い

それでは、不安の抗弁権が破産手続においてどのような取扱いを受けるのか、【設例3-1】を使って、説明することといたします。ただし、以下の2点、修正を加えます。「①3月15日（Bが甲・4トンを引き渡す予定の4月1日より前の日）に、『Aの財務状況は破綻しており、まもなく支払停止となる』という噂が、業界全体を駆けめぐった。②Aが破産手続開始決定を受けたのは、6月15日であった。」

このような場合、Bは、甲・4トンを引き渡すべき4月1日に、Aの財務状況が著しく悪化していることを理由として、弁済（甲・4トンの引渡し）を拒みます。不安の抗弁権が認められるなら、Bは債務不履行とはなりません。同様にして、5月1日の残り6トンを引渡しも拒みます。

そして、Aが6月1日に1億円の支払資金を調達できた場合には、甲・10トンの引渡しと1億円の支払を同時交換的に履行し合って、契約の履行を完了します。この場合、B・A間の売買契約は、不安の抗弁権に支えられて、適法に、信用供与型取引から同時交換型取引に変わっていますので、破産法162条1項括弧書柱書の適用があり、Bが受けた1億円の代金の支払は、Aが後に破産手続開始決定を受けても、偏頗行為危機否認に服しません。このようにして、BはAの破産による損失の負担を免れます。

また、Aが6月1日に1億円の支払資金を調達できなかった場合には、Bはそのまま不安の抗弁権に基づく不履行を続け、Aが後に破産手続開始決定を受けたなら、B・A間の売買契約は双方未履行双務契約となり、不安の抗弁権に支えられ、適法に、双方未履行双務契約となり、その結果、破産法53条1項、148条1項7号の適用を受け、やはり、BはAの

163

破産による損失の負担を免れます。

　(iv)　まとめ

　以上のように考えますと、信用供与型取引の場合には、破産法53条1項、148条1項7号は、不安の抗弁権を尊重するために適用されるということができましょう。

　ちなみに、同時交換型取引の場合には、互いが他を担保視し合う関係、つまり、同時履行の抗弁権を尊重するため適用されるということができます。

　(v)　既履行部分の取扱い

　最後に、既履行部分の取扱いについて、修正する前の【設例3-1】に依拠しつつ、検討したいと思います。

　【設例3-1】で、Xは、B・A間の売買契約につき、履行の請求をしたとします。すなわち、6000万円の弁済の提供をして、残り6トンの履行を請求したとします。このとき、Bは、すでに履行した4トン分の代金4000万円の支払もなければ、残り6トンは履行しないと主張できるか否かが、問題となりましょう。

　すでにBは4トン分の履行を完了しているのですが、この完了した部分はどのように取り扱われるべきかが、ここでの問題です。

　Bは、自分は代金を受け取ることなく、甲4トンを先に引き渡しています。この限度で、リスクを引き受けたともみることもできますし、不安の抗弁権を放棄していると見ることもできましょう。したがって、Bは、4トンの既履行部分に関しては、破産法53条1項、54条2項、148条1項7号の適用の範囲から離れたとみることができると、思います。

　他方、不安の抗弁権を行使している限度、つまり6トンの未履行部分に関しては、結果的に、双方、つまり6トンの引渡と6000万円の支払は、互いに担保視し合う関係に立っているわけですから、破産法53条1項、148条1項7号の規定を適用することができると考えます。

　したがって、【設例3-1】では、破産管財人Xが、B・A間の売買契約につき、解除した場合でも、履行請求した場合でも、Bは、4トンの

既履行部分に関しては、4000万円の代金債権を、破産債権者として権利行使できるにすぎないと、解されます。

他方、6トンの未履行部分に関しては、同時交換型取引の双方未履行双務契約と同じ扱いをするというのが妥当ではないかと考えます。すなわち、Xが履行を請求すれば、Xは6000万円の弁済の提供をしてBに6トンの未履行部分の履行を求め、6000万円の支払と6トンの引渡しが同時交換的に行われ、Xが解除すれば、双方の債務は存在しなかったこととなり、いずれの場合も、A破産による損失をBに負担させない結果になる、というわけです。

(vi) 残された問題

ただ、このように考えても、第2論文の【設例4】の問題があります。

【設例4】
　A社と画商のBは、BがA社に絵画・甲を1000万円で売り渡す旨を合意した。甲は、縦5メートル×横10メートルと巨大で、A社の本社社屋のロビーに飾る予定であったが、Bが、4月1日に右半分を引き渡し、5月1日に残り左半分を引き渡し、Aが6月1日に代金1000万円を支払うこととされていた。Bは4月1日に右半分を引き渡したが、Aは、4月15日に、つまり左半分の引渡しを受けるまでに、破産手続開始決定を受け、Xが破産管財人に選任された。

信用供与型取引といっても、不可分の場合に、これまでに述べてきたような解釈論を適用できるのかという問題があるわけでありますが、ちょうど時間もきたようでありますので、ここで私の報告を終わらせていただきます。

第 1 部　シンポジウムの概要

中西報告に対するコメント

一橋大学教授　水元　宏典

　中西先生のご報告に対しましてコメント役を仰せつかりました、一橋大学の水元と申します。できる限り今般の民法改正（平成29年法律第44号）や将来の倒産法改正も踏まえた形でコメントを申し上げたいと考えております。
　まず最初にレジュメ（末尾に収載）について簡単にご説明をいたしますと、レジュメの1では、破産法53条の規律、とりわけ破産管財人の履行の反対の選択肢が解除権の行使と構成されている点が比較法的にみますと、極めて特異な制度である、ということを確認したいと思います。次にレジュメの2では、このような特異な制度をわが国が採用した理由が必ずしも明らかではない、ということを確認したいと思います。おそらくこういった背景に原因があると思われるのですが、ご案内の通り、破産管財人の解除選択をめぐっては困難な問題が山積しております。その主要なものをレジュメの3で取り上げまして、今日の中西先生のご報告の意義を考えてみたいと思います。また、レジュメの4では、将来の倒産法改正との関係で、今般の民法改正の波及効や中西先生のご報告の含意を考えてみたいと思います。

*　　　*　　　*

　では、早速レジュメの1ですが、諸外国では、履行の反対の選択肢が何かということです。
　まずイギリス法では、履行の反対の選択肢は、契約の放棄と構成されております。これは負担付財産の放棄と同列の制度です。同じ英米法でも、アメリカ法は、契約の引受けまたは拒絶という構成です。ドイツ

第2　倒産法からみた倒産手続上の契約解除

法では、履行または履行の拒絶となっております。フランス法では、履行または不履行の選択が基本となりますが、一定の要件の下では、不履行の選択によって契約は当然に解約されることになります（竹下守夫監修・加藤哲夫ほか『破産法比較条文の研究』〔信山社・2014〕201頁以下）。

　そこで、まずわが国と諸外国の共通点ですが、2点ほど指摘できるかと思います。1点目は、いずれの国でも、履行の反対の選択肢が行使された場合につきましては、相手方は損害賠償請求権を倒産債権として行使できる、という点です。2点目は、履行が選択されない場合に契約関係がどうなるのか、という点です。法律構成は各国で異なりますが、いずれの国でも、契約関係に決着がつくように立法または解釈されているようです。

　以上申し上げました2点は共通するのですが、わが国の特異性が際だつ点もあります。それは、破産管財人の側が選択的に解除権を行使する、それによって契約関係が遡及的に消滅する、そして原状回復関係が生じる、その上で相手方の原状回復請求権が取戻権ないし財団債権として扱われる、という点です（破産法53条・54条）。このような解除構成は、諸外国の立法例と決定的に異なっております。

　では、なぜわが国はこのような解除構成を採用することになったのか、ということですが、結論から申し上げますと、その理由の詳細は実はよくわかりません。レジュメの2に移ります。

　わが国初の近代破産法、つまり旧商法第3編（明治23年法律第32号）の破産規定ですが、その993条をみてみますと、すでに解除構成の片鱗がみられます。すなわち、両当事者から無賠償で解約の申入れができる、と規定されております。このような規律は、旧商法が模範とした当時のフランス法にもありません。また、その起草者のロェスレル博士の母国法である当時のドイツ法にも見当たりません。おそらく、博士の独創かラント法由来の条文だろうと、推測しております。いずれにしましても、ロェスレル博士によりますと、その立法趣旨は、要するに、それが最も公平で最も簡明ということのようです（司法省『ロェスレル氏起稿商法草

167

案下巻〔復刻版〕』〔新青出版・1995〕885頁)。

　次に旧破産法（大正11年法律第71号）59条をみてみますと、これは現行破産法53条1項・2項の規定と同じものです。その起草に関与した加藤正治博士によりますと、要するに、旧商法の規律は大雑把であった、というのが改正の理由のようです（加藤正治『破産法要論〔19版〕』〔有斐閣・1955〕131頁)。問題は、旧破産法が全体としてはドイツ法を模範としたにもかかわらず、なぜ双務未履行の双務契約の規律については解除構成を採用したのか、ということです。

　当時のドイツ破産法（KO§17）も、現行のドイツ倒産法（InsO§103）と同様に、履行の反対の選択肢は履行の拒絶（Erfüllungsablehnung）でした。加藤博士によりますと、わが国の解除構成もドイツの履行拒絶構成も実際にはほぼ同じだと説明されております（加藤正治『破産法講義〔6版〕』〔巌松堂書店・有斐閣書房・1920〕184頁)。しかし、本当にそうなのかについては、疑問もあるところです。確かに、当時のドイツの判例は、履行拒絶を形成権的に理解していた節があり（RGZ 11, 49 Urt. v. 15. 2. 1884)、また、解除権的に捉える学説もありました（Willensbücher, Die Reichs-Konkursordnung 1885, §15 Anm.2b; Endemann, Deutsche Konkursverfahren 1889, S.162)。そういう意味では、共時的ないし当時の認識としては、加藤博士の理解にも頷けるところがあるわけです。ところが、現在のドイツでは、形成権的な理解や解除権的な理解は採られていないようです（Wegener, Das Wahlrecht des Insolvenzverwalters unter dem Einfluss des Schuldrechtsmodernisierungsgesetzes 2007, S.16)。そうしますと、現在の目からみますと、解除構成と履行拒絶構成は相当に異なってみえるわけで、その立法趣旨も怪しくなってくるように思われます。

　こういった背景が原因の根っこにあるのか、破産管財人の解除選択については、困難な解釈論的問題・立法論的問題が指摘されております。レジュメの3に移ります。

　おそらく大方が一致して重要だと認識している問題は、2つあります。

第2　倒産法からみた倒産手続上の契約解除

　レジュメで①②として挙げた問題です。まず①の問題は、相手方はすでに受けた一部給付を保持するために、破産管財人に対して残債務を履行することで、解除選択を阻止できるか、阻止できてもよいのではないか、という問題です（福永有利「破産法第59条による契約解除と相手方の保護」法曹時報41巻6号〔1989〕1頁・24頁以下）。この問題の射程は広く、その一端は、最判平成12年のゴルフクラブ会員の破産事件でも顕在化しました（最判平成12・2・29民集54巻2号553頁）。

　次に②の問題は、破産管財人の解除選択によって相手方のみが原状回復請求権を取得する場合でもそれは財団債権になるのか、破産債権とすれば足りるのではないか、という問題です（霜島甲一『倒産法体系』〔勁草書房・1990〕383-384頁）。この問題も射程が広く、最判昭和62年の請負人破産の事件ですでに顕在化しておりました（最判昭和62・11・26民集41巻8号1585頁）。また昨今では賃貸人の原状回復費用請求権について議論が活発化しました（東京地判平成20・8・18判時2024号37頁）。

　この2つの問題は一見したところでは、正反対の方向を向いているようにも見受けられます。すなわち、①の問題については、相手方の利益をどう図るべきか、という方向性があり、他方で②の問題については、破産財団の利益をどう図るべきか、という方向性があります。しかし、もう少し詳しくみてみますと、問題の核心としましてはおそらく共通していて、いずれも解除構成の過剰性ないしは解除構成の行きすぎた側面が問題とされているように思われます。

　そこで、その処方箋ないし解決策ということですが、もちろん一筋縄ではいかないわけです。とりわけ現行法の解除構成を前提としながら、この2つの問題を整合的に解く、というのは相当にハードルが高いように思われます。これはどういうことかと申しますと、破産管財人の解除権の位置付けが関係してきます。破産法53条の目的論については諸説ありますが、いずれの見解に立ちましても、破産管財人が双方未履行の双務契約について解除権を選択的に行使できる、このこと自体は、破産財団の利益のため、と考えざるを得ません。このように考えますと、ま

ず①の問題については、破産管財人が解除権を行使できるかどうかという局面ですから、破産財団の利益が前面に出てくることになります。そうしますと、相手方の利益のために破産管財人の解除権行使を阻止する、という処理は原則として難しくなってくるように思われます。

他方で、破産管財人の解除権は平時の実体法ルールには基礎を置かない特別の権能ということになりますから、このような意味では、いわば飛び道具なわけです。このような飛び道具をひとたび使った以上は、その代償として、相手方の利益を可及的に保護する、というのが公平な解決となります。そうしますと、②の問題については、破産管財人が解除権を行使した後始末の局面ですから、相手方の利益が前面に出てくることになります。そうしますと、破産財団の利益のために相手方の原状回復請求権を破産債権とする、という処理は原則として難しくなってくるように思われます。

このような困難な状況の中で、今日の中西先生のご報告は、同時交換型取引と信用供与型取引の区別を導入することで、解釈論として、その整合的な解決を模索されたように理解いたしました。つまり信用供与部分については解除の効果を制限する、という解釈論です。私なりに理解しますと、まず①の問題については、破産者の側が信用を供与していたと評価できるときには、相手方の利益が保護されてよい、そして②の問題については、相手方が信用を供与していたと評価できるときには、破産財団の利益が保護されてよい、基本的にはこのような形で整合的に処理されるのだろうと理解しました。もちろん何をもって信用を供与したといえるのかについては、別途検討が必要になるかとは思いますが、最終的には給付の可分性や契約の可分性によって決定されるものと理解しました。私も解釈論として考えた場合、基本的には中西先生のように考えるのが相当だろうと説得されました。

では、立法論として考えた場合はどうなるのか。解除構成が過剰である、行きすぎである、というのがそもそもの出発点ですから、立法論としては、解除構成をやめてしまう、というのが最もストレートな考え

第2　倒産法からみた倒産手続上の契約解除

方ということになります。従来も履行拒絶構成などの名称で議論されてきた立法論です（田頭章一「倒産法における契約の処理」ジュリスト1111号〔1997〕106頁・107頁）。この履行拒絶構成については、今般の民法改正が思わぬ形で再考の契機をもたらしたのではないか、このように考えております。レジュメの4に移ります。

　立法論としては、破産管財人の履行の反対の選択肢を解除と構成しない場合、問題はその内容・効果をどう制度設計するか、ということになります。確かに、従来の履行拒絶構成は、この点が十分に詰めきれておりませんでした。ところが、今般の改正民法542条1項2号ないし3号をみてみますと、債務者の履行拒絶によって債権者が無催告解除をすることができる旨規定されております。もちろん、従来もそのような解釈論はあったわけですが、明文で規定された意義は大きいと思います。

　そこで、履行の反対の選択肢を改正民法がいうところの履行拒絶として再構成してみますと、破産管財人の履行拒絶によって、相手方が契約を解除するか否かの選択権をもつことになります。そうしますと、解除は相手方が自ら選択することになりますから、レジュメの3で挙げました①の問題については、相手方が一部給付の保持を望めば解除を選択しない、という処理が可能となります。次に②の問題については、契約の解除は平時と同じ民法のルールに従って、しかも相手方からなされることになります。そうしますと、破産管財人の特権行使という意味合いはなくなりますので、相手方の一方的な原状回復請求権を破産債権とすることに抵抗はなくなります。

　もちろん、このような履行拒絶構成については、さらに詰めるべき点がいくつか残されております。例えば、破産管財人の履行拒絶によって相手方は損害賠償請求権を取得するわけですから、それを現行法のように破産債権として立法するときには、何らかの説得的なロジックが必要となってきます（松下淳一「契約関係の処理」別冊NBL69号〔2002〕44頁・47-48頁・55頁注21）。

　そこで、履行拒絶構成はひとまず脇に置いて、解除構成をなお維持し

た上で合理的な立法を考えてみたいと思います。そうしますと、やはり中西先生のご報告が非常に参考となります。もちろん今日のご報告は解釈論を展開されたものですが、その含意や従来の先生のご議論（中西正「双方未履行双務契約の破産法上の取り扱い」徳田和幸ほか編『谷口安平先生古稀祝賀・現代民事司法の諸相』〔成文堂・2005〕497頁）から推測しますと、立法論としては、不遡及解除構成ないし一部解除構成が親和的だろうと理解しました。つまり、破産管財人の解除の効果を原則として双方未履行の部分に限定するという立法論です。

　今日の中西先生のご報告の骨子は、同時交換型取引の保護にありました。これは、偏頗行為否認と連続性をもつ議論です。そうしますと、今度は財産減少行為否認との連続性が問題となって参ります。と申しますのは、ある取引が同時交換的取引と性質決定されて偏頗行為否認を免れるときでも、なお財産減少行為否認の可能性は残るからです。確かに、機能的に考えてみますと、破産管財人の解除権と財産減少行為の否認権は、連続している面があります（宮川知法「破産管財人の否認権と解除権の比較検討」民事訴訟雑誌41号〔1995〕49頁）。しかし、破産管財人の解除権と財産減少行為の否認権とでは要件が相当に異なっております。そうしますと、両者を連続的に捉えるとしても、その棲み分けが必要となってくるように思われます。おそらく中西先生としては、財産減少行為の否認権は遡及無効によって契約関係を巻き戻す制度、これに対して、破産管財人の解除権のほうは双方未履行の部分についてのみ契約関係を終了させる制度、このような棲み分けを考えているのではないかと推察しております（中西・前掲522-525頁）。

　ともあれ、このような不遡及解除構成ないし一部解除構成に立って、レジュメの3の問題を考えてみますと、①②のいずれの問題についても、そもそも原状回復関係は発生しない、というのが原則的な処理になります。もちろん、不遡及解除構成も一部解除という構成ですから、こういう部分的な解除が相当でないような場合もあり得ます。例えば、一部履行済みの給付や契約が不可分の場合です。立法論としては、このような

第2　倒産法からみた倒産手続上の契約解除

不可分な給付について、ただし書で全部解除を規定するのか、反対に可分な給付について、一部解除を規定するのか、2通りの立法があるように思います。いずれにせよ、不遡及解除構成ないし一部解除構成もまた十分あり得る立法論だろうと考えております。

　以上、簡単なコメントではありますが、私のほうで準備してきた内容はこれで全部でございます。コメントの機会を与えてくださった皆様に心より感謝申し上げます（本稿は当日のコメント原稿に最小限の文献引用等加筆訂正をしたものである。その後、本稿の問題意識を発展させたものとして、拙稿「魅力ある倒産手続に向けた立法のあり方」法律時報89巻12号〔2017〕30頁がある）。

【レジュメ】

1　比較法——履行の反対の選択肢に関する諸外国の立法例
　○　英（イングランド・ウェールズ）
　　　放棄（Insolvency Act 1986 §§178,186,315,316）
　○　米
　　　拒絶（11 U.S.C. §365）
　○　独
　　　履行拒絶（InsO §103）
　○　仏
　　　不履行（Code de commerce §§622-13,631-14,641-11-1）
　◎　解除構成の特異性

2　破産法53条の沿革
　○　旧商法破産編993条（明治23年）／「孰レノ方ヨリモ無賠償ニテ其解約ヲ申入ルルコトヲ得」
　　　ロェスレル「双方同シク解止ノ権アラシムルハ最モ公平ニシテ最モ簡明ナリ」（商法草案下巻885頁）
　○　旧破産法59条（大正11年）／現破53相当
　　　加藤正治「是〔旧商993〕は随分大ざっぱの解決の仕方」（破産法要論19版131頁）、「実際論トシテハ独法〔KO§17／履行または履行拒絶〕モ我草案〔旧破59相当〕モ略ホ同一ノ結果ニ帰着スヘ

シ」（破産法講義 6 版184頁）（〔　〕内は水元）
◎　解除構成の合理性？

3　破産管財人の解除選択と解釈論的・立法論的課題
　①　相手方の履行提供による解除選択の阻止／cf. 最判平成12・2・29民集54巻 2 号553頁
　②　相手方の一方的な原状回復請求権の破産債権化／cf. 最判昭和62・11・26民集41巻 8 号1585頁
　◎　中西報告の意義／解釈論として合理的な解決を模索

4　立法論
　○　履行拒絶構成の再構成
　　　破産管財人の履行拒絶→改正民法542条 1 項 2 号→相手方による無催告解除
　◎　中西報告の含意／不遡及解除構成に親和的
　　　∵財産減少行為の否認（遡及無効）との棲み分け

<資料>
○最判平成12・2・29民集54巻 2 号553頁（預託金会員制ゴルフクラブの会員の破産）
　「破産法59条 1 項が破産宣告当時双務契約の当事者双方に未履行の債務がある場合に破産管財人が契約を解除することができるとしているのは、契約当事者双方の公平を図りつつ、破産手続の迅速な終結を図るためであると解される。そうすると、破産宣告当時双務契約の当事者双方に未履行の債務が存在していても、契約を解除することによって相手方に著しく不公平な状況が生じるような場合には、破産管財人は同項に基づく解除権を行使することができないというべきである。この場合において、相手方に著しく不公平な状況が生じるかどうかは、解除によって契約当事者双方が原状回復等としてすべきことになる給付内容が均衡しているかどうか、破産法60条等の規定により相手方の不利益がどの程度回復されるか、破産者の側の未履行債務が双務契約において本質的・中核的なものかそれとも付随的なものにすぎないかなどの諸般の事情を総合的に考慮して決すべきである。」
○最判昭和62・11・26民集41巻 8 号1585頁（請負人の破産）
　「そうすると、本件契約の目的である仕事が破産者以外の者において完

成することのできない性質のものであるため、破産管財人において破産者の債務の履行を選択する余地のないものでない限り、本件契約については法59条が適用され、本件契約が解除されたものとされる場合には、上告人は支払ずみの請負報酬の内金から工事出来高分を控除した残額について、法60条2項に基づき財団債権としてその返還を求めることができるものというべきである。」

第1部　シンポジウムの概要

【質疑応答】

○**司会**　どなたか、せっかくの機会ですのでご質問をお願いします。

○**加毛**　皆様が質問を考えていらっしゃる間に、簡単な質問を水元先生に差し上げたいと思います。立法論として、破産管財人に履行拒絶権を付与するという立場を採用した場合につきまして、破産管財人が履行の拒絶を選択すると、改正民法542条1項2号に該当し、契約相手方が無催告解除をできる、というご説明があったと思います。しかしながら、破産法において破産管財人に履行拒絶権という権利が付与されるのであれば、その権利の行使として履行を拒絶することは542条1項2号には該当しないのではないでしょうか。同号は、債務者が履行拒絶権を有さず、債務を履行しなければならないことを前提として、債務者が債務の履行を拒絶する意思を明確に表示したという場合に適用されるように思われます。この点につきまして、説明を補充していただければと思います。

○**水元**　破産管財人としては、まず最初に履行請求権をもっており、履行請求権をもっているのに、それを行使せず履行しないという意思を明確に通知したときに、これが仮に民法542条1項2号の履行拒絶の意思の通知に該当するという構成が可能であれば、相手方としては無催告解除できるのではないか。先生がおっしゃった通り、そういうことができるのかというのは、そもそも民法542条の履行拒絶の意思の通知というのが何に由来しているのかということをお教えいただければ、そこで、それを倒産法的に何か調整をしてということになるのかなと考えております。

○**司会**　ありがとうございます。

○**岡**　杉本先生におうかがいします。再建型である再生・更生手続においては、原状回復請求権としての返還請求権が物の返還請求権のまま再生債権、更生債権になると書かれています。しかし、再生債務者等は「第三者」に当たり、民法545条1項ただし書で、物は返せと言えなくな

り、価額償還請求権に転化するのではないでしょうか。

○杉本　ありがとうございます。おっしゃる通り、確かに、例えば再生手続を例に説明しますと、再生債務者が民法545条1項ただし書でいう「第三者」であるとすれば、相手方契約当事者が、解除によって目的物返還請求権を取戻権（民事再生法52条1項）として行使することはできません。しかし、この目的物返還請求権を解除による（債権請求権としての）原状回復請求権であるとして、再生債権として扱い、再生計画における権利変更として、例えば、目的物を返してやる代わりに、一定額の金銭を支払わせる、ということも可能ではないかと思われます。ですから、特に原状回復請求権につき、価額返還請求権と構成せずに、目的物返還請求権のままであっても、再生債権の再生計画における権利変更として個別に対応できるのではないかと考えております。ただ、実務でそれが具体的に可能なのかどうなのかというのは、私は自信がないところでありますが。

○司会　ほかはありませんでしょうか。

○赫　水元先生のお考えに興味があるので教えていただきたいんですが、履行拒絶権構成をとって、破産管財人が履行拒絶権を行使し相手方が債務履行解除した後の法律関係についてです。例えば、破産手続開始前に、双方から一部ずつ履行していたというようなときに解除がなされると、これは民法546条でしたか、それぞれの原状回復請求権も同時履行関係にあるわけです。この原状回復請求権については、先生の立法論でいきますと、どのように考えられるのかというお話を教えていただきたくお願いいたします。

○水元　双方が原状回復請求権をもつ場面では財団債権と考えています。本日の中西先生のご報告でも割愛されたところだと思いますが、そもそも双方未履行の状態で破産手続に入ってきたということですから、相手方としては、すでに同時履行の抗弁権とか不安の抗弁権をもっていたという局面で、それが解除によって原状回復における同時履行の関係に変わったという形になりますので、開始決定を契機に相手方の地位が改善

されたということではない。したがって、財団債権でもいいのではないかと考えておりますが、岡先生などの有力説によりますと、相手方は破産債権だけれども、対当額で相殺をするとか、あるいは商事留置権で処理するという考え方になることも承知しております。しかし、立法論ですから、財団債権として考えるのが簡潔かなと考えております。

　それから、今ようやく頭が回りまして、加毛先生の質問の意味が理解できましたので補足いたしますと、加毛先生がおっしゃった通り、私も、破産手続の開始決定そのものや支払停止が改正民法542条1項2号の履行拒絶の意思の通知に当たると考えているわけではなくて、あくまでも双方未履行の場面で管財人が履行選択権をもっているという局面において履行するつもりはない、こういう意思を明確に通知してきたときに限って民法542条の履行拒絶に当たると、こういうように考えております。

○**司会**　ありがとうございました。

第2　倒産法からみた倒産手続上の契約解除

【総括・閉会の辞】

○**松下**　本日の午後一番、田頭先生の概観するようなお話から始まって、よどみなく流れるかのような報告やコメント、そして、わかりやすいレジュメと資料で、名調子の授業を聞いているような感を受けました。ただ、研究者の私が言うのもどうかと思いますけれども、最後の中西先生と水元先生の報告は私から見ても相当にマニアックなように思いました。本日のシンポジウムは岡先生のご論文が起爆剤であったわけですけれども、これだけ緻密な議論を誘発したというのは大変な意義があると私は思いました。民法改正法の内容を倒産法の角度から検討し、民法の議論の深化につながるのみならず、倒産法の議論の深化にもつながったというのは大きな学問上の功績だと思います。本日のシンポジウムの内容は、民法・倒産法の今後の議論をリードするものとして、私個人としては歴史的な瞬間に立ち会えたと考えております。今後、このシンポジウムの成果は出版されるものと思っておりますけれども、文字化されて読み返すことができる、あるいは、ゆっくり検証できるようになるということで、広く世の中に共有されることを期待しております。

　個人的には、ごく簡単に2つだけ申し上げておきたいと思います。まず、倒産手続の開始が履行不能に当たるのかどうかというのは、これからまだ議論が続きそうな気がします。これは結構根深い問題だという気がしました。もう1点は、相手方解除の場合の効果についても、こういう議論がいろいろ続きそうだなという予感をもちました。しかし、中身の話はしないということなので、私の総括は以上とさせていただきます。どうもご清聴ありがとうございました。

179

第2部

シンポジウムを終えての理論面からの考察

第2部 シンポジウムを終えての理論面からの考察

新しい契約解除法制と倒産手続
——倒産手続開始後における契約相手方の法定解除権取得の可否

東京大学准教授 加毛 明

I はじめに

1 検討の対象と理由

　本稿は、民法の一部を改正する法律(注1)（平成29年法律第44号）における新しい契約解除法制のもとで、倒産手続の開始後に倒産者の契約相手方が法定解除権を取得するか否か、という問題について検討する。このような検討対象を設定する理由は、次の2点に求められる。

　第1に、民法改正によって従前の法状況にいかなる変化が生じるかを明らかにする必要がある。現行民法は、債務の履行不能を理由とする契約の解除について、履行不能が「債務者の責めに帰することができない事由による」場合に、契約相手方の解除権を否定する（現行543条ただし書）。また伝統的通説によれば——履行不能解除に限らず——債務不履行解除一般について、債務者の帰責事由の不存在が抗弁事由と位置付けられる。これに対して、改正民法は、債務者の帰責事由を法定解除の要件としない立場を採用した。その結果、例えば、債務者の帰責事由によらずに債務が履行不能となった場合にも解除が可能となるという形で、法定解除が認められる範囲が広がることになる(注2)。しかし、債務者の

(注1) 本稿では、改正民法の規定を「改正○条」または「改正民法○条」、現行民法の規定を「現行○条」または「現行民法○条」として引用する。また法制審議会・民法（債権関係）部会の事務局資料を「部会資料○」、議事録（PDF版）を「第○回部会議事録」として引用する。

帰責事由を法定解除の要件としないことが、どの程度まで法定解除の範囲を拡張することになるかは、必ずしも明らかではない。今後の実務・学説における議論の蓄積が必要とされるところである。

　このような観点から重要なのが、2015年に公表された岡正晶弁護士の論文(注3)(以下、「岡論文」という)である。岡論文は──改正法の規定が確定する以前のものであるが──債務者の帰責事由を法定解除の要件としない改正法のもとでは、現行法下と異なり、倒産手続の開始によって、倒産者の契約相手方が法定解除権を取得し得るものと解すべきことを主張する。その主張の当否を批判的に検討することで、改正法下での法定解除に関する議論の蓄積に貢献しようとすることが、冒頭の検討対象を設定する第1の理由である。

　なお、岡弁護士は、本稿のもとになったシンポジウム報告の後に公表された論文(注4)(以下、「岡・第2論文」という)において、従前の主張を一部修正しつつ、問題意識を尖鋭化する形で議論を展開されている。そこでは、シンポジウム報告に対する批判が向けられるとともに、改正法の解釈論が提示される。本稿では、この岡・第2論文による批判にも応接することとしたい。

　第2に、ヨリ一般的な観点から、民法改正が現行法下の議論状況に及ぼす影響を考える上で、本稿の検討対象が恰好の素材となることが挙げられる。民法改正の結果、たとえ法的帰結に違いが生じなくとも、それに至る論理構成の見直しを迫られることがある。このことは、これまで

(注2)　もっとも現行法のもとでも、実務上は、債務の履行不能が債務者(および債権者)の帰責事由に基づかない場合に、債権者が解除の意思表示をするのが通常であると考えられるため、法改正が契約実務に与える影響は小さいという評価もある(道垣内弘人「債務不履行、解除、危険負担」中田裕康ほか『講義 債権法改正』〔商事法務・2017〕69-70頁)。

(注3)　岡正晶「倒産手続開始後の相手方契約当事者の契約解除権と相殺権」高橋宏志ほか編『伊藤眞先生古稀祝賀・民事手続の現代的使命』(有斐閣・2015) 777頁。

(注4)　岡正晶「倒産手続開始後の相手方契約当事者の契約解除権・再論」松川正毅編集代表『木内道祥先生古稀・最高裁判事退官記念・家族と倒産の未来を拓く』(金融財政事情研究会・2018) 361頁。

十分に認識されてこなかった問題を意識化し、法的議論を深化することにつながる。本稿の検討対象は、その1つの具体例と考えられるのである。

　なお、本稿の検討対象との関係では、清算型倒産手続である破産手続と再建型倒産手続である民事再生手続・会社更生手続の間に重要な差異は存在しない(注5)。そこで本稿は、主として破産手続を念頭に検討を進める。また、本報告の検討対象は、債務不履行に基づく解除に限定される。各典型契約に設けられた債務不履行を原因としない解除は、本稿の検討対象に含まれない。また、債務不履行に基づく解除が主として非典型担保の実行手段として用いられる場合（ファイナンス・リースなど）も検討の対象から除外する——これらの問題は、シンポジウムにおいて、藤澤報告（本書62頁）の検討対象とされたところである。

2　検討の順序

　以下では、まず、岡論文を紹介することから始める［→Ⅱ］。本稿の検討対象に関する従前の通説的見解を確認した上で［→Ⅱ1］、岡論文の通説に対する批判およびその主張の内容を紹介する［→Ⅱ2］。そして、岡論文の主張の当否を検討する上で必要と考えられる、3つの課題を設定する［→Ⅱ3］。

　次に、それらの課題に答えるため、法定解除制度の改正の趣旨と内容に関する検討を行う［→Ⅲ］。まず、改正の趣旨・内容を理解するために、改正に影響を及ぼした現行法下での議論を確認し［→Ⅲ1］、改正法における法定解除の要件について説明する［→Ⅲ2］(注6)。その上で、3つの課題のうち、法定解除に関する改正の趣旨にかかわるものについて検討する［→Ⅲ3］。

（注5）　シンポジウムの質疑応答において、赫高規弁護士から、破産手続と特別清算手続の関係に関する疑問が提起された（本書104-105頁）。特別清算手続については、なお十分な検討には至っていないものの、本稿の立論との関係で留意すべき点に関し、若干の指摘をすることにしたい（後掲（注166）・（注173）・（注177）参照）。

続いて、改正法の法定解除制度と倒産手続の関係に関する検討に移る［→Ⅳ］。まず、残された2つの課題の検討を通じて、岡論文の主張の当否を評価する［→Ⅳ1］。その上で、本稿の立場を改正法の解釈論として展開するとともに、岡・第2論文による批判に応接する［→Ⅳ2］。また、本稿の検討が、約定解除に関する従前の議論状況との関係で、いかなる意味を有するかについても、補足的に言及する［→Ⅳ3］。

そして、最後に——検討対象設定の第2の理由に関連して——法定解除制度に関する民法改正が、従前の議論状況に及ぼす影響について一言することとしたい［→Ⅴ］。

Ⅱ 岡論文の紹介

1 従前の議論状況

まず、岡論文が批判の対象とする、従前の議論状況を確認することから始めよう。倒産手続開始と倒産者の契約相手方の解除権（法定解除権および約定解除権の双方を含む）の関係に関する包括的で詳細な分析を展開するのが、2002年に公表された福永有利教授の論文[注7]（以下、「福永

（注6） シンポジウム報告において、筆者には、参加者への情報提供のため、法定解除制度の改正内容に関する一般的な説明の任が割り当てられた。そこで、現行法から改正法に至る議論の変遷に着目して、法改正の趣旨や改正法の規定の内容に関する説明を行った。

他方、シンポジウム後に公表された概説書や論稿において、法定解除制度の改正に関するさまざまな解説がなされている。とりわけ、森田修「解除と危険負担——要件論を中心に（その1）～（その3）」法学教室452号76頁、453号78頁、454号90頁（以上、2018）（以下、「森田①～③」として引用する）が、改正に至る議論の展開と法制審議会の部会審議の内容に関する透徹した分析を加える。それゆえ、シンポジウム開催の時点（2017年5月）と比較すれば、現行法から改正法に至る議論の変遷を解説することに、目新しさはなくなっている。

しかし、本稿の立論にとっての必要性や、シンポジウム報告の前提となった研究内容の記録という目的に加え、法定解除制度改正の文脈に関する筆者の解釈を示すことには、法的議論の蓄積という点で一定の意義があると考えられることから、本稿では、本文で述べた——迂遠ともいうべき——検討を行うこととした。

論文」という）である(注8)。以下では、破産手続に関する福永論文の説明をみていくことにする(注9)。

(1) 破産手続開始前における契約相手方の解除権行使

まず、破産手続開始前に契約相手方が解除権を取得するのみならず、行使までしていた場合には、その後に破産手続が開始したとしても、解除の効力に影響はない。解除によって破産者が取得していた権利は、破産手続の開始により、破産財団に属する権利として破産管財人によって行使される。他方、契約相手方が解除により取得した債権（原状回復請求権、損害賠償請求権など）は、破産手続において破産債権と扱われる(注10)。契約相手方による所有権などの物権の回復については、破産管財人が現行民法545条1項ただし書の「第三者」に該当するため、破産管財人に対する権利の主張には破産手続開始までに対抗要件を具備する必要があると解される(注11)。

(2) 破産手続開始後における契約相手方の解除権行使の可否

(i) 破産手続開始前に契約相手方が解除権を取得していた場合

次に、福永論文の主たる問題関心とされるのが、契約相手方による破産手続開始後における解除権の行使——解除権行使の可否・時期・効果など——である。まず問題となるのが、破産手続開始前に契約相手方が解除権を取得していた場合における解除権行使の可否である(注12)。福永

(注7) 福永有利「倒産手続と契約解除権——倒産手続開始後における倒産者の相手方による解除権の行使を中心として」伊藤眞ほか編『竹下守夫先生古稀祝賀・権利実現過程の基本構造』（有斐閣・2002）681頁（福永有利『倒産法研究』〔信山社・2004〕146頁所収）。

(注8) 岡論文も、福永論文を通説と位置付ける（岡・前掲（注3）779頁・780頁注2）。

(注9) 再建型倒産手続については、破産手続に関する分析を前提としつつ、会社更生手続・民事再生手続の特殊性が言及される（福永・前掲（注7）709-714頁）。

(注10) ただし、原状回復請求権については、契約相手方も原状回復義務を負う場合には、同時履行の抗弁による保護（現行民法546条）を理由として、財団債権として扱われるべきものとされる（福永・前掲（注7）687頁）。

(注11) 福永・前掲（注7）686-687頁。

(注12) 福永・前掲（注7）687-688頁。

論文は、かつては否定説が有力であったとしつつ、「現在では、破産管財人は、別段の定めがある場合を除き、破産者の契約上（財産権上）の地位を、破産宣告当時の状態で引き継ぐのであるから、破産宣告の時にすでに、相手方が破産者に対して取得していた解除権は、管財人に対しても行使し得ると解する見解（肯定説）が支配的となっている[注13]」とする。

　そして肯定説を前提とすると、双方未履行双務契約については、契約相手方の解除権と破産管財人の選択権（破産法53条1項）の関係が問題となる。福永論文は、契約相手方が先に解除権を行使すれば、破産管財人は選択権を喪失する[注14]；破産管財人が先に履行を請求した場合には、契約相手方はなお解除権を行使できるものの、破産管財人が債務の本旨に従った履行の提供まで行えば、契約相手方の解除権は消滅する；破産管財人が先に解除を選択すれば、契約相手方は解除権を喪失する、と説明する[注15]。

　(ⅱ)　破産手続開始前に契約相手方が解除権を取得していなかった場合
　(ア)　法定解除権
　以上に対して、破産手続開始前に契約相手方が解除権を取得していなかった場合には、そもそも破産手続開始後に破産者の債務不履行を理由として解除権を取得するか否かが問題となる——この問題が本稿の検討対象であり、また岡論文による批判もこの点にかかわる。
　従前の学説は、主として履行遅滞に基づく法定解除を念頭に議論を展

(注13)　福永・前掲（注7）688頁。ただし、近時においても、信用供与型取引について、契約相手方によるリスクの引受けを根拠として、解除権行使を否定すべきとする見解が主張されている（中西正「破産管財人の実体法上の地位」金融財政事情研究会編『田原睦夫先生古稀・最高裁判事退官記念・現代民事法の実務と理論（下巻）』〔金融財政事情研究会・2013〕410-411頁）。
(注14)　もっとも、契約相手方にとっては、自ら契約を解除するよりも、破産管財人が契約を解除した場合のほうが有利な結果が得られることが指摘される（福永・前掲（注7）689頁）。
(注15)　福永・前掲（注7）689-690頁。

開してきた(注16)。履行遅滞解除について、福永論文は、「破産宣告後は破産債権を個別的に行使することは許されない（破16条）から、破産手続開始後に履行遅滞があっても、それに基づく法定解除権は発生しない(注17)」と説明する。破産手続開始後に破産者が履行遅滞に陥る可能性を認めつつ、法定解除権の成立を否定する点に特徴がみられる。もっとも、その際に根拠とされる破産債権の個別行使の禁止（破産法100条1項）が、法定解除権の不成立をどのように基礎付けるのかは必ずしも明らかでない。この点について、学説上は、破産債権の個別行使の禁止により、破産手続開始後には債務者の帰責事由に基づく債務不履行が発生しないという論理を介して、法定解除権の成立を否定する見解が存するところである(注18)。

　次に、福永論文は履行不能を理由とする法定解除にも言及する。それによれば、「破産債権は金銭化される（破17条）から、管財人の責めに帰すべき事由によって、契約当初の目的物を給付することが不能となっても、履行不能による解除権は、少なくとも破産手続中は発生しない、と解すべきであろう(注19)」とされる。破産債権の金銭化（破産法103条2項1号イ・ロ）により、破産手続において債務の履行不能が生じないことが、法定解除権の成立を否定する根拠とされるのである。

　このように、福永論文は、履行遅滞および履行不能を理由とする法定解除権の成立を否定する。その結果――福永論文の主たる関心である――破産手続開始後における契約相手方の解除権行使という問題は、法

(注16)　例えば、伊藤眞『破産法・民事再生法〔第4版〕』（有斐閣・2018）387頁、および伊藤眞ほか『条解破産法〔第2版〕』（弘文堂・2014）412頁は、破産手続開始後における法定解除について「破産手続開始後に履行期が到来する債務」を問題とする。
(注17)　福永・前掲（注7）690頁。破産手続開始後に契約相手方が法定解除権を取得するとすれば、それは、双方未履行双務契約について破産管財人が履行を請求したにもかかわらず、破産管財人が破産者の債務を履行しなかった場合（破産管財人の債務不履行の場合）に限られることになる。
(注18)　伊藤・前掲（注16）387頁、伊藤ほか・前掲（注16）412頁。
(注19)　福永・前掲（注7）690頁。

定解除との関係では生じないことになる。
　(イ)　約定解除権
　これに対して、約定解除権については別個の考慮が必要になる。福永論文は、「個別的に債務の履行を請求することができるかどうかということと無関係な事実に基づいて解除権が発生するものとされている場合(注20)」について、当該事実が破産手続開始後に発生すれば、契約相手方は約定解除権を取得するとする。そしてその場合には――解除条件付き契約について破産手続開始後に解除条件が成就した場合との均衡を根拠として――契約相手方が破産手続開始後に当該約定解除権を行使することを肯定するのである(注21)。
　(3)　**破産手続開始後における契約相手方の解除権行使の効果**
　こうして、契約相手方が破産手続開始前に解除権を取得していた場合、および破産手続開始後に約定解除権を取得した場合については、破産手続開始後に契約相手方が解除権を行使した場合の効果が問題となる(注22)。まず、解除権行使による物権(所有権)の回復については、破産管財人が現行民法545条1項ただし書の「第三者」に該当することから、契約相手方は原則として取戻権を有しないことになる(注23)。ただし、契約相手方が破産手続開始後に取得した約定解除権を行使した場合には例外的処理の余地があることが指摘され(注24)、破産手続開始後に契約相手方が破産管財人に給付した目的物については、取戻権を肯定すべきものとされる(注25)。

―――――――――――――――――――
(注20)　福永・前掲(注7)691頁。
(注21)　福永・前掲(注7)691頁。
(注22)　このほか、契約相手方がいつまで解除権を行使できるかも問題となる。福永論文は、破産手続が終了した後であっても契約相手方が解除権を行使することは可能であるとしつつ、解除によって消滅する契約上の債権について、契約相手方が債権届出をし、配当請求権を取得した場合には解除権が消滅したとする(福永・前掲(注7)692-695頁)。
(注23)　福永・前掲(注7)697頁。
(注24)　福永・前掲(注7)698頁。
(注25)　福永・前掲(注7)699頁。

次に、解除によって契約相手方が取得する債権のうち、損害賠償請求権は破産債権となる(注26)。他方、原状回復請求権については、問題となる給付が破産手続開始前になされていた場合には破産債権になる一方で、給付が破産手続開始後に破産管財人に対してなされた場合には財団債権になるものと解すべきことが主張されるのである(注27)。

以上の福永論文の分析を前提として、次に岡論文による批判をみていくことにしよう。

2　岡論文による通説批判
(1)　倒産手続開始後における契約相手方による法定解除権の取得

岡論文は、通説（福永論文）によれば、倒産手続開始前に法定解除権を取得していなければ、「倒産手続開始後に倒産者の履行不能を理由として契約を法定解除することはできない(注28)」（圏点筆者。以下の引用箇所について同じ）とする。これは、履行不能を理由とする法定解除に関する福永論文の主張に対応するものである［→1(2)(ii)(ｱ)］。その上で岡論文は、自らの主張を、「相手方契約当事者は、倒産手続開始後でも、倒産者の履行不能（倒産手続開始による履行不能も含む）を認定できる場合には、それを理由として、契約解除権を取得・行使できると解すべきである、そう解しても公平な結果が得られる(注29)」と要約する。岡論文は、福永論文と異なり、倒産手続開始後における契約相手方の解除権取得を肯定するのである。その結果、契約相手方による解除権行使が認められる場面も拡大することになる。

また、岡論文が、法定解除の原因を履行不能とすることも重要である。前述のように——福永論文は履行不能解除にも言及していたが——従前の学説では、履行遅滞に基づく解除を念頭に、破産手続開始後の法定解

（注26）　福永・前掲（注7）700頁。
（注27）　福永・前掲（注7）701頁。
（注28）　岡・前掲（注3）779頁。
（注29）　岡・前掲（注3）779頁。

除権の成立を否定する見解が一般的であったといえる。これに対して岡論文は、履行不能解除を問題とする。倒産手続の開始によって倒産者が債務を弁済できなくなることが、債務の履行不能に該当し得ると考えるのである。

(2) 従前の学説の論拠に対する批判
(i) 債務者の帰責事由の不存在

以上の主張を基礎付けるため、岡論文は、従前の通説には2つの論拠があったとしつつ、それぞれについて批判を加える。通説の第1の論拠は「倒産者の債務（相手方にとっての倒産債権）が履行不能となっても、法律に基づく履行禁止であるから、倒産者側の『責めに帰すべき事由によらない』ので、法定解除権は発生しない[注30]」ことであるとされる。前述のように、学説上は――履行遅滞解除を否定するために――倒産手続の開始後、債務者の帰責事由に基づく債務不履行が生じなくなることを指摘する見解が存在していた[注31]。そのような理由付けは、債務者の帰責事由を法定解除の要件としない改正民法のもとでは維持できなくなる。岡論文は、まさにこの点を指摘するのである。

その上で、岡論文は、債務者の帰責事由が法定解除の要件とされない理由について、「現代の取引社会における適時かつ迅速な代替取引の必要性や、債務不履行解除の制度が債務者に対して債務不履行責任を追及するためのものではなく債権者に対して契約の拘束力からの解放を認めるためのものであること[注32]」という法制審議会の部会資料の説明を、好意的に評価する。そして、「例えば売買契約の買主（金銭債務者）倒産の場合、買主の残代金支払債務が弁済禁止（履行不能）になるが、契約が存続しているならば、売主は、目的物引渡債務（ただし残代金支払

(注30) 岡・前掲（注3）780頁。
(注31) もっとも、岡論文が第1の論拠を採用するものとして福永論文を引用すること（岡・前掲（注3）791頁注5）は、適切とはいいがたい。福永論文は債務者の帰責事由の不存在が法定解除権の不成立を基礎付けると論じるわけではないからである［→1(2)(ii)(ｱ)］。
(注32) 部会資料68Ａ・26頁。

と同時履行の抗弁権付き）を負い続け、『両すくみ状態』のまま、当該
目的物を他に売却するなどの代替取引をすることができない。これは
売主を不当に拘束するものであり正当でない(注33)」と指摘する。さらに、
そのような「両すくみ状態」を解消する手段として、破産管財人に双方
未履行双務契約に関する選択権が与えられるが（破産法53条1項）、その
ことは、契約相手方の解除権取得を否定する根拠にはならないとするの
である(注34)。

以上の説明には、契約解除制度の趣旨として、契約相手方に迅速な
代替取引の機会を保障することを重視する態度が現れていると考えら
れる(注35)。岡論文は、債務者の帰責事由を法定解除の要件としないという
法改正が、迅速な代替取引機会の保障という要請に応えるものと理解す
るのである。

(ii) 倒産債権の個別行使の禁止

次に、通説の第2の論拠として挙げられるのが、倒産債権の個別行使
の禁止である。「倒産手続開始後は、倒産手続によらなければ倒産債権
を行使することができない（破100条1項）、また（再生・更生）計画の
定めるところによらなければ、弁済を受け、その他これを消滅させる
行為（免除を除く）をすることができない（民再85条1項、会更47条
1項）と定められているところ、相手方契約当事者による契約解除は、
『債権の行使』または『倒産債権を消滅させる行為』にあたるので、行
うことができない(注36)」ことが、倒産手続開始後における法定解除権の
成立を否定する理由として紹介されるのである。

(注33) 岡・前掲（注3）781頁。
(注34) 岡・前掲（注3）781-782頁。
(注35) 契約解除制度の趣旨として、契約相手方の迅速な代替取引の保障を重視する
立場は、弁護士を中心とする実務家によくみられるところである。もっとも、そ
こでは——岡論文が議論の対象とする履行不能解除（無催告解除）ではなく——催告
解除が念頭に置かれていることに注意を要する（後掲（注102）および対応する本
文参照）。
(注36) 岡・前掲（注3）780頁。

新しい契約解除法制と倒産手続

　これに対して岡論文は、「破産法100条、民事再生法85条等は、『倒産手続によらないで倒産債権の満足を得る』行為を禁止している[注37]」ものであると指摘する。そして、契約相手方による解除を認めても「破産管財人・再生債務者の第三者性の議論等によって、『倒産債権の満足を得る』結果はもたらされない[注38]」ことを主張する。例えば、売買契約において売主が目的物を引き渡した後、買主が代金を完済する前に倒産した事例について、次のように説明される[注39]。すなわち、売主（契約相手方）が契約を解除できないとすれば、売主は残代金について倒産債権を有することになる；これに対して、売主による契約解除を認めた場合には、売主は――目的物の取戻権を有しないので（現行民法545条1項ただし書）――目的物の（解除権行使時における）価額の償還請求権を有するにすぎない；しかし、当該債権が代金の返還債務と同時履行の関係に立つことから（現行民法546条・533条）、売主に相殺を認めるべきものと解される；その結果、仮に目的物の価額に変動がなかったとすれば、売主に解除権を認めなかった場合と同様の帰結（残代金について倒産債権を有すること）が導かれることになる；他方、目的物の価額に変動があった場合には、価額償還請求権の金額に反映されることになるが、それが当事者間の「公平を図る妥当な帰結」といえる、とするのである[注40]。福永論文の説明［→1(3)］と比較した場合、価額償還請求権を自働債権とする相殺を肯定し[注41]、また相殺を通じて目的物の価額変動による利益の享受を契約相手方に認める点に、岡論文の特色があるということができる。

　岡論文は、以上の議論に基づいて、買主に対する倒産手続開始後に売

(注37)　岡・前掲（注3）782頁。
(注38)　岡・前掲（注3）782頁。
(注39)　このほか、売買契約における売主倒産の事例および請負契約における注文者・請負人倒産の事例が検討される（岡・前掲（注3）784-791頁）。
(注40)　岡・前掲（注3）783頁。
(注41)　岡論文は、相殺を肯定する点に、福永論文の主張との相違点を見出す（岡・前掲（注3）792頁注15）。

主による法定解除権の取得を認めても、売主が「倒産手続によらないで倒産債権の満足を得る」ことにはならないとし、従前の通説が、倒産債権の個別行使の禁止を、契約相手方の法定解除権取得を否定する理由として挙げることは適切でない、と主張するのである。

3　3つの課題

　以上の検討から、岡論文の主張の当否を評価するために、次の3つの課題を設定すべきものと考えられる。

　第1に——解釈論の当否を検討する前提として——債務者の帰責事由を法定解除の要件から除外した法改正の趣旨をいかに理解するかが問題となる。岡論文は、この点を、契約相手方に対する迅速な代替取引機会の保障の要請に応えるものと評価するようであるが、そのような改正法の理解が適切であるかが問題となる。

　第2に、倒産手続開始後における契約相手方の法定解除権取得の可否との関係で、倒産債権の個別行使の禁止がいかなる意義を有するかが問題となる。従前の学説では、破産債権の個別行使の禁止により、債務者の帰責事由に基づく債務不履行が発生しないことから、履行遅滞を理由とする法定解除権は成立しない、と説明されていた。しかし、破産債権の個別行使の禁止が、債務者の帰責事由の不存在を基礎付けるものであるかについては、検討を要する。とりわけ、債務者の帰責事由を法定解除の要件としない立場を採用した改正民法のもとで、この点が重要な意味を有することになる。また、岡論文は、倒産債権の個別行使の禁止の趣旨を、「倒産手続によらないで倒産債権の満足を得る」ことを禁じるものであると理解していた。そのような理解の当否についても、検討の必要があると考えられる。

　第3に、岡論文は、倒産手続の開始を理由として、倒産者の債務が履行不能に陥る可能性があることを前提とするが、そのような理解の適否が問題となる。岡論文には言及がないものの、福永論文は、破産債権の金銭化という論理によって、履行不能の発生を否定していた。このよう

な福永論文の主張の当否を含めて、倒産手続の開始と倒産者の債務の履行不能との関係を検討する必要がある。この点は、債務の履行不能をどのように理解すべきかという問題にかかわる。

　以上のうち、第1の課題は、主として、法定解除制度の改正の趣旨に関する理解の問題といえる。これに対して、第2・第3の課題については、改正法の法定解除制度と倒産手続の関係が問題となる。そこで以下では、第1の課題について検討し、また第2・第3の課題の検討を準備するため、法定解除制度に関する民法改正の趣旨と内容についてみていくことにしよう。

Ⅲ　法定解除制度の改正の趣旨と内容

1　現行法の法定解除の要件に関する議論状況

　民法改正の趣旨・内容を理解する前提として、現行民法の法定解除の要件に関する議論状況を確認することから始めよう。3つの課題との関係で、以下では現行541条および現行543条に対象を限定する。まず、これらの規定の起草趣旨についてみた上で［→(1)］、債務者の帰責事由の要否［→(2)］、現行543条の履行不能の意義［→(3)］、および現行541条の催告の意義［→(4)］に関する民法制定後の議論の変遷を確認することにしたい。

(1)　現行規定の起草趣旨

(ⅰ)　541条

　現行民法541条は、「当事者の一方がその債務を履行しない場合」について、相手方が相当の期間を定めて履行の催告をすること、および当該期間内に履行がないことを要件として、相手方が契約を解除できることを定める。相当の期間を定めた催告という要件は、旧民法の立場を修正しつつ引き継ぐものである(注42)。

　旧民法は――フランス法の影響のもとで――双務契約には、当事者の「義務不履行ノ場合」における解除条件が常に包含されるとしつつ（旧民

第2部　シンポジウムを終えての理論面からの考察

法財産編421条1項)、義務不履行が生じた場合、双務契約が当然に解除されるのでなく、当事者が裁判所に対して解除を請求しなければならないものとしていた（旧民法財産編421条2項前段）。義務不履行を受けた当事者が契約の維持を選択する自由を保障するためであると説明される[注43]。他方、契約の解除が選択された場合でも、請求を受けた裁判所は、債務者が「不幸且善意[注44]」であり、債権者が「猶予ノ為メ確実ノ損害ヲ受ケサル可キ」場合には、債務者に対して「恩恵上ノ期限[注45]」を許与できるものとされていた（旧民法財産編421条2項後段・406条）[注46]。すなわち、裁判所は、債務者の事情——義務の不履行に「憫諒スヘキ事情[注47]」があること——と、債権者の事情——履行の猶予によって「著

(注42)　法定解除の要件に関する現行規定の起草過程全般について、北川善太郎『日本法学の歴史と理論——民法学を中心として』（日本評論社・1968) 86-104頁。現行541条の起草過程に関する詳細な検討として、渡辺達徳「契約解除の要件枠組みに関する総論的考察——民法541条の起草過程を手がかりとして」商学討究46巻1号（1995) 247頁。
(注43)　磯部四郎『民法〔明治23年〕釈義　財産編第二部　人権及ヒ義務（下）』（信山社・1997)〔初出1891〕1831頁。
(注44)　「不幸且善意」は、当時のフランス民法1268条の文言（malheureux et de bonne foi）を採用したものとされる。同条は、債務を弁済できない債務者が、人身の自由（la liberté de sa personne）を確保するために、裁判所に対して、全財産を債権者に委付することを求める裁判上の譲与（cession judiciaire）に関する規定である。債務者拘留を前提とするものであり、旧民法の起草時には適用がない規定と理解されていた（ボワソナード民法典研究会編『ボワソナード氏起稿　再閲修正民法草案註釈　第二編人権ノ部』〔雄松堂・2000〕413-414頁）。
(注45)　「恩恵上ノ期限」の許与は、当時のフランス民法1244条2項——債務の一部弁済の場合について、裁判所が債務者の地位を考慮し、かつ十分な注意を払った上で、履行のための適切な期間を付与できることを規定する——に由来するものとされる（ボワソナード民法典研究会編・前掲（注44）412頁）。
(注46)　渡辺・前掲（注42) 252頁は、裁判所による恩恵期間の付与に「履行保障優先の思想」を見出す。
(注47)　磯部四郎『民法〔明治23年〕釈義　財産編第二部　人権及ヒ義務（上）』（信山社・1997)〔初出1891〕1747頁。その具体的意味については「不可抗、意外若クハ無止ノ事実ニ原因シタル「信用スヘク且ツ又債権者ニ危害ヲ及ホスヘキ意思ノ如キハ毛頭ナカリシ「明白ナ〔ル〕」場合と説明される（同1748頁）。
(注48)　磯部・前掲（注47) 1748頁。

大ノ損害[注48]」を被らないこと——を比較衡量した上で[注49]、債務者に義務履行のための追加期間を付与すべきか否かを判断できるものとされていた。そして、解除の方法を裁判上の請求とした重要な理由が、この「恩恵上ノ期限」の許与を認める点に求められていたのである[注50]。

これに対して、現行民法は、当事者の費用・手数の問題に加えて、「人民ハ裁判所ニ出ツルコトヲ厭フカ如キ感覚上ノ理由ニ因リ立法者カ取引ノ便宜ヲ計リテ特ニ認定シタル解除権モ其効用ヲ減殺セラルルコト少シトセス[注51]」という理由に基づき、解除を当事者の意思表示によるものとした（現行540条）[注52]。その一方で、旧民法が、裁判所が債務者に「恩恵上ノ期限」を付与できる点については、「頗ル妥当ナルノミナラス債務履行ノ見込アルトキハ甚タ便利[注53]」であると評価された。その結果、相当の期間を定めた催告を——期間の相当性の判断を債権者に委ねる形で——法定解除の要件として採用することになったのである。

解除の方法が裁判上の請求（旧民法）から意思表示（現行民法）に改められた結果として、債務不履行を受けた債権者が契約から離脱することは容易になった。しかし、そのような解除制度の変容を前提としつつも[注54]、債務不履行に陥った債務者に再度の履行機会を保障すること

(注49) 渡辺・前掲（注42）257-258頁は、恩恵期間の付与の判断に際して、債務者の事情のみならず、債権者が被る不利益の程度が考慮に入れられていた点を重視する。
(注50) 磯部・前掲（注43）1831頁。この点は、ボワソナード民法草案921条2項の趣旨について強調されていた点である（ボワソナード民法典研究会編・前掲（注44）464頁）。
(注51) 広中俊雄編著『民法修正案（前三編）の理由書』（有斐閣・1987）518頁。
(注52) このほか現行民法は、片務契約も解除の対象とする点で、旧民法と異なる立場を採用した。
(注53) 広中編著・前掲（注51）519頁。
(注54) 本文に述べる理解とは異なり、杉本好央「『債権法改正の基本方針』における法定解除制度と判例・実務・制定法——客観的要件論を中心に」池田真朗ほか編著『民法（債権法）改正の論理』（新青出版・2010）606頁は、解除の方法に関する立法主義の変化が、解除の最終手段性・裁量性に質的な変化をもたらしたと評価する。

（追完機会の保障）の必要性は、「恩恵上ノ期限」（旧民法）から相当の期間を定めた催告（現行民法）へと受け継がれたものと考えられる(注55)。

もっとも、追完機会の保障のために、どの程度の期間を債務者に与える必要があるかは、別個の問題である。旧民法は、裁判所が恩恵期間の付与の判断に際して、債務の履行の猶予により、債権者が被る損害の程度を考慮して恩恵期限の付与の可否を判断すべきことを規定していた。現行541条が同様の趣旨を受け継ぐものと考えれば、債権者の被る不利益を考慮した上で、どの程度の追完の機会を債務者に保障する必要があるかを判断すべきものと解することもできる(注56)。しかし、民法制定後の実務・学説における議論は、それとは異なる展開を見せることになるのである〔→(4)(i)〕。

(ii) 543条

現行543条は、債務の履行の全部または一部が不能となったことを理由として、債権者が契約を解除できることを定めるとともに（本文）、債務の不履行が債務者の責めに帰することができない事由によるものである場合には、債権者による契約の解除が認められないものとする（ただし書）。債務不履行一般に関する現行541条とは区別する形で、履行不能に関する規定が設けられたのは、現行541条の「債務を履行しない」という文言に、履行不能（債務を履行できないこと）が該当しないからで

(注55)　民法起草に携わった者の説明においても、債務不履行により直ちに契約の解除を認めることは、債務者に酷であること、また契約締結時の当事者の意思にも反することが指摘されていた（梅謙次郎『民法要義巻之三〔訂正増補第33版〕』〔有斐閣・1912〕446-447頁、松波仁一郎ほか『帝国民法〔明治29年〕正解 第六巻 債権（自第五一五條至第七二四條）』〔信山社・1997〕〔初出1897〕883頁）。

(注56)　これに対して、渡辺・前掲（注42）264頁は、旧民法財産編421条と異なり、現行541条には債務者と債権者の利益を比較衡量する文言上の手掛かりがなくなったことから、期間の相当性判断に関し、債権者が被る不利益の考慮が後景に退くことになったと指摘する。

(注57)　広中編著・前掲（注51）520頁。損害賠償請求に関する現行民法415条についても、同様の説明がなされる（法務大臣官房司法法制調査部監修『法典調査会民法議事速記録三』〔商事法務研究会・1984〕641頁〔富井政章〕）。

あると説明される(注57)。

　履行不能は、履行請求権を消滅させるという意味で、履行請求権の限界を画する概念と理解されていた(注58)。その意味については、物の滅失など物理的に債務を履行できない場合が念頭に置かれていたものと考えられる(注59)。

　次に、民法起草者は、現行541条を解除の「本則」としつつ、現行542条および現行543条を例外的に催告なしに解除が認められる場合に関する規定と説明する(注60)。現行543条に催告が必要とされない理由は、債務の完全な履行が不可能となっている以上、催告をすることは「無用ノ手続」にすぎないからであるとされる(注61)。

　最後に、債務者の帰責事由が履行不能解除についてのみ明文の要件とされた理由は、必ずしも明らかでない(注62)。しかし、現行543条の起草経緯からは、危険負担制度（現行534条〜536条）との関係が意識されていたものと考えられる。現行543条は、旧民法財産編420条の「解除ニ関スル部分ヲ採択シタルモノ(注63)」と説明されるが、同条1項は、停止条件・解除条件付の契約における目的物の滅失に関する規定（旧民法財産編419条）——現行民法535条の前身規定——を受けて、目的物の一部滅

(注58)　旧民法は「不能ノ作為又ハ不作為ヲ目的トスル」合意を無効とし（財産編322条1項）、債務が「履行ノ不能ニ因リテ消滅」することを定めていた（財産編539条1項）。現行法が同様の規定を設けなかったのは、これらの規定が当然の事柄を定めたものにすぎないと考えられたからである（広中編著・前掲（注51）501頁、法務大臣官房司法法制調査部監修・前掲（注57）638頁［富井政章］）。

(注59)　松波ほか・前掲（注55）889頁は「事物ノ性質上到底債務者カ履行スルコ能ハサル状態ニ陥リタルコトヲ云フ」とする。梅・前掲（注55）450頁も、履行不能の具体例として売買契約の目的物の滅失の例を挙げる。

(注60)　梅・前掲（注55）446頁。

(注61)　梅・前掲（注55）449-450頁。

(注62)　渡辺達徳「民法541条による契約解除と『帰責事由』(1)——解除の要件・効果の整序に向けた基礎資料」商学討究44巻1＝2号（1993）246頁。現行415条後段について、吉田邦彦「債権の各種——「帰責事由」論の再検討」星野英一編集代表『民法講座別巻2』（有斐閣・1990）7-9頁。

(注63)　広中編著・前掲（注51）520頁。

失が債務者の責めに帰すべき場合に、損害賠償請求とともにする解除の請求を認める規定であった[注64]。民法の起草に関与した者の説明においても、債務の履行不能（特に目的物の滅失）によって債権者の履行請求権が消滅することを前提として、反対給付義務の存否が、債権者・債務者の帰責事由の有無によって変わるものとされていた[注65]。すなわち、履行不能を債権者および債務者の責めに帰することができない場合には、危険負担の問題になる（現行534条1項が適用されれば反対給付義務は存続する）；債権者の責めに帰すべき場合には、反対給付義務は存続する；債務者の責めに帰すべき場合には、債権者は契約の解除により反対給付義務を消滅させることができる（損害賠償も請求できる）、と説明されていたのである。

(2) 債務者の帰責事由の要否

(i) 緩和された過失責任主義

以上にみてきた現行法の規範構造に対して、民法制定後の学説においては、それと必ずしも一致するわけではない論理構造が導入され、民法起草時と異なる理解が通説としての地位を占めることになった。まず、通説は——ドイツ法学の影響のもとで[注66]——債務不履行を、その態様に応じて、民法に明文の規定が存在する履行遅滞（現行412条）および履行不能（現行415条後段・543条）と、明文の規定が存在しない不完全履行という3つの類型に分類する[注67]。そして、3類型のそれぞれにつき、債務不履行の効果として、損害賠償請求および法定解除を認める[注68]。

その結果、法定解除の要件は、損害賠償請求の要件に即して理解されることになる。まず、客観的要件として——違法と評価される[注69]——

(注64) 目的物の全部が滅失した場合には、損害賠償請求のみが認められるものとされていた（旧民法財産編420条2項）。目的物が存在しない以上、履行請求はあり得ず、契約の解除の必要もないからであると説明される（磯部・前掲（注47）1822頁）。
(注65) 梅・前掲（注55）429-430頁、松波ほか・前掲（注55）890-891頁。
(注66) 通説確立の経緯について、北川・前掲（注42）42-44頁。
(注67) 鳩山秀夫『増訂改版日本債権法（総論）』（岩波書店・1925）129頁・164-166頁、我妻栄『新訂債権総論（民法講義Ⅳ）』（岩波書店・1964）99頁。

債務の不履行が必要とされる。その上で、現行541条が適用される場合——履行遅滞および追完を許す不完全履行——には、催告と相当期間の経過が解除権発生の要件とされることになる(注70)。

　次に、通説は、主観的要件として、債務者の帰責事由を要求する(注71)。債務不履行を債務者の責めに帰することができないことが——危険負担制度との関係が問題となる履行不能解除に限らず——債務不履行一般について、抗弁事由と位置付けられるのである(注72)。明文の規定がないにもかかわらず、履行遅滞解除にも、債務者の帰責事由が要件とされる理由としては、第1に、過失がなければ責任を負わないこと（過失責任主義）が民法の原則であること(注73)；第2に、履行遅滞と履行不能を区別

(注68)　鳩山・前掲（注67）138-139頁（履行遅滞）・154頁・161頁（履行不能）・169-170頁（不完全履行）、我妻・前掲（注67）112頁（履行遅滞）・146頁（履行不能）・153頁（不完全履行）。
　　もっとも、損害賠償請求と法定解除がともに債務不履行の効果であるという理解自体は——債務不履行の3類型を前提としないものの——現行民法の起草時から有力であったことが指摘されている（渡辺・前掲（注62）247-253頁）。
(注69)　債務不履行を正当化する特別の事由（留置権や同時履行の抗弁権など）の不存在を意味するものとされる（我妻・前掲（注67）111-112頁）。
(注70)　通説は、現行541条および現行542条を履行遅滞解除に関する規定、現行543条を履行不能解除に関する規定と理解とする。そして、不完全履行を理由とする解除については——民法に明文の規定が存在しないものの——追完を許す場合には履行遅滞に準じて催告を必要とし、追完を許さない場合には履行不能に準じて催告なしに解除が認められるものとする（鳩山秀夫『増訂日本債権法各論（上巻）』〔岩波書店・1924〕208頁・222頁・224-226頁、我妻栄『債権各論上巻（民法講義V_1）』〔岩波書店・1954〕151-152頁）。
(注71)　通説確立の経緯については、渡辺・前掲（注62）247-253頁。吉田・前掲（注62）13-24頁は、損害賠償請求の要件としての帰責事由について、当初は、有力な批判が存在したものの、大正期を通じてドイツ法学に即した理解が徐々に浸透していったことを例証する。
　　他方、森田①・前掲（注6）83頁注20は、履行遅滞解除の要件としての帰責事由について、当時のドイツ民法326条1項が、債務者の帰責事由を明示的な要件としていなかったことから、学説においても、解除との関係ではドイツ法への依拠の度合いが小さかったことを指摘する。
(注72)　鳩山・前掲（注70）215頁（履行遅滞）・223頁（履行不能）、我妻・前掲（注70）153頁（履行遅滞）・173頁（履行不能）・175頁（不完全履行）。

する理由がないこと；第3に、現行民法419条3項（平成16年改正前民法419条2項）が金銭債務の履行遅滞に不可抗力の抗弁を否定することの反面として、履行遅滞一般には不可抗力の抗弁を主張できるものと解されること、が挙げられる(注74)。第1の理由である過失責任主義は、個人が自らの行為に責任を負うのは有責性が認められる場合に限られるという考え方であり、契約法の分野では「責めに帰すべき事由」という概念によって、個人の有責性が基礎付けられることになる。そして通説は、債務者の帰責事由が債務者の故意・過失または信義則上これと同視すべき事由を意味するとする(注75)。厳格な過失責任主義が妥当する不法行為法の分野と異なり、当事者間に緊密な関係がある契約法の領域では「過失主義が緩和され〔る〕(注76)」のであり、そのことが、信義則上これと同視すべき事由という概念——これに該当する最も重要なものが履行補助者の過失である(注77)——によって体現されるものと説明するのである。

(ii) 契約の拘束力からの債権者の解放

しかし、以上の通説に対して、学説上は、1980年代中頃から批判的な見解が有力化することになる(注78)。例えば、法定解除の効果に関する研究において、法定解除が契約上の債務の消滅と原状回復を効果とする「価値中立的な契約の清算制度」であるという理解に基づき、法定解除の要件について「客観的な契約の本質的侵害があれば足り、主観的な有責は問わないとの考え方」が——国際物品売買契約に関する国際連合条

(注73) 我妻・前掲（注67）100頁も、過失の有無にかかわらず、債務者に絶対的責任を負わせることは、民法の基本的な態度と調和しないとする。
(注74) 鳩山・前掲（注67）136-137頁。
(注75) 我妻・前掲（注70）156頁（法定解除）、我妻・前掲（注67）105頁（損害賠償請求）。
(注76) 我妻・前掲（注67）105頁。
(注77) 我妻・前掲（注67）106頁。
(注78) 戦前においても、現行541条の要件として債務者の帰責事由を不要とする有力説が存在していたことについて、渡辺・前掲（注62）254-257頁。
(注79) 好美清光「契約の解除の効力——とりわけ双務契約を中心として」遠藤浩ほか監修『現代契約法大系 第2巻』（有斐閣・1984）179-180頁。

約49条などを参照しつつ——提案された(注79)。また、現行541条に関する裁判例の検討を通じて——通説の意味における——債務者の帰責事由の不存在を理由として解除が否定された実例が乏しいことが指摘され(注80)、通説が「裁判例を説明する機能を果たしているか(注81)」という疑問が提起されることになった。このような議論の展開を受けて(注82)、学説上は、損害賠償請求と法定解除を法的性質の異なる制度と位置付ける見解が有力になった。代表的な論者は次のように述べる。

「しかしながら、同じ債務不履行を原因として債権者に与えられる法的手段であるとはいえ、損害賠償が金銭給付という第二次的給付により本来の債務内容と同価値の利益状態を実現することを企図したものであり、契約内容への拘束力と貫徹力を修正しながらも保障していくものであるのに対して、解除は、契約への拘束力から債権者を離脱させるための手段である(注83)。」

損害賠償請求が、契約当事者が契約によって達成しようとした利益を（金銭賠償の形で）実現するという意味において、契約への拘束を前提とするのに対し、解除は契約当事者が契約の拘束から離脱するための制度である。それゆえ解除には損害賠償請求と異なる正当化根拠が要請されることになる(注84)。契約解除の可否については、債務者の帰責事由の有無ではなく、「履行障害にもかかわらず契約を維持することについての債権者の利益(注85)」を基準とすべきことが主張されるのである。

(注80) 渡辺達徳「民法541条による契約解除と『帰責事由』（2・完）——解除の要件・効果の整序に向けた基礎資料」商学討究44巻3号（1994）99-101頁。
(注81) 渡辺・前掲（注42）248頁。
(注82) 学説の展開に関する詳細な分析については、山本敬三「契約の拘束力と契約責任論の展開」ジュリスト1318号（2006）94-96頁、松岡久和「履行障害を理由とする解除と危険負担」ジュリスト1318号（2006）139-143頁、森田①・前掲（注6）81-84頁。
(注83) 潮見佳男『債権総論Ⅰ〔第2版〕』（信山社・2003）430頁。
(注84) 潮見・前掲（注83）430頁。山本・前掲（注82）94-95頁、松岡・前掲（注82）139-140頁も参照。
(注85) 潮見・前掲（注83）431頁。

注意すべきは、以上の議論において、債務者の帰責事由を法定解除の要件としないことが、解除を認めやすくする方向で機能するとは限らないことである。契約の拘束力からの解放という重大な効果を正当化するために、契約の維持に関する債権者の利益の喪失という要件が必要とされることからは、むしろ解除が認められる範囲を制限することにもつながり得るからである(注86)。

(3) 履行不能の意義

(i) 社会通念上の不能

次に、履行不能解除の要件である履行不能の意義に関する議論の変遷をみていくことにしよう。通説は、履行不能の判断基準は「物理学上ノ法則ニ非ズシテ社会ノ一般観念ナリ(注87)」とする。履行不能概念は、物理的不能（目的物の滅失など）のほか、社会通念上の不能を含むものとされる。具体的には——判例の展開を踏まえて——債務の目的物の取引が法律上禁止された場合に債務の履行が不能と評価されるほか（法律上の不能)(注88)、不動産が二重に譲渡され、第2買主が所有権移転登記を備えた場合にも、売主の第1買主に対する債務は、原則として履行不能になると説明される(注89)。

他方、判例は、請負契約の目的物（船舶）に対する仮差押えがあった事例について、債務の弁済や供託によって仮差押えの解放を求めることができることを理由として、請負人の目的物引渡債務は履行不能にならないとする(注90)。通説は、同様の考慮に基づき、売買契約の目的物に対する差押えがあった場合にも、目的物の引渡債務は履行不能にならない

(注86) 大村敦志・道垣内弘人編『解説 民法（債権法）改正のポイント』（有斐閣・2017）140頁［吉政知広］参照。
(注87) 鳩山・前掲（注67）143頁。
(注88) 大判明治39・10・29民録12輯1358頁（煙草専売法発布による葉煙草の取引禁止の事例）。鳩山・前掲（注67）144頁、我妻・前掲（注67）143頁。
(注89) 大判大正2・5・12民録19輯327頁、最判昭和35・4・21民集14巻6号930頁。我妻・前掲（注67）143頁。
(注90) 大判大正10・3・23民録27輯641頁。我妻・前掲（注67）144頁。

とする(注91)。また、判例は、不動産売買契約において目的物に関する処分禁止の仮処分があった事例についても、「債務者は右不動産の処分を為し得ないものではなく、ただその処分が仮処分に牴触する範囲内において、仮処分債権者に対抗し得ないに過ぎない」ことを理由として、売主の登記移転義務が履行不能にならないものとする(注92)。

　目的物の取引が法律上禁止された場合(法律上の不能)と異なり、目的物に対する差押えや仮差押え、あるいは処分禁止の仮処分があっただけでは、債務の履行の可能性がなくなったわけではない。そのような段階で、履行不能の効果である無催告解除(現行民法543条)を認めるべきではないという考慮が、判例・通説の前提に存在するものと解される(注93)。債務の履行が不可能になったといえるには、例えば、差し押えられた動産が売却されることや、不動産について処分禁止の仮処分を行った債権者が本案訴訟で勝訴し、自己のための登記を取得したことなどの事情が

(注91)　我妻・前掲(注70)172頁。

(注92)　最判昭和32・9・19民集11巻9号1565頁。我妻・前掲(注67)144頁。

(注93)　鳩山・前掲(注67)143頁は、履行不能を判断する標準として「債権法ヲ支配スベキ信義ノ原則」に加えて「履行不能ノ法律効果ヲ定メタル法律ノ目的」を挙げる。なお、昭和32年判決(前掲(注92))を支持する論拠として履行不能の効果に着目するものとして、山野目章夫「判解」安永正昭ほか編『不動産取引判例百選〔第3版〕』(有斐閣・2008)53頁。

(注94)　本稿の検討対象との関係で問題となり得る判決として、大判昭和4・3・18新聞2972号5頁が存在する。被上告会社が上告人に木材を売り渡す契約を締結した後、「財政困難ニ陥リ他ヨリ破産ノ申立ヲ受クルカ如キ事情アリテ遂ニ解散シタ」という事実関係のもとで、大審院は「他ニ特段ノ事情ノ存セサル限リ取引上ノ観念ニ於テハ被上告会社ノ本件債務ハ民法第五百四十三条ニ所謂履行不能ノ状態ニ在ルモノト云ハサルヘカラス」と判示した。事実関係の詳細は不明であるものの、被上告会社は、アメリカ合衆国のA社から木材を輸入して販売していたところ、木材価格の高騰などを背景として、A社との間に紛争が生じ、木材の輸入事業に失敗して、買主に対して債務を履行できない旨を通知していたようである。それゆえ、「破産ノ申立」または会社の解散以前の段階で、すでに売主の債務が履行不能になっていたと評価できる事案であったと考えられる。本判決をもって、破産手続の開始によって破産者の債務が履行不能になるとする判例法理を導くことは適当でないものと解される。

必要になると考えられるのである(注94)。
　　(ii)　債権者の利益と債務者の不利益の比較
　もっとも、社会通念に基づいて履行不能を判断することは、履行不能概念の外延を不明確なものとする。また、履行不能が履行請求権の限界を画する概念であるとすれば、その判定は社会通念よりも契約内在的な基準によるべきという考え方もある。そこで、近時の有力な学説は、当事者が契約によって実現しようとした目的が法的保護に値するのはどこまでかを問題とし、「契約により実現されるべき債権者の利益（給付利益）が、給付対象を調達するために要する債務者のコストと比べ著しく均衡を失するほどわずかなものとなった場合(注95)」には、履行請求権は消滅するものと解すべきことが主張されるのである。
　(4)　催告の意義
　　(i)　手続的要件としての催告
　最後に、現行民法541条の催告の意義に関する判例・学説の議論の変遷をみていこう。前述［→(1)(i)］のように、起草過程の検討からは、催告要件を、債権者の被る不利益を考慮しつつ、債務者にいかなる追完の機会を保障すべきかについて判断する規範的要件と位置付ける可能性があった。しかし、民法制定後の実務・学説では、催告を解除の手続と位置付けた上で、催告要件の充足を緩やかに認める見解が有力になる。ここでは、催告の内容に関する判例の展開をみていこう(注96)。
　まず、催告において定められる期間の相当性に関する判例の立場に影響を与えたのが、大判大正7・9・25（民録24輯1811頁）に関する鳩山秀夫の判例批評(注97)であった。それによれば、催告が解除の要件とされる根拠は、債権者と債務者の利益を公平に保護するという信義誠実の原

(注95)　潮見・前掲（注83）166頁。
(注96)　催告要件に関する判例の詳細については、森田修「解除の行使方法──紛争解決交渉における信頼維持義務と履行請求権」同『契約責任の法学的構造』（有斐閣・2006）〔初出1999〕420-426頁・433-439頁。また、杉本・前掲（注54）606-609頁も参照。
(注97)　鳩山秀夫「契約解除ノ要件及ビ効果」法学協会雑誌37巻3号（1919）436頁。

則に求められる。債務の履行期を徒過しただけで直ちに契約の解除を許すことは債権者の保護に偏りすぎるので、債権者は債務者に対して「最後ノ通牒」として、催告を行うべきものとするのである[注98]。このような鳩山説の影響を受けた判決として知られるのが、大判大正13・7・15（民集3巻362頁）である。同判決は、解除に催告が要求されるのは、債務者に対して「契約解除ノ行ハルヘキコトヲ警告スルノ趣旨」にすぎないものとし、「当事者ハ其ノ当初ニ定メタル履行期マテニ債務者カ履行ヲ準備シテ之ヲ完了スヘキコトヲ予期シ其ノ準備ノ大略ハ既ニ之ヲ為スコトヲ得ヘカリシモノト推定スルヲ当然トスル」とする。そして、催告において定めるべき期間の長さについて、特別の事情のない限り、「履行準備ノ大略ヲ為スコトヲ得ヘカリシ場合ニ於テ認メ得ヘキ履行ノ準備及給付ノ完了ニ必要ナル猶予期間アルヲ以テ足ルモノト解セサルヲ得ス」とする。債務者が債務の履行準備の大半を終えていることを前提として、履行の完成に必要な期間を定めて催告すればよいとするのである。

さらに大審院は――当時の通説的見解[注99]と異なり――催告に期間が明示されていない場合にも、催告の効力を認める立場を採用するに至る。大判昭和2・2・2（民集6巻133頁）は、催告において、一定の日時・期間を明示する必要はなく、「催告ノ時ト解除ノ時トノ間ニ既ニ相当ノ時ヲ経過」すれば、解除が認められるとした。このような大審院の立場は最高裁にも踏襲されている[注100]。

次に、催告の内容が不履行となった債務を超える（過大な催告がなされた）場合にも、判例は原則として催告の効力を認めるものと理解されている。大判昭和7・3・17（民集11巻434頁）は、賃貸借契約において賃貸人が過大な賃料の支払を催告したという事案について、賃借人が自

(注98) 鳩山・前掲（注97）443頁。
(注99) 大正13年判決に影響を及ぼした鳩山は、不相当な期間を定めた催告を無効としていた（鳩山・前掲（注70）213-214頁）。
(注100) 最判昭和29・12・21民集8巻12号2211頁、最判昭和31・12・6民集10巻12号1527頁。

らの適当と考える賃料を提供しても、賃貸人が「之ヲ受領セサルヘキ意図ヲ有シテ受領ヲ拒否スルコトアルヘ〔シ〕」とし、その場合には、賃借人が履行の提供をしなくとも履行遅滞の責任を負わないと判示した。この判決は、催告の過大さによって債権者の受領拒絶の意思を推認できる場合には、債務者の債務不履行が否定されることを示したものといえる。それゆえ、そのような事情が存在しなければ、過大な催告も効力を有することになる。実際、最判昭和34・9・22（民集13巻11号1451頁）は、売買契約の売主が買主に対して、残代金を5万円超過する金額の支払を催告したという事案において、その一事をもって売主が「催告金額に満たない提供があつてもこれを受領する意思がないものとは推定し難〔い〕」として、催告の効力を肯定したのである。

　以上の判例によれば、契約を解除しようとする債権者は、催告をする際に、債務者に対していかなる追完の機会を保障すべきかについて──債務の内容や追完に要する期間の点で──正確な評価をする必要はなくなる。それゆえ、催告は、法定解除権の発生を基礎付ける手続の1つにすぎないものと位置付けられ[注101]、催告要件を通じて債務者に追完機会を保障するという要請は、後景に退くことになる。

　このような理解による場合、催告解除は──催告の有効性が事後的に訴訟で争われない限り──債権者が迅速に契約を解除し、代替取引の機会を確保する手段として機能することになる。実務上は、契約からの迅速な離脱手段として催告解除を理解する立場が有力であり[注102]、それを積極的に評価する学説も存在する[注103]。そして、このような催告解除に関する理解が、現行541条の改正に影響を及ぼすことになるのであ

（注101）　森田・前掲（注96）418頁は、「従来の学説・裁判例における議論は、催告要件に関して、被不履行者が解除権を得るために何を手続上履践すべきかを、事前的かつ抽象的に問題とする視点（……）がもっぱら採られてきた」とする。
（注102）　例えば、林邦彦「契約責任の現代化──債務不履行に基づく損害賠償責任の免責事由、契約の解除、瑕疵担保責任」自由と正義60巻9号（2009）35頁、岡正晶「実務家からの情報発信──企業間取引を中心に」法律のひろば62巻10号（2009）42頁。

る［→2⑶(ii)］。

　(ii)　**催告要件の規範化**

　(ア)　解除制度の一元的把握を支持する見解

　以上に対して、近時の学説では、催告を法定解除権の発生を実体的に基礎付ける要件と位置付け、催告の内容を規範的に判断すべきとする見解が有力になっている。まず、法定解除制度を一元的に把握する立場から(注104)、潮見佳男教授は、次のように説明する。

　「それ〔現行541条〕によれば、債務の本旨に従った履行がない場合に、債権者は、相当期間を定めた催告をし、この期間内に履行がされないとき、契約を解除することができる。これを裏返せば、相当期間を徒過したような場合には、『時に関する重要性』に鑑み、債権者からの契約解除が認められると言える（……）。債務不履行後に生じた事由をも考慮に入れて契約違反の重大性を規範的に評価したものと言って

（注103）　杉本・前掲（注54）610頁は、催告解除が「裁判外実務では、高度の予測可能性をもって機能し、またそれゆえに迅速性を、そしてその先にある代替取引の安定性を確保する」と評価する。その前提には、現行民法541条の起草において一般ドイツ商法典（Allgemeine Deutsche Handelsgesetzbuch）の解除制度が参照されたことに着目し（杉本好央「ドイツ民法典における法定解除制度に関する一考察(1)——解除制度の基礎研究（その1）」東京都立大学法学会雑誌41巻2号〔2001〕310-311頁）、法定解除制度が「取引の迅速な展開に寄与する側面」（杉本好央「ドイツ民法典における法定解除制度に関する一考察（5完）——解除制度の基礎研究（その1）」東京都立大学法学会雑誌43巻2号〔2003〕274頁）を有することを重視する理解があるものと考えられる。

　さらに遠山純弘「ドイツ法における催告解除と契約の清算（3完）——催告解除は解除法における万能薬か」北海学園大学法学研究46巻3号（2010）613-614頁は、催告解除の機能が「契約関係を解除時点あるいは設定された期間の徒過時点の状態においてフリーズし、それによってそれ以上契約関係を進展させないこと」にあるとした上で、催告解除においては、債務者の不利益や債務者の給付が債権者にとって有する意味などの要素を考慮すべきではない、とする。

（注104）　本文で紹介するもののほか、松井和彦「法定解除権の正当化根拠と催告解除（2完）」阪大法学61巻2号（2011）414-415頁は、催告制度を「債権者利益の著しい侵害を擬制するための装置」であるとした上で、「債権者利益の著しい侵害を中核とする解除制度の中に催告解除を位置づけることができる」とする。

（注105）　潮見・前掲（注83）437頁。

もよい(……)(注105)。」

ここでは、債務者が債務の本旨に従った履行をしない状態が一定期間継続することが、契約の解除を正当化する契約違反の重大性を基礎付けるという理解に基づき、催告の必要性が説明される。この理解によれば、催告の有無や期間の相当性は、次のような意味で、規範的に判断されるべきことになる。

「相当期間を定めて通知をするのは、債権者が依然として適切な履行を欲していることを債務者に情報提供する意味を有するばかりか、債権者が履行のための最後の機会（追完権）を債務者に与えるという意味をも有しているからである。さらに言えば、相当期間つき催告の要否は、こうした履行のための最後の機会（追完権）を債務者に与えるべきかどうかという規範的評価の入り込んだ視点から、債務者の追完権の許容限度と結びつけて捉えられるのが相当である(注106)。」

有効な催告であるか否かは、債務者にどの程度の追完機会を保障すべきかという規範的な考慮に基づいて判定されると説明されるのである。

(イ) 催告解除の独自性を重視する見解

他方、催告解除による契約からの迅速な離脱という実務上の要請［→(i)］を取り込みつつ、催告要件に独自の機能を認めるべきとするものとして、森田修教授の見解を挙げることができる（以下、「森田論文」という）。森田論文によれば、債務者の債務不履行により、債権者は、その後の当事者関係に関する選択権を有するものとされる。すなわち、債権者は、契約関係から迅速に離脱し、代替取引によって所期の経済的目的を実現すること（「交渉拒絶型の当事者関係」）、または契約関係を維持しながら債務者との交渉を通じて経済的目的を実現すること（「再交渉型の当事者関係」）のいずれかを選択できるとされるのである(注107)。

もっとも、契約からの迅速な離脱を可能にする「交渉拒絶型の当事者

(注106) 潮見・前掲（注83）438頁。
(注107) 森田・前掲（注96）390頁・416-417頁・444-445頁・485頁・488-489頁。森田①・前掲（注6）78頁・80頁注11も参照。

関係」の選択には、さまざまな制約がかけられる。債権者は、問題となる債務の範囲について正確な催告しなければならず（過大な催告は許されず）、また、債務者の不履行後、直ちに催告することを義務付けられる[注108]。さらに、債権者は、催告において相当と判断される期間を正確に設定しなければならない（不相当な期間が設定された場合には、相当な期間経過によっても解除権は発生しない）[注109]。これらは、現在の判例法理よりも厳格な催告要件を課すものである[注110]。この点で、債権者が「交渉拒絶型の当事者関係」の選択のために適法な催告をすることができるのは、当初の契約において債務の内容が明確に定められていた場合など、一定の事例に限定されるものと考えられる。森田論文は、契約からの迅速な離脱を実現するには、債権者に厳密な対応が求められることを指摘し、従前の判例・実務における催告解除の理解に反省を迫るものということができる。

　他方、森田論文の主張の（もう1つの）主眼は、債権者が「再交渉型の当事者関係」を選択した場合に、債務不履行をプロセスとして把握し、催告を規範的要件として機能させる点にある[注111]。すなわち「初発の不履行後の当事者の権利義務関係は、不履行による契約紛争を解決する交渉のための信頼関係を維持する義務を中核として、当事者の当初合意に必ずしも拘束されずに評価されるものに変容する[注112]」とし、その

(注108)　森田・前掲（注96）432-433頁・445頁。
(注109)　森田・前掲（注96）441頁・445頁。
(注110)　催告要件のほかにも、交渉拒絶型の当事者関係の選択には、次のような制約があるものとされる。まず、債務者の同時履行の抗弁権を消滅させるために、債権者が自らの債務について履行の提供を行う場合には、現実の提供を行う必要があり（口頭の提供では足りない）、その時期についても、催告時までに行い、かつ解除権の発生時まで継続しなければならないものとされる（森田・前掲（注96）462頁）。また、解除権行使についても、意思表示の明確性が必要とされ（黙示の意思表示を容易に認めるべきでなく）、債権者は、解除権の発生後、遅滞なく解除権を行使する義務を負うものとされる（森田・前掲（注96）485-486頁）。
(注111)　森田・前掲（注96）343頁。
(注112)　森田・前掲（注96）414頁。

ような不履行後の事情を考慮する要件として催告を位置付けるのである。そして、催告要件が従前、ともすれば債権者にとっての行為規範としてのみ議論されがちであったことを批判し(注113)、むしろ催告は——契約合意時ではなく——債務不履行後の当事者の行動態様を考慮する要件として、また——当事者間の当初の合意に尽くされない——契約外在的な考慮要素を解除権の成否の判断に取り込むための要件として、再構築されるべきとする(注114)。また、相当期間内に債務の履行がないことという要件についても、これまで、単なる期間の徒過と捉えられてきたことを批判し(注115)、催告後の債務者の行動態様を評価するものとして実質化すべきものとする(注116)。こうして、催告要件は、債務不履行という契約紛争が生じた場合における当事者の再交渉プロセスを法的に設計するものと位置付けられることになるのである。

そして、催告解除に関する以上の理解に基づき、森田論文は、催告なしに解除が認められる場面を限定すべきことを指摘する。すなわち、無催告解除が許されるのは契約目的の達成が不可能になった場合であるが、それは「債務者の行動態様に関わりなく、不履行によって客観的に債権者が契約の履行を受けることに利益を失う場合(注117)」に限られるとする。「追完の可能性に債務者の主体的・主観的態様が関与している場合(注118)」には、解除に催告を要求すべきとするのである。催告解除の存在意義を積極的に評価する態度を示すものといえるだろう。

(iii) 小括

以上に紹介した学説の間には、債務不履行のプロセス的把握に関する見解の対立があるものの、催告を、債務者と債権者の利益調整のための規範的要件として理解する点において、一定の共通性を見出すことがで

(注113)　森田・前掲（注96）388頁。
(注114)　森田・前掲（注96）415頁。
(注115)　森田・前掲（注96）412-413頁。
(注116)　森田・前掲（注96）416頁。
(注117)　森田・前掲（注96）443頁。
(注118)　森田・前掲（注96）443頁。

きる。このような理解によれば、債務者に対する追完機会の保障が重視され、相対的に、債権者が契約から迅速に離脱するという要請は後退することになる。森田論文は、この点に配慮して——催告要件の規範的評価が問題となる「再交渉型の当事者関係」のほかに——「交渉拒絶型の当事者関係」を選択することを債権者に認めていた。ただし、「交渉拒絶型の当事者関係」の選択による契約からの迅速な離脱にはさまざまな制約が課されるものとされていたことについては、前述の通りである。

もっとも、催告要件を規範的に評価すべきとする理解を採用したとしても、必ずしも債務者に長期にわたる追完期間を与える必要があるとの帰結が導かれるわけではないことに、注意を要する。債務者にどの程度の期間を猶予すれば催告解除が認められるかは、契約（当事者の合意）の内容や債務者の債務不履行の態様、さらには債務不履行後の当事者の行動態様などを考慮して判断されるからである。そのような規範的判断の結果として、債務不履行から比較的短期での解除権の発生が認められることがあり得るのである。

なお、以上に紹介した学説の対立は、改正法に関する評価にも反映される。後述のように、改正法は、催告解除と無催告解除について異なる要件を規定した。解除制度を一元的に理解する立場からは、両者の整合性をいかに確保するかが問題となる。これに対して、催告解除の独自性を重視する立場によれば、改正法の二元的構成が積極的に評価され得ることになる［→ 2(3)(iii)］。

以上の点に留意しつつ、次に、改正法の検討に移ることにしよう。

2　改正法における法定解除の要件
(1)　法定解除要件からの債務者の帰責事由の除外と危険負担の履行拒絶権構成

既述の通り、改正法は、債務者の帰責事由を法定解除の要件としない立場を採用した。改正542条1項は、履行の全部不能に基づく解除（1号）について、債務者の帰責事由を要件としていない。他方、改正543条は、

第2部　シンポジウムを終えての理論面からの考察

債務不履行を債権者の責めに帰すべき場合に解除権の成立を否定することから、その反対解釈として、債務不履行が債務者の帰責事由によらない場合であっても、債権者は契約を解除できるものと解される(注119)。

　その結果——現行法の起草時から前提とされていた［→1(1)(ii)］——債務者の帰責事由の有無を基準として履行不能解除と危険負担の適用領域を画するという立場を、改正法のもとで採用することはできなくなる。そこで改正法は、危険負担制度について——従来から立法論上の批判の強かった債権者主義に関する規定（現行534条・535条）を削除するとともに(注120)——債務者主義を定める現行536条1項を改正する。改正536条1項は、当事者双方の帰責事由によらずに債務が履行不能になった場合に、債権者が反対給付の履行を拒絶できるものとする（履行拒絶権構成）。ここでは、債務の履行不能が生じても、反対給付債務が消滅しないことが前提とされる。反対給付債務を消滅させるには、契約を解除する必要がある(注121)。このような形で、改正法は、履行不能解除と危険負担という2つの制度の適用領域を画することとしたのである(注122)。

(2)　無催告解除

(i)　無催告での契約の全部解除が認められる場合

　次に、法定解除の要件について、改正法は、債権者の催告の要否に着目して、催告による解除（改正541条）と催告によらない解除（改正542条）を区別して規定を設ける。催告によらない契約の全部解除について

(注119)　筒井健夫・村松秀樹編著『一問一答 民法（債権関係）改正』（商事法務・2018）232頁。
(注120)　筒井・村松編著・前掲（注119）227頁。停止条件付双務契約の目的物が債務者の帰責事由によって損傷した場合に関する現行535条3項も、債権者主義に関する規定の削除に伴い、不要となったため、削除された（筒井・村松編著・前掲（注119）228頁注1）。
(注121)　筒井・村松編著・前掲（注119）228頁。
(注122)　改正法が履行拒絶権構成を採用した経緯については、森田①・前掲（注6）85-86頁、森田③・前掲（注6）95頁注12（森田宏樹「危険負担の解除権構成」同『債権法改正を深める——民法の基礎理論の深化のために』〔有斐閣・2013〕〔初出2010〕61頁の影響が指摘される）。

規定する改正542条1項からみていこう(注123)。

まず現行法の規定を引き継ぐものとして、改正542条1項1号は債務全部の履行不能、改正542条1項4号は定期行為の履行遅滞について、それぞれ無催告解除を認める。

次に、改正542条1項2号は、債務者が「債務の全部の履行を拒絶する意思を明確に表示した」ことを無催告解除の原因とする。立案担当者は、現行法下での裁判実務の扱い(東京地判昭和34・6・5判時192号21頁など)を明文化するものと説明する(注124)。学説上は、履行拒絶の場合にも解除に催告を要するという見解が通説であったが(注125)、「履行期前に履行をしない旨を明らかに宣言している場合……、債権者は直ちに解除権を取得するものと解すべき(注126)」とする見解も主張されていた。法制審議会の部会審議においても、催告の要否が議論の対象とされたが、最終的には——履行期の前後を問わず——履行拒絶が無催告解除の原因と認められた(注127)。催告なしに解除を認める以上、履行拒絶の意思の明確な表示については、債務者の翻意を想定できないと評価される程度の事実を要求する形で、厳格に判定されるべきものと解される。

続いて、改正542条1項3号は、同項1号および2号を前提として、債務の一部について、履行不能や履行拒絶の意思の明確な表示があった場合に、「残存する部分のみでは契約をした目的を達することができな

(注123)　無催告での契約の一部解除の要件については、改正542条2項が、債務の一部の履行不能（1号）および債務者による債務の一部の履行拒絶の意思の明確な表示（2号）を規定する。同項は——文言上明らかでないものの——「契約が可分であり、その一部分のみを解消することが可能な場合」を対象とするものと説明される（筒井・村松編著・前掲（注119）239頁注4）。それ以外の場合については、改正563条2項に基づき、無催告での代金減額請求が許容される限りにおいて、契約の一部解除と類似の帰結が生じることになる（大村・道垣内編・前掲（注86）149-150頁［吉政］。筒井・村松編著・前掲（注119）279頁も参照）。
(注124)　部会資料68A・29頁。
(注125)　我妻・前掲（注70）161頁。
(注126)　谷口知平編『注釈民法(13)』（有斐閣・1966）402頁［甲斐道太郎］。
(注127)　部会審議の経緯について、森田②・前掲（注6）88頁。

い」ことを要件として無催告解除を認める。現行法下の通説は、給付内容が不可分な債務の一部不能について、不能となった部分の重要性に応じて全部解除の可否を決するものとし(注128)、その基準として契約の目的を達し得るか否かを挙げていた(注129)。改正法は、このような議論状況を踏まえて、債務の一部不能に関する規定を明文化するとともに、改正542条1項2号の新設に対応して、債務の一部に関する履行拒絶の意思の明確な表示についても規定を設けたものと考えられる。

最後に、改正542条1項5号は、同項1号から4号に該当しない場合でも、債務者が債務を履行せず、債権者が「催告をしても契約をした目的を達するのに足りる履行がされる見込みがないことが明らかであるとき」は、無催告解除が認められるとする。契約目的達成の見込みの有無を基準として無催告解除の可否を決する、受け皿規定としての性格を有する規定ということができる(注130)。

(ii) **契約目的達成の可否と債務者の利益の考慮**

以上のように、改正542条1項3号から5号においては、無催告解除の要件として、契約目的の達成不能が採用された。その理由については、債務者の帰責事由が法定解除の要件とされないこととの関係で、次のように説明される。

「そもそも、債務不履行による解除の制度は、債務不履行による損害賠償の制度のように債務者に対して債務不履行の責任を追及するための制度ではなく、債権者に対して当該契約の拘束力からの解放を認めるための制度であると考えられる。したがって、債務の不履行が債務者の責めに帰することができない事由によるものであるため債務者に対して損害賠償の責任を追及するのが相当でない場合であっても、債

(注128) 我妻・前掲(注70)173頁。
(注129) 我妻・前掲(注70)157頁。
(注130) 大村・道垣内編・前掲(注86)147頁[吉政]は、改正542条1項5号が、債務の履行不能という評価が困難である役務提供型契約において重要な意味を有することを指摘する。

権者に対して契約の拘束力からの解放を認めるべき事情がある以上は、債務不履行による解除を認めるべきである。そして、ここにいう債権者に対して契約の拘束力からの解放を認めるべき事情とは、すなわち債権者が契約をした目的を達することができないこと（……）である(注131)。」

　法定解除を契約の拘束力から債権者を解放するための制度と理解し、解除権の成否について契約目的の達成の可否を基準とすることは、近時の学説の理解［→1(2)(ii)］を前提としたものということができる。そして、解除が債権者を契約の拘束力から解放する制度であることを強調すれば——債務者の帰責事由を解除の要件としないことと相まって——、解除権の成否の判断について、契約から迅速に離脱して代替取引を行うという債権者の利益が重視されているようにも思われる(注132)。しかし、法定解除に関する近時の学説の立場が、そのようなものでないことについては、すでに述べた通りである。契約目的達成の可否を無催告解除の基準として採用することは、債務不履行があった場合にも、なお契約目的の達成が可能である場合には無催告解除が認められない、という形で、解除を制約することになり得るからである。

　この点に関連して、改正法の規定の解釈について、債権者の利益のみならず、債務者の利益が考慮の対象とされることに注意を要する。まず、契約目的達成の可否（改正542条1項3号〜5号）という基準については、債権者と債務者の双方が契約締結を通じていかなる利益を実現しようとしたのかが問題となる。例えば、ある契約が定期行為に該当するためには、契約の両当事者が定期行為該当性を前提として契約を締結していたことが必要となる。「契約をした目的」の解釈において、債権者の利益のみが考慮されるわけではないのである(注133)。

　また、契約目的の達成の可否を基準としない場合にも、法定解除権の

(注131)　部会資料68A・25頁。
(注132)　岡論文の主張の前提には、そのような理解が存在していたと考えられる［→Ⅱ2(2)(i)］。

成否の前提として、債務者の利益が考慮される。まず、改正542条1項1号の履行不能について、改正412条の2第1項は「債務の履行が契約その他の債務の発生原因及び取引上の社会通念に照らして不能であるときは、債権者は、その債務の履行を請求することができない」と規定する。契約という債務の発生原因に着目することにより(注134)、履行不能の判断に際して、債務者の利益が考慮の対象とされるのである。さらに、この規定を、近時の有力な学説［→1(3)(ⅱ)］に基づいて解釈すれば、契約によって実現されるべき利益が給付対象を調達するために要するコストと比べて著しく過小であるか否かという形で、債務者の不利益と債権者の利益が比較衡量されることになるものと思われる。

最後に、改正542条1項2号の債務者による履行拒絶の意思の明確な表示という要件については、債務者の翻意を期待できない程度の事実の存在を要求するという形で、債務者の事情が考慮される。

以上のように、改正542条1項各号の要件充足の判断においては、債務者の利益が考慮対象となる。それゆえ、債務者の帰責事由を法定解除の要件としないことが、直ちに債権者の迅速な契約からの離脱・代替取引の保障に結び付くわけではないと考えられるのである。

(3) 催告解除

（ⅰ）催告要件を通じた債務者の利益の考慮

次に、催告解除に関する改正541条についてみていこう。まず改正541

(注133) この点で、部会資料68A・25頁の説明（前掲（注131）および対応する本文参照）が、専ら債権者に着目して契約目的を判断するかのように読めることには疑問がある。

なお、法制審議会の部会審議の初期の段階では、法定解除の要件として、契約目的不達成ではなく、「重大な不履行」を採用することが検討されていたが、「重大な不履行」の存否の解釈に際して、債務者の事情を考慮に入れるべきとする見解が示されていた（森田③・前掲（注6）91-92頁）。

(注134) 履行不能の判定において、当事者が合意した内容（契約内容）が重要な意味を有することについては、沖野眞已・岡正晶「解除と損害賠償」ジュリスト1526号（2018）90-91頁［沖野眞已発言・岡正晶発言］。

条本文は現行541条を維持する。前述のように、現行法下での催告要件の理解には対立がみられるが、催告要件を規範的に理解する立場によればもちろん、催告を手続要件と位置付ける立場によっても、催告を通じて、債務者には追完の機会が——限定的であるにせよ——保障されることになる。改正法が——現行法下での通説［→1(2)(i)］と異なり——債務者の帰責事由を法定解除の要件としないという立場を採用するとしても、催告解除においては、催告要件を通じて債務者の利益が考慮されるのである。

(ii) **相当期間経過時における不履行の軽微性**

これに対して、催告要件に関する理解の対立を背景として、解釈上の問題を惹起し得るのが、改正541条ただし書の新設である。すなわち、催告に定められた相当の期間が経過した時点における債務の不履行が「契約及び取引上の社会通念に照らして軽微である」場合には、催告解除が認められないものとされたのである。

法制審議会の部会資料では、審議の終盤に至るまで、催告解除についても、無催告解除と同様に、契約目的達成の可否という基準が採用されていた。これに対して、第90回会議（平成26年6月10日）において、契約目的達成の可否に代えて、相当期間経過時における不履行の軽微性を、催告解除の消極的要件とすることが提案された[注135]。その趣旨について、立案担当者は、債務不履行によっても契約目的を達することができる場合（無催告解除が認められない場合）であっても、相当期間経過時における不履行が軽微であるといえない限り、改正541条本文に基づく催告解除を認めるものであると説明する[注136]。

さらに、立案担当者は、改正541条ただし書を、最判昭和43・2・23（民集22巻2号281頁）を明文化するものと位置付ける[注137]。この事件では、土地の売買契約に付随する約款に違反したことを理由とする解除の

(注135) 部会資料79-1・9頁。
(注136) 部会資料79-3・13頁。
(注137) 部会資料79-3・13-14頁。

可否が問題となった。最高裁は、まず、本件の約款が「外見上は売買契約の付随的な約款とされていること」を理由として、「売買契約締結の目的には必要不可欠なものではない」とする。しかし、当該約款が売主にとって「代金の完全な支払の確保のために重要な意義をもつ」ことを根拠として、「右特別の約款の不履行は契約締結の目的の達成に重大な影響を与えるものであるから、このような約款の債務は売買契約の要素たる債務にはいり、これが不履行を理由として売主は売買契約を解除することができると解するのが相当である」とした。立案担当者は、「契約締結の目的の達成に重大な影響を与える」場合に解除が認められるという判示内容に着目し、その反面として、債務不履行の軽微性という消極的要件を導入したものと考えられる[注138]。

もっとも、以上の立案担当者の説明に対しては——そもそも昭和43年判決が催告解除に関する先例といえるかという疑問のほか[注139]——最判昭和36・11・21（民集15巻10号2507頁）などの先例との関係で昭和43年判決の理解が適切であるかという疑問が呈される[注140]。昭和36年判決は、契約目的の達成に必須の「契約の要素をなす債務」と、必須でない「附随的義務」を区別した上で、「契約の要素をなす債務」の不履行を理由とする解除を肯定する一方、「附随的義務」の違反については特段の事情がある場合に限って解除を許容するものとした。そして、学説上は、その後の判例の展開の検討に基づき、付随的義務の違反に基づく解除を正当化する特段の事情の判断は、契約目的達成の可否の判断に還元される、との理解が有力であったといえる[注141]。そのような判例理解を前提として、昭和43年判決は、外見上、付随的な約款とみられる債務についても、契約目的の達成に重大な影響を及ぼす場合には「契約の要素た

(注138)　部会資料79-3・14頁。
(注139)　第91回部会議事録13頁［潮見佳男］。
(注140)　付随的義務違反を理由とする解除に関する判例法理の展開については、杉本・前掲（注54）582-590頁に詳細な分析がある。
(注141)　杉本・前掲（注54）587頁。

る債務」に入ることを認めたのであり、契約目的の達成に重大な影響を及ぼす債務の不履行を、契約目的の達成に必須の債務の不履行と同視したものと解すべきことが指摘される(注142)。この理解によれば——契約目的達成の可否とは異なる基準として——不履行の軽微性という基準を導入する論拠として、昭和43年判決を持ち出すことは不適切であることになる(注143)。

それにもかかわらず、改正541条にただし書が新設された背景には、催告解除が契約からの迅速な離脱手段であることを重視する見解——実務上の有力な理解［→1(4)(i)］——の影響があったものと考えられる(注144)。無催告解除の要件である契約目的の達成不可能よりも、緩和された要件のもとで催告解除を認める必要があり、それが現行法下の判例法理でもあるとの理解に基づいて(注145)、不履行の軽微性要件が採用されたのである(注146)。

(注142) 横山美夏「契約の解除」法律時報86巻12号（2014）32頁。磯村保「解除と危険負担」瀬川信久編著『債権法改正の論点とこれからの検討課題』別冊NBL147号（2014）82-83頁、および潮見佳男『民法（債権関係）改正法の概要』（金融財政事情研究会・2017）240頁も、同様の理解を示す。民法改正前に公刊された代表的な判例解説では、解除の可否を判断する基準について、昭和36年判決と昭和43年判決との間に差異はないとする理解が有力であったといえる（森田宏樹「判解」安永ほか編・前掲（注93）57頁、渡辺達徳「判解」中田裕康ほか編『民法判例百選Ⅱ〔第6版〕』〔有斐閣・2009〕91頁）。

(注143) 以上の学説による批判を踏まえたためか、改正法成立後に公刊された立案担当者の解説書では、昭和43年判決への言及がなくなっている。むしろ、不履行の軽微性の判断において、「契約目的を達成することができるか否かは最も重要な考慮要素となる」との説明がなされている（筒井・村松編著・前掲（注119）236頁注2）。

(注144) 法制審議会の部会審議において、実務家の委員から、催告解除を解除の確実性を保障するものとし、催告を手続的要件と理解する見解が主張された経緯の詳細については、森田②・前掲（注6）82-83頁。

(注145) 第78回部会議事録34頁［永野厚郎］。

(注146) 杉本好央「民法改正案における法定解除制度の諸相——客観的要件論を中心に」龍谷法学49巻4号（2017）1201-1204頁は、部会審議において、不履行の軽微性という基準の法的意義について、実務家と研究者の間に認識の違いが存在したことを、明快に指摘する。

もっとも、相当期間経過時における不履行の軽微性は「契約及び取引上の社会通念に照らして」判断される以上、規範的性格を有する要件であることに疑いはない[注147]。それゆえ問題は、不履行の軽微性という要件に、どの程度の規範性を認めるかということになる。催告を手続要件として理解する見解からは規範的判断の余地を小さくすべきことになるのに対して、催告要件の規範性を重視する立場からは、軽微性の判定に際して、契約目的達成への影響を含む、多様な要素を考慮に入れべきことになるだろう[注148]。

　この点に関連して学説上は、改正法のもとでの催告解除と無催告解除の関係をいかに理解すべきかという問題を巡って、すでにいくつかの見解が示されている。次に、その議論状況を確認しておくことにしたい。

(iii) 催告解除と無催告解除の関係

(ア) 解除制度の一元的把握を支持する見解

　まず、無催告解除と催告解除を一元的に把握する立場からは、無催告解除について契約目的の不達成が要件とされる一方で、催告解除については不履行の軽微性が要件とされることに、批判が向けられる。例えば、債務者が債務の一部の履行を拒絶する意思を有していたという事例を念頭において、債務者が意思を明確に表示した場合には、契約目的の達成が可能であれば、債権者は契約を解除できないのに対して、債務者が意思を明確に表示していなかった場合には、債務不履行が軽微と評価されない限り、催告解除が許容される、という不均衡が指摘される。そして、催告解除と無催告解除を通じて、契約からの離脱を認めるため判断基準

(注147)　実務家の委員も、不履行の軽微性の判断が規範的性格を有すると認めていたことについて、森田②・前掲（注6）83-84頁。

(注148)　立案担当者の見解について、前掲（注143）参照。

(注149)　磯村・前掲（注142）82頁。同論文の公刊時には、履行拒絶の意思の明確な表示について、履行拒絶の対象が債務の全部であるか一部であるかの区別が設けられておらず、無催告解除の要件として契約目的の達成不能が要件とされるかは、明らかでなかったが、同論文は、履行拒絶の意思の明確な表示を理由とする解除についても、契約目的の達成不能が要件とされることを前提として議論を展開する。

は異ならないのではないか、という批判が向けられるのである(注149)。

　また、催告解除と無催告解除の要件の違いが、両者の正当化根拠の違いを意味するとの指摘もある。すなわち、催告解除においては「債務者の追完の利益を保障しつつ、追完に応じないことをもって解除が正当化される」のに対して、無催告解除においては「債権者が契約を締結した目的を達成できないことが契約の効力からの解放を基礎づけている」ものとされる。その上で「なぜ、両者において契約の拘束力から解放される要件が異なるのか、なぜ、催告さえすれば無催告解除に比して解除の要件が緩和されるのかは明らかではな〔い〕」として、改正法に疑問が提起されるのである(注150)。

　そこで、無催告解除と催告解除を一元的に把握する立場からは、両者の要件を「重大な契約違反（重大な不履行）」という上位概念のもとに包摂することが提案される。すなわち、債権者を契約の拘束力から解放する法定解除が正当化されるのは、「債権者を当該契約のもとに拘束しておくことが、当該債務不履行を受けた債権者にとってもはや合理的にみて期待することができないという事態(注151)」（＝重大な契約違反〔重大な不履行〕）が生じたからである；無催告解除は、重大な契約違反の中でも、契約目的の達成が不可能になった場合にのみ認められる(注152)；これに対して、催告解除は、「当初の債務不履行後の催告に対する無応答という債務者の態度も加味すれば、当該債務不履行により債権者が契約を維持する利益ないし期待を失っている(注153)」ことを正当化根拠とするものであり、不履行が軽微である場合に催告解除が否定されるのは、契約を維持する利益・期待が失われていないからである；これらはいずれ

（注150）　横山・前掲（注142）33頁。福本忍「危険負担と契約の解除――霧に霞む解除と危険負担の地平？」法学セミナー61巻8号（2016）32頁も、催告解除と無催告解除の正当化根拠・要件に関する「ダブル・スタンダード」の存在を指摘する。
（注151）　潮見佳男『新債権総論Ｉ』（信山社・2017）557頁。
（注152）　重大な契約違反は契約目的の達成不能よりも広い概念とされる（潮見・前掲（注151）557頁）。
（注153）　潮見・前掲（注151）558頁。

も、法定解除の正当化原理を重大な契約違反（重大な不履行）に求めるという考え方を基礎に据えたものである(注154)、と説明するのである(注155)。このような理解によれば、催告解除に関する不履行の軽微性という要件は——債権者が契約から迅速に離脱することを保障するためのものではなく——不履行後の債務者の行為態様を規範的に評価するためのものと位置付けられることになる(注156)。

　(イ)　催告解除の独自性を重視する見解

　他方、催告解除の独自性を重視する見解によれば、改正法が催告解除と無催告解除について異なる要件を採用したことに積極的な意義が見出される。無催告解除の可否については、「①債務者の当初不履行が債権者の契約からの離脱を正当化するだけのものであるかという判断に尽き〔る〕」のに対して、催告解除については、「一方で②迅速解除の要請に応えうるものでなければならず、他方で上記①と同じ解除制限の要請に応えなければならない」ことに加え、さらに「③催告後の当事者の行態評価という無催告解除にはなかった規範的判断の必要が付け加わる」ことが指摘される(注157)。このような規範的判断の性格の違いを前提とすれば、「『契約目的の達成不能』に基づく無催告解除と『軽微性』基準によって立つ催告解除とが形作る新規定の二元的構成」が「解除制度に向けられている多元的要請に応える分節的な枠組を解釈論的に構築する手がかりを与え〔る〕」ものとして、肯定的に評価されるのである(注158)。

　前述のように、債務不履行後の当事者関係を「交渉拒絶型」と「再交渉型」に区別し、債権者にその選択を認めるという理解を前提とすれば、

(注154)　潮見・前掲（注151）558頁・560頁。
(注155)　杉本・前掲（注146）1214頁も、催告解除と無催告解除の関係性を説明するものとして、今後、「重大な不履行」概念が機能し得ることを指摘する。
　また、シンポジウムの質疑応答において、赫弁護士も、催告解除と無催告解除の要件を「重大不履行」概念に包摂する立場を支持していた（本書105頁）。
(注156)　潮見・前掲（注151）559頁注13参照。
(注157)　森田③・前掲（注6）97頁。
(注158)　森田③・前掲（注6）98頁。森田②・前掲（注6）85頁も同旨。

改正法が不履行の軽微性という要件を採用したことは、債権者が「交渉拒絶型の当事者関係」を選択し、契約から迅速に離脱する利益を確保するという解釈に条文上の裏付けを与えたものと評価されることになる[注159]。他方、債権者が「再交渉型の当事者関係」を選択した場合には、不履行後の交渉態様が、軽微性要件を通じて判断される。不履行の軽微性は、多様な規範的判断を実現するための要件と位置付けられるのである[注160]。

3 小括──第1の課題の検討

以上の改正法に関する検討を前提として、Ⅱ3で設定した第1の課題──改正法が債務者の帰責事由を法定解除の要件から除外した趣旨──について検討しよう。前述のように、岡論文は、この点を、債権者（倒産者の契約相手方）に対する迅速な代替取引の保障と結び付けていた［→Ⅱ2(2)(i)］。しかし、これまでの検討から明らかになるのは、債務者の帰責事由を法定解除の要件としないことが、必ずしも、債権者が契約から迅速に離脱できるようになることを意味するわけではない、ということである。

無催告解除の中心的要件である、契約目的の達成不能は、契約の拘束力の解放を正当化する事情と理解される。この要件は、たとえ債務者が債務不履行を犯した場合でも、なお契約目的の達成が可能である場合には無催告解除が認められない、という形で、解除を制約する形で機能し

(注159)　森田③・前掲（注6）98頁注17参照。

(注160)　森田②・前掲（注6）85-87頁は、不履行の軽微性という要件のもとでなされるべき規範的判断として、相当期間経過時点における不履行の重大性、催告後の交渉態様の規範的評価、契約からの迅速離脱の確保、当初の債務不履行の軽微性を挙げる（もっとも当初の債務不履行の軽微性については改正541条本文〔「債務を履行しない」〕の解釈において考慮すべきとも思われる）。

このほか、道垣内弘人・高須順一「解除と危険負担」ジュリスト1516号（2018）63頁［道垣内弘人発言］は、ある債務の不履行について、いかなる救済手段が認められるかによって、軽微性の判断が異なり得ることを指摘する。

得る。その際の基準とされる契約目的とは、契約の両当事者が契約によって追求しようとした目的を意味するので、契約目的達成の可否の判定に際して、債務者の利益が考慮されることになる。同様のことは、履行不能概念にも妥当する。改正法は、履行不能を判断する際の基準として、債務の発生原因である契約を挙げるのであり、債権者・債務者が契約を通じていかなる目的を達成しようとしていたのかが、履行不能の判定において重要な意義を有することになる [→ 2(2)(ii)]。

催告解除についても、催告によって、債務者には追完の機会が与えられる [→ 2(3)(i)]。また、催告解除の消極的要件とされた相当期間経過時における不履行の軽微性は規範的性格を有するものと理解されており、この要件の解釈を通じて――その程度に争いはあるものの――不履行後の行為態様を含む債務者の事情が考慮されることになる [→ 2(3)(ii)]。

以上からすれば、債務者の帰責事由を法定解除の要件としないことを根拠として、改正法が、債権者による契約からの迅速離脱の要請を重視していると理解することは、必ずしも適切ではないと考えられる。

他方、契約からの迅速な離脱や代替取引機会の保障という債権者（契約相手方）の利益については――債務者の帰責事由の要否とは別に――催告解除の要件との関係で、議論がなされていた [→ 1(4)(i)・2(3)(ii)]。そして、改正541条ただし書が相当期間経過時における不履行の軽微性を消極要件として採用したことにより、契約からの迅速離脱を基礎付ける解釈論上の基礎が与えられたという評価も存在したところである [→ 2(3)(iii)(イ)]。それゆえ、岡論文が重視する、契約からの迅速離脱の要請は――履行不能解除（無催告解除）ではなく――催告解除の解釈を通じて、実現を目指すべきものと考えることもできる。そしてそうだとすれば、倒産手続開始後に、債権者（契約相手方）が催告解除をできるか否かが、重要な問題となるのである。

以上の点に留意しつつ、残る第2・第3の課題の検討に移ることにしよう。

Ⅳ　改正法の法定解除法制と倒産手続

1　岡論文の主張の評価
(1)　倒産債権の個別行使の禁止と法定解除の関係——第2の課題の検討

まず、第2の課題——倒産債権の個別行使の禁止が、倒産手続開始後の法定解除権の成否について有する法的意義——に関連して、従前の学説が、倒産手続開始後の法定解除権の成立を否定する論拠を確認しておこう。倒産債権の個別行使禁止を根拠として履行遅滞解除が否定される、という叙述にとどまる文献が多い中で[注161]、比較的詳細な論拠を提示するのが『条解破産法』である。

「破産手続開始後に履行期が到来する債務について、破産管財人の履行選択までは相手方は財団債権としての弁済を求めることができず、また破産管財人も相手方の債権について弁済をなすことはできないから、債務者の責めに帰すべき債務不履行が生じているとはいえず、また破産管財人の選択権行使を保障する趣旨からも、相手方の解除権は否定される[注162]。」

ここでは、ⅰ双方未履行双務契約に関する破産管財人の選択権（破産法53条1項）の保障と、ⅱ債務者の責めに帰すべき債務不履行がないこと、という2つの論拠が挙げられ、さらにⅱは、㋐契約相手方が破産債権を個別に権利行使できないこと（破産法100条1項）と、㋑破産管財人が契約相手方に債務を弁済できないこと、によって基礎付けられている。福永論文を含む他の文献の多くにおいても、以上の論拠のいずれかが言及される[注163]。

(注161)　中田淳一『破産法・和議法』（有斐閣・1959）102頁、兼子一『強制執行法・破産法〔新版〕』（弘文堂・1963）191頁、山木戸克己『破産法』（青林書院新社・1974）120頁、松田二郎『会社更生法〔新版〕』（有斐閣・1976）89頁。
(注162)　伊藤ほか・前掲（注16）412頁。

第2部　シンポジウムを終えての理論面からの考察

(i)　双方未履行双務契約に関する破産管財人の選択権

これらの論拠のうち、①については——岡論文も指摘する通り〔→Ⅱ2(2)(i)〕——契約相手方の法定解除権取得を否定する論拠となり得るか疑問がある。破産法53条1項は——その立法論としての当否も問題とされており(注164)——実体法に基づいて契約相手方が法定解除権を取得するものと判断される場合に、それを否定するほどの強力な論拠にはならないものと考えられる。『条解破産法』も——破産手続開始前に契約相手方が解除権を取得していた場合に関する説明であるが——「本条は、解除権を付与するという趣旨で破産管財人に有利な地位を認めるものであり、それ以上に相手方に不利益を与える合理的理由は存在しない。したがって、相手方が実体法上の権能として契約の解除を主張することは、原則として制限され〔ない〕(注165)」と説明する。また、そもそも破産手続開始の時点で契約相手方が債務を履行済みの場合には、破産法53条1項を論拠とすることができない、という難点も存在するところである(注166)。

(ii)　債権者による権利行使の制限と破産者・破産管財人による弁済の制限

(ア)　破産手続開始後における催告の可否

そこで契約相手方の法定解除権取得を否定する論拠とすべきは、㋐債

(注163)　前述のように、福永・前掲（注7）690頁は㋐を根拠として挙げる。もっとも㋐によって⒤を基礎付けるわけではない〔→Ⅱ1(2)(ii)(ア)〕。これに対して、伊藤・前掲（注16）387頁は、㋐と㋑によって基礎付けられる⒤を根拠とする。
　　他方、竹下守夫編集代表『大コンメンタール破産法』（青林書院・2007）215-216頁〔松下淳一〕は、破産者が債務を履行できないこと（㋑と同様の論拠）のみを挙げる。本文に述べるところと近い理解と考えられる。
　　このほか「破産宣告後の破産者の不履行は履行遅滞とならず、解除権が発生しない」とする見解も存在する（中田裕康「契約当事者の倒産」野村豊弘ほか『倒産手続と民事実体法』別冊NBL60号〔2000〕27頁）。
(注164)　水元宏典『倒産法における一般実体法の規制原理』（有斐閣・2002）197-199頁は、立法論として、破産管財人に解除権でなく履行拒絶権を付与すべきことを提唱する。
(注165)　伊藤ほか・前掲（注16）411頁。福永論文も、以上の理解を前提として、破産管財人の選択権と契約相手方の解除権の関係について議論していた〔→Ⅱ1(2)(i)〕。

権者による権利行使の制限と㋑破産管財人による弁済の制限である考えられる。『条解破産法』は、これを⒤債務者の帰責事由の不存在に結び付けるが、その理由は必ずしも明確ではない。そして、改正民法のもとでは、債務者の帰責事由の存否によって法定解除権の成否を判断するという論理構成をとることができなくなる。そこで、㋐と㋑が契約相手方による法定解除権取得との関係でいかなる意味を有するのかを明らかにすることが、従前の学説を評価するために必要になる。

まず、従前の学説において問題とされていたのは、履行遅滞に基づく解除であった［→Ⅱ１⑵⒤㋐］。それゆえ、債権者は債務者に対して相当期間を定めた催告をしなければならず、債務者が相当期間内に債務を履行しないことが解除権発生の要件となる。しかし、倒産手続が開始した後に、契約相手方が有効な催告をできるかには疑問がある。

催告は、債務者に対して債務の履行を促す意思の通知である(注167)。催告は履行請求権の存在を前提とするのであり、「催告の本質は履行請求権の行使(注168)」であるとも説明される。

他方、契約相手方は破産手続の開始によって破産債権者となり、破産手続によらなければ債権を行使できないことになる（破産法100条１項）。禁止の対象となる破産債権の行使が「当該債権の満足を求めるすべての法律上および事実上の行為を意味する(注169)」とすれば、債務者（破産管財人）に対する債務の履行請求を内容とする催告も、破産法100条１項

(注166) シンポジウムの質疑応答では、赫弁護士から、破産手続では破産管財人が選択権を有することから契約相手方の解除権取得を否定すべきと考えられる一方で、同様の制度が存在しない特別清算手続については、契約相手方の解除権取得を肯定すべきとする見解の当否について質問が寄せられた（本書104-105頁）。本文のような理解によれば、破産管財人の選択権の存在を根拠として、破産手続と特別清算手続を区別する理由は乏しいものと考えられる。

もっとも、特別清算手続において清算株式会社に選択権が与えられないことを、いかに評価すべきかは、別個の検討を要する問題といえる。
(注167) 我妻・前掲（注70）158頁。
(注168) 森田・前掲（注96）357頁。森田①・前掲（注６）76頁注１も参照。
(注169) 伊藤ほか・前掲（注16）743頁。

による権利行使の禁止の対象になるものと考えられる。このように解すれば、㋐の論拠は、契約相手方による有効な催告を否定するものとして、把握し直されることになる。

　また、債務者（破産者）の側からみた場合、催告は、債務者に対して追完機会を保障するものである。しかし、破産手続の開始後、債務者による追完の可能性は法律上の制約を受ける。債務者である破産者は破産財団に属する財産について管理処分権を失うので（破産法78条1項）、破産財団に属する財産によって債務を弁済（追完）することができない(注170)。また、破産管財人による債務の弁済（追完）の可能性についても、破産法100条1項が破産管財人から破産債権者に任意弁済することを禁じているものと解される(注171)。このように、破産手続開始後には、債務者・破産管財人による追完の可能性が制約を受けるので、債務者に追完の機会を保障するための催告をする前提が失われると考えられるのである。

　以上によれば、従前の学説が挙げる㋐・㋑は、ⅱ債務者の帰責事由の不存在を基礎付けるものというより、有効な催告を否定する論拠と解すべきことになる。このような理解によれば、債務者の帰責事由を法定解除の要件としない改正民法のもとでも、破産手続開始後は、有効な催告ができないことを理由として、契約相手方が履行遅滞に基づく法定解除権を取得しない、という従前の学説の帰結を維持できるものと考えられる。

　また、破産法100条1項の趣旨について、岡論文は、破産手続によらないで破産債権の満足を得る行為の禁止に求めた上で、契約相手方に法

(注170)　破産者が自然人である場合には、債務の種類によっては、自由財産からの弁済の余地があるが、弁済の任意性が厳格に要求されることに加え（最判平成18・1・23民集60巻1号228頁、伊藤・前掲（注16）264頁注26、伊藤ほか・前掲（注16）745-746頁）、そもそも自由財産が破産者の必要最小限度の生活の維持に必要とされるものであることから、自由財産からの弁済可能性によって追完の可能性を基礎付けることも困難であると考えられる。

(注171)　伊藤ほか・前掲（注16）742頁。

定解除権の取得・行使を認めることは、同項の趣旨に反しないとしていた〔→Ⅱ2⑵(ⅱ)〕。しかし、同項は、破産債権者による権利行使の制限とともに、破産管財人による債務の弁済禁止という内容を含むものと解される。そして、催告解除における催告要件が債務者の追完機会を保障するものであることを考え合わせれば、契約相手方の法定解除権取得を否定する論拠として破産法100条1項を持ち出すことには理由があると考えられるのである。

　(イ)　破産手続開始の時点で相当期間が経過していなかった場合

　以上の理解を前提として、次に問題となるのが、破産手続開始前に債権者が催告をしていたものの、破産手続開始の時点で相当期間が経過していなかった場合である。従前の議論では、この問題に関する検討が十分でなかったといえる(注172)。この場合、破産手続開始によって破産債権の行使が制限される前に契約相手方が催告をしているものの、相当期間が満了していない以上、債務者に追完の機会が保障されたとはいえない（破産手続開始の直前に契約相手方から催告がなされた場合を考えるとよい）。それゆえ、破産手続開始時点で相当期間が経過していなければ、破産手続開始前になされた催告は効力を失い、契約相手方は法定解除権を取得しないことになるものと解される。

　このように考えると、催告解除を否定する論拠として重要なのは、破産手続の開始によって契約相手方の権利行使が制限されることというより、破産管財人による債務の弁済（追完）が禁じられることであると考えられる。破産法100条1項との関係では、それが直接に規定する内容――破産債権者による権利行使の制限――というより、同項の前提とする内容――破産管財人による破産債権の弁済の禁止――が、破産手続開

(注172)　この問題に言及する数少ない文献が、兼子一監修『条解会社更生法（中）〔第4次補訂版〕』（弘文堂・2001）308頁である。そこでは、「手続開始後は法律上履行が禁止されているので（……）、管財人が残存期間中に履行しなくとも、解除権発生の要件たる催告期間徒過の事実があったことにならない」と説明される。本文の説明と同様の理解を示すものと考えられる。

始後の法定解除権取得を否定する直接の理由であると解されるのである。
　なお、以上の解釈を前提とすると、破産手続開始前に契約相手方が催告をしていた場合、破産手続開始までに相当期間が経過していたか否かが重要な問題となる。この局面では、契約からの迅速な離脱という債権者の利益をどの程度重視するかという、催告解除を巡る議論の対立が顕在化する［→Ⅲ 1 (4)・2 (3)］。債権者の利益を重視するとすれば、相当とされる期間の長さは比較的短くて足りると考えることになるので、破産手続開始前に法定解除権が成立していたと解すべき場合が広がることになる。このような期間の相当性に関する解釈において許容される限度で、契約からの迅速な離脱という債権者の利益は実現されるべきものと考えられる。

　(ｳ)　他の倒産手続との関係
　破産手続に関する以上の議論は、民事再生手続および会社更生手続にも、同様に妥当するものと考えられる[注173]。これらの手続が開始した

(注173)　これに対して、特別清算手続については別異に解する余地がある。会社法537条1項は、清算株式会社が、協定債権者に対し、債権額に応じた弁済（割合弁済）をしなければならないことを定める。しかし、特別清算手続の開始命令には弁済禁止効がないため、同項に違反した弁済も原則として有効となる。この点を重視するとすれば、特別清算手続開始後も、債権者は有効な催告をなし得ることになる。もっとも、債権者が特別清算手続の開始および割合弁済を超える弁済となることについて悪意であった場合には、当該債権者に対する弁済を無効とする解釈論が有力である（松下淳一・山本和彦編『会社法コンメンタール(13)清算(2)（特別清算）』〔商事法務・2014〕126頁［三木浩一］）。この解釈論を前提とすれば、悪意の債権者は有効な催告をできないことになる。以上のように、債権者の主観的態様に応じて催告解除の可否を区別することが適当であるかが問題となる。この問題は、特別清算制度の倒産制度としての性格・特殊性にもかかわると考えられる。今後の研究課題としたい。
　なお、類似の問題は、破産手続開始前の弁済禁止の保全処分にも存在する。保全処分によって債務者の弁済が禁止されることからすれば、債権者は保全処分後に有効な催告をできなくなるものと解される（竹下編集代表・前掲（注163）215-216頁［松下］。最判昭和57・3・30民集36巻3号484頁参照）。しかし、弁済禁止の保全処分に反する任意弁済も善意の債権者との関係では有効とされること（破産法28条6項）をいかに解するか、という問題が残されることになる。

場合にも、債権者は個別の権利行使を制限され、債務者や管財人による債務の弁済には制約が課される（民事再生法85条1項、会社更生法47条1項）。それゆえ、手続開始後に倒産者に対する催告をすることはできず、また手続開始前に催告がなされていても手続開始までに相当期間が経過していなければ解除権は成立しないものと解される。

(2) 倒産手続の開始と債務の履行不能――第3の課題の検討

(i) 破産債権の金銭化

続いて、第3の課題――倒産手続の開始と債務の履行不能の関係――についてみていこう。前述のように、岡論文が倒産手続の開始による履行不能の発生を肯定するのに対して［→Ⅱ2(1)］、福永論文は破産債権の金銭化（破産法103条2項1号イ・ロ）という論理を用いて履行不能を否定していた［→Ⅱ1(2)(ii)(ア)］。福永論文の説明を敷衍すれば、まず、契約相手方が有していたのが金銭債権である場合には、そもそも履行不能を観念できない；また、契約相手方が非金銭債権などを有していた場合でも、破産手続では金銭債権として取り扱われることから、同様に履行不能が生じない、ということになるものと解される。

しかし、破産債権の金銭化とは、非金銭債権などが金銭債権へと実体法上の性質を変えることを意味するわけではなく、破産配当の前提として破産債権の金額を確定するために、非金銭債権を含む金額不確定の債権を金銭的に評価することを意味するにすぎない[注174]。また、破産債権の金銭化は破産債権確定の効果であり（破産法124条1項・3項・221条1項）、破産手続の開始によって破産債権の金銭化が生じるわけではない。それゆえ、破産債権の金銭化という論理によって、破産債権が履行不能とならないことを基礎付けるのは、適切でないように思われる[注175]。

そこで、履行不能概念の意義に立ち戻った検討が必要になる。

(注174) 伊藤・前掲（注16）285頁。
(注175) さらに、再建型倒産手続について、同様の論理を用いることができないという難点もある。

(ii) 倒産債権と履行不能

　前述［→Ⅲ 1(3)(i)］のように、学説上の通説的見解は、履行不能について社会通念上の不能という概念を採用する。そして、目的物の取引が法律によって禁止された場合（法律上の不能）が社会通念上の不能の一類型とされるのに対して、目的物に対する差押え・仮差押えなどはこれに該当しないとしていた。目的物に対する差押え・仮差押えなどがあっても、債務の履行可能性がなくなったわけではなく、その段階で無催告解除を認めるべきではない、という考慮に基づくものと解される。このような理解によれば──通説は明言しないものの──倒産手続の開始決定があったことによって、直ちに債務が履行不能となるわけではないと考えることができる。

　もっとも、目的物の差押え・仮差押えに関する議論を前提とすれば、例えば、破産手続において破産管財人が目的物を換価・処分した場合には、当該目的物の引渡債務の履行可能性がなくなるという事態が生じる。その場合に、破産債権について履行不能が生じたといえるかが問題となる。

　この点については──目的物の差押え・仮差押えの場合と異なり──破産手続が開始した場合、債権者の権利が破産手続に従って行使すべき破産債権へと変容すること（破産法100条1項）が意味を有する。その結果、目的物の換価・売却があっても、破産債権としての履行可能性（破産配当の受領など）は保障されるため、履行不能は生じないものと解される。この点をヨリ一般化すれば、倒産手続の開始によって、契約相手方の有する債権が、倒産手続の枠組みの中で処理される権利（倒産債権）へと変化するために──倒産手続が係属する限り──倒産債権に関する履行不能が生じることはないと考えるのである[注176]。

　以上によれば、破産債権の金銭化という論理を用いずとも、倒産債権について履行不能が生じないという福永論文の帰結を支持できるものと考えられる。

2 改正法の解釈論
(1) 改正541条および改正542条1項の解釈

続いて、これまでの検討内容を、改正民法の解釈論として展開することにしたい。

まず、改正541条に基づく催告解除については、倒産手続の開始によって債務者に対する有効な催告ができなくなることから、倒産手続開始後に法定解除権は成立しないものと解される。倒産手続開始前に催告がなされていても、倒産手続開始までに相当期間の経過がなければ、やはり催告解除の要件を満たさないので、契約相手方は解除権を取得しないことになる。

次に、改正542条1項による無催告解除のうち、債務全部の履行不能(同項1号)および一部の履行不能(同項3号)については、倒産手続の開始はそれ自体として債務の履行不能を生ぜしめるものではないこと、また倒産債権については履行不能が生じないことから、倒産手続開始後における法定解除権の成立は否定される。

続いて——改正法の新設規定のうち——債務者による債務の履行拒絶の意思の明確な表示に基づく無催告解除(改正542条1項2号・3号)の可否については、次のように解される。まず、倒産手続の開始決定は、裁判所の決定であるので、これによって、無催告解除が基礎付けられることはない。次に、債務者が倒産手続開始の申立てをすることに関しては、債務者は倒産手続を利用して債権者に対する弁済を行おうとする意思を有するので、債務の履行拒絶の意思の明示には当たらないものと解される。債務者が債権者に対して私的整理の提案を行う場合についても、債務者に債務を履行する意思が認められる限りは、同様の理解が妥当す

(注176) 以上の理解は、債務者の不利益と債権者の利益の比較を通じて履行請求権の限界を画すべきとする、近時の学説の立場［→Ⅲ1(3)(ii)］からも支持できるものと思われる。倒産手続の開始によって、倒産者(債務者)の給付の内容が変化する以上、債務者について給付対象の調達コストの増加という不利益は生じないからである。

るものと考えられる。

　最後に、「債務者がその債務の履行をせず、債権者が前条の催告をしても契約をした目的を達するのに足りる履行がされる見込みがないことが明らかである」場合における無催告解除（改正542条1項5号）の可否が問題となる。まず、この規定は、債務者が任意に債務を履行できる場面を念頭に置いたものといえる。そのことは、「債務者がその債務の履行を〔しない〕」という要件に加え、「債権者が前条の催告をしても」という文言が有効な催告が可能である場合を前提とすることに現れている。それゆえ、倒産手続の開始によって、債務者（や管財人）による債務の弁済が禁止された段階では、この規定を適用する前提が欠けることになる(注177)。その結果、倒産手続の開始後に、改正542条1項5号に基づく無催告解除は認められないと解される。

　以上のように、改正法の規定の解釈としても、倒産手続の開始後に、倒産者の契約相手方が法定解除権を取得することはない、という見解を基礎付けることができる。その意味で、岡論文が批判の対象とした、福永論文に代表される従前の通説的見解について——論理構成を見直しつつ——その結論を支持できるものと考えられる。

(2)　岡・第2論文による批判への応接

　以上の本稿（のもとになったシンポジウム報告）の改正法に関する解釈論に対しては、すでに岡・第2論文から批判が向けられている。

　岡・第2論文は、倒産手続開始後に契約相手方が催告解除（改正541条）および履行不能を理由とする無催告解除（改正542条1項1号・3号）をすることができないという点では、本稿の立場を支持する(注178)。その一方で、改正542条1項5号に関する本稿の解釈に疑問を投げかける。まず、「倒産債権者たる相手方契約当事者による契約解除が許されるか否かは、倒産法的見地から、実質的に解釈・価値判断を行って、判

(注177)　もっとも、特別清算手続については、前述のように（前掲（注173））、手続開始決定に弁済禁止の効果がないため、別異に解する余地がある。
(注178)　岡・前掲（注4）376-377頁。

定すべきであり、民法の文言解釈で結論を出すことは相当でない(注179)」という批判を本稿の解釈論に向ける。その上で、「倒産法的見地からの議論・価値判断」に基づき、金銭債権については「100％配当ができる見込みがないことが明らかになった時点(注180)」、非金銭債権については「債務の履行がなされる見込みがないことが明らかになった時点(注181)」で、改正542条1項5号に基づく無催告解除が認められるとする。ただし、岡・第2論文は――誠実にも――無催告解除を否定する「価値判断」があり得ることを、併せて指摘する(注182)。

　以上からすると、岡・第2論文の批判の主眼は、本稿の解釈論が「民法の文言解釈」に偏している、ということにあると考えられる。そこで、本稿の「民法の文言解釈」の背後に存在する実質的判断を明確にしておく必要があることになる。

　包括執行としての倒産手続は、倒産状態に陥った主体の清算価値や継続企業価値などを適切に実現するための制度である。それゆえに、倒産手続の開始によって、債権者は個別に自らの権利を行使することが制限され、債務者による債務の弁済も制約を受けることになる。倒産手続開始後における、契約相手方の催告解除（改正541条）や履行不能解除（改正542条1項1号・3号）が否定される根拠が、これらの点に求められることは、前述の通りである［→1(1)(ii)・(2)(ii)］。同様の考慮は、改正542条1項5号の解釈にも妥当する。一部の債権者に無催告解除を認めることで、債権者間の公平が害されるおそれや、円滑な倒産手続の進行が阻害されるおそれが生じるのであれば、そのような帰結を可及的に回避する解釈が望ましいと考えられる。例えば、岡論文は、非金銭債権について、倒産手続開始後の目的物の価額変動が倒産債権（価額償還請求権）の金額に反映されることを認めるが［→Ⅱ2(2)(ii)］、このことは――わず

(注179)　岡・前掲（注4）377頁。
(注180)　岡・前掲（注4）377頁。
(注181)　岡・前掲（注4）378頁。
(注182)　岡・前掲（注4）377頁・378頁。

かもしれないが[注183]——契約相手方の機会主義的行動を助長するおそれを生じさせる[注184]。また、多数の契約相手方が利益の獲得を目指して解除権を行使することにより、倒産手続の円滑な進行が阻害される可能性もある。そうだとすれば、改正542条1項5号の適用場面を、債務者による任意の債務弁済が可能である場合（債権者が有効に催告をできる場合）に限るという解釈論には、合理性があると考えられる。

本稿のこれまでの検討から明らかなように、解除制度——特に催告解除——について、契約からの迅速離脱という要請を重視すべきという理解はあり得る。しかし、一旦倒産手続が開始した以上は、そのような要請は後退せざるを得ないと解されるのである。このような考慮が、本稿の「民法の文言解釈」の前提に存在する「価値判断」ということになる。

3 約定解除との関係

最後に、法定解除に関する以上の検討が、約定解除との関係で、いかなる意味を有するかについて一言しておこう。

まず、契約の一方当事者に倒産手続開始の申立てや支払停止などの事実が生じた場合に約定解除権の発生を定める特約（倒産解除特約）の効力について、現在の通説的見解は消極的な立場をとる。すなわち、倒産解除特約の効力を無制限に認めると、破産手続開始前に契約相手方が約定解除権を取得・行使できることになる；破産手続開始前に契約相手方が解除権を行使していた場合、その後に破産手続が開始しても、解除の効力に影響はない；しかし、このような帰結は、破産法が破産管財人に履行請求と解除の選択権（破産法53条1項）を付与した趣旨を没却することになる；そこで、破産手続との関係では、倒産解除特約の効力を原則として否定すべきである、と説明されるのである[注185]。

(注183) 契約相手方が享受する利益の程度は、価額償還請求権を自働債権とする相殺を肯定するか否かという問題にもかかわる（前掲（注41）および対応する本文参照）。
(注184) 岡・前掲（注4）377頁も、そのような弊害があり得ることを指摘する。

ここでは、倒産解除特約の効力を否定する根拠として、破産法上の制度趣旨が挙げられている。そうだとすれば、民法が改正されても、その立論に影響が生じるわけではない。もっとも、これまでの検討に基づいて、倒産手続の開始により、債権者が債務者（倒産者）に対して有効な催告をできなくなる——その結果、催告解除をできなくなる——という理解を前提とすれば、そのような帰結を回避する目的で締結される倒産解除特約の効力については、やはり消極的に解すべきように思われる。通説的見解は、破産法のみならず民法の解釈としても、正当化されるものと考えられる。

次に、倒産手続開始の申立てや支払停止などと無関係な事実に基づいて無催告解除を認める特約が問題となる。前述の通説的見解の立論によれば、倒産手続に関係しない事由に基づく無催告解除特約の効力を否定すべき理由は、直ちには導出されないことになる。実際、福永論文も、約定解除権については、倒産手続開始後の成立の余地があることを認めていた［→Ⅱ1(2)(ii)(イ)］。

これに対して、催告による債務者への追完機会の保障に着目する場合、無催告解除特約とは債務者があらかじめ追完機会の保障の利益を放棄することを意味するので、そのような利益放棄がいかなる条件のもとで許容されるのかに関心が向けられることになる。その際には、倒産手続の開始によって有効な催告ができなくなった場合にも、債務者による追完利益の放棄の効力が維持されるか、という観点からの考察も要請される。このように、無催告解除特約の実体法上の有効性を判断する上で、催告

（注185）　伊藤・前掲（注16）387-388頁。倒産解除特約をめぐる議論状況の詳細については、垣内秀介「倒産解除特約の破産手続上の効力」岡伸浩ほか編著『破産管財人の財産換価〔第2版〕』（商事法務・2019）705頁。

　なお、非典型担保の実行手段としての倒産解除特約に関するものであるが、最判昭和57・3・30（前掲（注173））は「会社更生手続の趣旨、目的（会社更生法1条参照）を害する」ことを理由として、また最判平成20・12・16民集62巻10号2561頁は「民事再生手続の趣旨、目的に反する」ことを理由として、それぞれ会社更生手続・民事再生手続における倒産解除特約の効力を否定する。

第 2 部　シンポジウムを終えての理論面からの考察

による債務者への追完機会の保障という視点が意義を有すると考えられるのである。

V　おわりに

　本稿は、改正民法の新しい契約解除法制のもとで、倒産手続の開始後に倒産者の契約相手方が法定解除権を取得するか否か、という問題を取り上げた。改正法が債務者の帰責事由を法定解除の要件から除外した結果として、倒産手続の開始によって契約相手方が法定解除権を取得し得ることになるという岡論文の主張を批判的に検討し、改正法のもとでも従前の通説的見解――倒産手続開始後に契約相手方が法定解除権を取得することはないとする立場――を支持すべきことを指摘した。
　このようにみると、法定解除制度に関する民法改正は、倒産手続に関する現在の法状況に影響を与えないということになりそうである。実際、結論だけに着目すれば、そのような評価も誤りとはいえない。しかし、民法改正の結果として、従前の議論の内容が問い直される場合が存在する。本稿の検討対象との関係では、倒産手続開始後に契約相手方が法定解除権を取得することはないという帰結を導くため、従前の議論において、債務者の帰責事由の不存在という論理構成がしばしば用いられていた。しかし、その論拠を再検討すると、そこで問題とされていたのは、債務者の帰責事由の有無というより、有効な催告の可否であると考えるべきことが明らかになった。また倒産手続開始が債務の履行不能を生ぜしめない理由について、従前の学説では破産債権の金銭化が挙げられることがあったが、本稿は、履行不能の意義に立ち戻って考えることで、同様の帰結が導かれることを指摘した。
　以上からすれば、民法改正の影響を考える上では、民法改正がこれまで十分な分析がないままに通用してきた法律論を見直し、その意味するところを明確にする契機となることを見過ごしてはならないように思われる。結論に差異がないとしても、そこに至る論理構成の点で、民法改

正は従前の議論状況に影響を与え得るのである。このことは、わが国の法的議論の深化に裨益するところが大きい。本稿が——岡弁護士の2つの論文との対話を通じて——その一助となれば幸いである。

第2部　シンポジウムを終えての理論面からの考察

新民法からみた倒産手続上の契約解除・各論

立教大学教授　藤澤　治奈

I　はじめに

1　各論の諸相

本稿では、「新民法からみた倒産手続上の契約解除」というテーマの各論部分を扱う。とはいえ、今次の民法改正が多岐にわたることから、倒産手続上の契約解除に与える影響もさまざまなものがある。これらの中から、本稿では、以下の3つの「各論」を扱うこととする。

2　契約総則の改正と各種契約

第1に、民法の契約総則の規定が改正されたことにより、それが各種契約の倒産手続における解除に影響を与えることを指摘したい。これは、本書の加毛論文において論じられた「総論」との関係でいえば、まさに「各論」というべき問題である。

というのも、改正前の民法541条ないし543条においては、契約を解除するためには、債務者の帰責事由が必要であると解されていた。このことを踏まえて、改正前民法下における倒産法については、倒産手続開始後（または、倒産手続開始に先立つ弁済禁止の保全処分の発令後）は、倒産者（債務者）が債務を履行しないことにつき帰責事由がないことから、契約相手方の解除権は発生しないと解されていた[注1]。ところが、改正後の民法541条および542条においては、契約を解除するために、債務者の帰責事由が不要であるとされた[注2]。そのため、従来、契約相手方に

解除権が発生しないと考えられてきた場面においても、解除が認められるようになるのではないかとの指摘がある[注3]。この新たな問題提起を、通常の契約（例えば売買契約）について、どのように解するべきかは、非常に重要な問題であり、「総論」として論じられたところである。

他方、この問題提起は、より個別的な場面でもインパクトをもつ。それは、所有権留保売買およびファイナンス・リースの場面である。後述するように、所有権留保売買およびファイナンス・リースの倒産手続上の取扱いに関しては、少なくとも判例法上は、契約解除の可否が重要な意味を有している。上記の民法改正は、所有権留保売買およびファイナンス・リースの契約解除の可否に影響を与える可能性があり、この点を検証する必要がある。

そのため、本稿では、第1の各論として、所有権留保売買およびファイナンス・リースを扱う［→Ⅱ］。

3 契約各則の改正と各種契約

第2に、契約各則の規定が改正された結果、契約に基づく債務の発生時期等が変わり、そのことにより、当該契約の倒産手続上の取扱いに変化が生じる可能性があることを指摘したい。

具体的には、消費貸借契約および使用貸借契約についての改正である。

(注1) 福永有利「倒産手続と契約解除権——倒産手続開始後における倒産者の相手方による解除権の行使を中心として」伊藤眞ほか編『竹下守夫先生古稀祝賀・権利実現過程の基本構造』（有斐閣・2002）690頁、伊藤眞『破産法・民事再生法〔第4版〕』（有斐閣・2018）387頁。
(注2) 潮見佳男『民法（債権関係）改正法の概要』（金融財政事情研究会・2017）217頁は、「〔改正541条および改正542条は、〕解除をするのに債務者の帰責事由は不要であるという立場に立って立案されたものであり、改正前民法下での通説から発想を大きく転換している（債務者に対する責任追及の手段としての解除制度から、債務の履行を得られなかった債権者を契約の拘束力から解放するための手段としての解除制度へ）。」と述べている。
(注3) 岡正晶「倒産手続開始後の相手方契約当事者の契約解除権と相殺権」高橋宏志ほか編『伊藤眞先生古稀祝賀・民事手続の現代的使命』（有斐閣・2015）780頁。

改正前民法では、これらの契約は、原則として要物契約であると解されていた(注4)。ところが、改正後民法では、消費貸借契約のうち、一定の要件を満たしたものは諾成契約であることが明示された（587条の2第1項）。また、使用貸借契約は、原則として諾成契約であるとされた（593条）。

要物契約である消費貸借契約および使用貸借契約については、目的物の引渡前に倒産手続が開始した場合、いまだ契約が成立していないことから、契約の履行や解除は問題とならない。これに対して、諾成契約である消費貸借契約および使用貸借契約については、契約締結後、目的物の引渡前に倒産手続が開始した場合、契約の履行や解除の可否が問題となる。改正後の民法下では、これまでそれほど問題とされなかった上記の問題が顕在化することになる。

本稿では、第2の各論として、上記のうち、消費貸借契約を扱う［→Ⅲ］。

4　残された問題

第3は、以前から各種契約の倒産法上の取扱いにつき不明確・不適切な点があり、立法的解決が待たれていたものの、改正法による対応がなく、問題が残ったという場面についてである。この問題は、正確にいえば、民法改正により生じたものではない。しかし、今後の課題として取り組まなくてはならない問題であることから、本稿でも触れておきたい。

（注4）　改正前民法587条は、「消費貸借は、当事者の一方が種類、品質及び数量の同じ物をもって返還をすることを約して相手方から金銭その他の物を受け取ることによって、その効力を生ずる」と定めており、このことから、消費貸借契約は、原則として要物契約であると解されてきた。ただし、解釈により、諾成的消費貸借契約の存在は認められていた。

また、改正前民法593条は「使用貸借は、当事者の一方が無償で使用及び収益をした後に返還をすることを約して相手方からある物を受け取ることによって、その効力を生ずる」と定めており、使用貸借契約も消費貸借契約と同様に、原則として要物契約であると解されてきた。

具体的には、倒産手続上の請負契約の解除についてである［→Ⅳ］。

Ⅱ　所有権留保売買およびファイナンス・リース

1　民法改正前の所有権留保売買およびファイナンス・リース

Ⅱでは、民法の契約総則規定の改正が、所有権留保売買およびファイナンス・リースに与える影響を分析するが、その前提として、民法改正前の状況を確認しておきたい。

(1)　民法改正前の倒産手続上の契約解除

本書の加毛論文において詳細に分析されているように、民法改正前は、倒産手続開始後（または、倒産手続開始に先立つ弁済禁止の保全処分の発令後）は、倒産者の契約相手方は、手続開始後（または保全処分発令後）の倒産者の債務不履行を理由として、契約を解除することはできないと解されてきた。その理由については、十分に論じられていたわけではないものの、債務を履行しないことにつき債務者（倒産者）に帰責事由がないからであるとの説明が有力であった。

では、このような理解は、所有権留保売買およびファイナンス・リースの倒産手続上の取扱いに対して、どのような影響を及ぼしていたのか。

(2)　所有権留保売買と倒産手続

まずは、所有権留保売買についてである。判例は、民事再生手続において、留保所有権者が有する権利を別除権であるとした（最判平成22・6・4民集64巻4号1107頁）[注5]。つまり、倒産手続上、留保所有権者は、担保権者と同様に処遇される。

倒産手続上、担保権には、平時とは異なるいくつかの制約が課されている。まず、会社更生手続との関係では、手続外で担保権を実行することはできない（会社更生法50条1項）。破産手続および民事再生手続との関係では、別除権として手続外で担保権を実行することができるものの

(注5)　ただし、このケースでは、留保所有権者の有する権利が別除権であることは争点となっていなかった。

(破産法65条、民事再生法53条)、管財人または再生債務者による担保権消滅請求(破産法186条、民事再生法148条)の制度がある。その他にも、破産手続には、受戻権(破産法78条2項14号)、民事再生手続には、実行中止命令(民事再生法31条)の制度がある。

これらのルールにより、留保所有権者は、買主の倒産に際して担保権を実行し目的物を引き揚げることを制約されることになる。しかし、手続開始前に担保権の実行が終了していれば話は別である。

では、所有権留保における担保権の実行とは何か。学説上は、所有権留保の法的構成とも関係して、担保権の実行に契約の解除が必要か否かについて争いがある。他方、判例(最判昭和57・3・30民集36巻3号484頁)は、目的物の引揚げに先行して契約を解除すべきことを当事者が合意していた場面については、解除が担保権実行であるとの前提に立っているようである。というのも、前掲・最判昭和57・3・30の事案は、所有権留保の買主につき会社更生手続開始の申立てがあり、売主が、弁済禁止の保全処分の期間中に所有権留保売買の解除の通知を行い、手続開始後に取戻権行使として目的物引渡請求をしたものである。このような事案について、最高裁は、「動産の売買において代金完済まで目的物の所有権を売主に留保することを約したうえこれを買主に引き渡した場合においても、買主の代金債務の不履行があれば、売主は通常これを理由として売買契約を解除し目的物の返還を請求することを妨げられない」と述べつつ、売主からの債務不履行解除および約定解除を否定し、目的物の返還を認めなかった。解除が否定されると目的物の返還も否定される、という論理からすれば、判例は、所有権留保売買の解除を担保権の実行と位置付けていると解することができる。

(3) ファイナンス・リースと倒産手続

次に、ファイナンス・リースについてである。判例は、所有権留保売買と同様、ファイナンス・リースにおいてリース会社が有する権利を担保権であると解している[注6]。したがって、ユーザーの倒産手続との関係では、リース会社は、担保権の実行に関する倒産法上の制約を受ける。

ただし、倒産手続開始前に実行が終了していれば、そのような制約を避けられる点も、所有権留保売買の場合と同様である。

では、ファイナンス・リースにおける担保権実行とは何か。有力な学説は、以下のように解している(注7)。まず、①ファイナンス・リースにおいて、リース会社が有する権利は、目的物の利用権についての担保権である。そして、②その実行に際しては、リース会社が、リース契約を解除することにより、ユーザーの利用権がリース会社に移転し、利用権は混同により消滅する。その結果、③リース会社は、目的物につき完全な所有権を有することとなり、所有権に基づき目的物を引き揚げることができる 。以上の考え方は、多くの下級審裁判例で採用されている(注8)。最高裁の立場は、下級審ほどははっきりとしていないものの、最判平成20・12・16（注6参照）は、リース契約の「解除を認めることは……担保としての意義を有するにとどまるリース物件を……民事再生手続開始前に債務者の責任財産から逸出させ」ることであるという。この判示からは、最高裁も下級審と同様に、リース契約を解除することにより担保権実行は終了し、リース会社は、以後完全な所有権者として取戻権を行使することができると解していることがうかがえる。

(4) **解除の否定による担保権実行終了の否定**

以上のように、民法改正前の判例は、所有権留保売買およびファイナンス・リースにおいて、両者の担保権の実行は、契約の解除により終了すると解しているようである。そして、倒産手続開始申立後に所有権留

(注6) 判例は、ファイナンス・リース契約について、双方未履行双務契約性を否定し（最判平成7・4・14民集49巻4号1063頁）、また、「担保としての意義を有する」ものであると述べている（最判平成20・12・16民集62巻10号2561頁）。

(注7) 山本和彦「ファイナンス・リース契約と会社更生手続」NBL574号（1995）11頁、同「倒産手続におけるリース契約の処遇」金法1680号（2003）8頁、同編著『倒産法演習ノート〔第3版〕』（弘文堂・2016）121頁。

(注8) 大阪地決平成13・7・19判時1762号148頁、東京地判平成15・12・22判タ1141号279頁、東京地判平成16・6・10判タ1185号315頁（前掲・最判平成20・12・16の第1審）、東京高判平成19・3・14判タ1246号337頁（同控訴審）。

保売主またはリース会社からの解除通知があった場合には、解除の効力を否定することにより、担保権実行終了を否定し、所有権留保売主またはリース会社の有する担保権を倒産法上の制約に服させている。別の言い方をすれば、解除を否定することが、所有権留保売主またはリース会社の有する担保権を倒産法上の制約に服させるという結論を支えている[注9]。

(5) 解除を否定する論拠

では、どのような論拠によって所有権留保売買およびファイナンス・リースの解除が否定されるのか。

所有権留保売主またはリース会社が主張し得る解除権には、2種類のものがある。第1は、倒産手続開始申立等を原因とする約定解除権である。第2が、売買代金またはリース料の不払による履行遅滞を原因とする法定解除権である。

第1の倒産手続開始申立てを原因とする約定解除権について、判例は、そのような解除を定めるいわゆる倒産解除特約は、民事再生手続や会社更生手続の趣旨・目的に反するものとして無効であるという[注10]。

第2の履行遅滞解除について、所有権留保売買に関する前掲・最判昭和57・3・30は、「更生手続開始の申立のあった株式会社に対し〔旧〕会社更生法39条の規定によりいわゆる旧債務弁済禁止の保全処分が命じられたときは、これにより会社はその債務を弁済してはならないとの拘束を受けるのであるから、その後に会社の負担する契約上の債務につき

(注9) さらに、前掲・最判平成20・12・16の田原睦夫裁判官による補足意見は、解除の可否の論理を用いて、倒産手続における担保権実行の可否をコントロールする構想を示している。同補足意見は、民事再生手続開始申立後、弁済禁止の保全処分の間は、債務者が弁済を禁じられている以上は履行遅滞とはならず、リース会社は契約を解除することはできない、しかし、開始決定があったときには、弁済禁止の保全処分は失効するので、債務者は債務不履行状態に陥り、リース会社による契約の解除が可能になるという。倒産手続開始申立直後の解除(担保権実行)が封じられるため、保全処分の間に、債務者側は、実行中止命令や担保権消滅許可の準備をすることができるのである。

弁済期が到来しても、債権者は、会社の履行遅滞を理由として契約を解除することはできない」という。この点について、同判決の調査官解説は、履行遅滞につき債務者の帰責事由が存在しないことを指摘している[注11]。他方、ファイナンス・リースに関する前掲・最判平成20・12・16においては、当事者が履行遅滞解除を主張していなかったことから、その可否は問題とならなかった。ただし、一般的にいえば、ファイナンス・リースにおいても、所有権留保売買の場合と同様に、リース料の不払を原因とする履行遅滞解除の可否が問題となるところ、田原睦夫裁判官の補足意見は、弁済禁止の保全処分の期間中は債務者が弁済を禁じられている以上はリース料の不払は履行遅滞に当たらないとしている。

このように、履行遅滞解除との関係では、弁済禁止の保全処分期間中に売買代金またはリース料の不払が生じることについて債務者の帰責事由が認められない点が、解除を否定する重要な論拠となっている。

(注10) 所有権留保につき、前掲・最判昭和57・3・30は、「買主たる株式会社に更生手続開始の申立の原因となるべき事実が生じたことを売買契約解除の事由とする旨の特約は、債権者、株主その他の利害関係人の利害を調整しつつ窮境にある株式会社の事業の維持更生を図ろうとする会社更生手続の趣旨、目的（〔旧〕会社更生法1条参照）を害するものであるから、その効力を肯認しえないものといわなければならない」とする。また、ファイナンス・リースについて、前掲・最判平成20・12・16は、「民事再生手続開始の申立てがあったことを解除事由とする特約による解除を認めることは、このような担保としての意義を有するにとどまるリース物件を、一債権者と債務者との間の事前の合意により、民事再生手続開始前に債務者の責任財産から逸出させ、民事再生手続の中で債務者の事業等におけるリース物件の必要性に応じた対応をする機会を失わせることを認めることにほかならないから、民事再生手続の趣旨、目的に反することは明らかというべきである」とする。
(注11) 調査官は、「法が一方において任意弁済を禁止しながら他方において弁済をしないことによる不利益な法的効果を生ぜしめるとすれば、法自体が矛盾を含むことになるのではないか、任意弁済を許さないということは、債権者による取立て自体を妨げるものではないにしても、債務者が積極的に弁済をしないことを正当化するに足りる事由であり、かかる命令が出された以上、以後の履行の遅滞は債務者の責めに帰すべからざる事由によるものと解すべきではないか……」と述べる（加茂紀久男「判解」最判解民事篇昭和57年度〔1987〕292頁）。

2 民法改正が所有権留保売買およびファイナンス・リースに与える影響

(1) 契約解除要件の改正

ところが、先述したように、今次の民法改正において、解除の要件に変更が加えられた。契約を解除するために、債務者の帰責事由は不要であるというのである。

そのため、倒産手続との関係では、弁済禁止の保全処分の期間中や手続開始後に、債務者が債務を履行しなかった場合に、相手方に履行遅滞を理由とする解除権が発生するのではないかとの指摘がある。

(2) 所有権留保売買およびファイナンス・リースへの影響

このような変化は、所有権留保売買およびファイナンス・リースについての従来の判例法理に大きな影響を及ぼす。

というのも、所有権留保買主またはファイナンス・リースのユーザーの倒産手続開始申立てを原因とした期限の利益喪失条項がある場合、(1)で述べた理解によれば、開始申立直後に買主またはユーザーは履行遅滞に陥ることになり、所有権留保売主またはリース会社に解除権が発生することになる。そして、従来の判例法理によれば、売主またはリース会社が契約を解除すると、その時点で担保権の実行が終了し、売主またはリース会社は、倒産手続において取戻権を行使して目的物の返還を受けることができる。このとき売主またはリース会社の取戻権に対して、担保権についての倒産法上の制約を及ぼすことはできない。

契約解除要件の改正によって、このような帰結が導かれるとすれば、従来の所有権留保売買およびファイナンス・リースの倒産法上の取扱いに大きな変化がもたらされることになる。反対に、このような帰結を避け、従来の取扱いを維持するとすれば、従来の理解のどこかについて再検討が必要であろう。この点について 3 で検討を加える。

3 今後の課題

(1) 倒産手続における解除

第1は、「総論」でも論じられたように、そもそも倒産手続に際して倒産者の契約相手方は契約の解除ができるのかという問題の再検討が必要である。改正民法541条および542条の解釈として、倒産手続開始決定後（または倒産手続開始に先立つ弁済禁止の保全処分の発令後）は、相手方からの契約解除は許されないという解釈が成り立つのであれば、所有権留保売買およびファイナンス・リースにおいても同様であろう。

(2) 所有権留保売買およびファイナンス・リースにおける担保権実行

第2に、上記とは異なる対応として、所有権留保売買およびファイナンス・リースにおける担保権実行とは何を指すのかを再検討する方向があり得る。

1で述べたように、判例は、契約の解除イコール担保権の実行終了という理解に立っているようにみえる。そして、そのような理解を採用するからこそ、担保権の実行終了を否定するために、解除を否定する必要がある。

これに対して、所有権留保売買およびファイナンス・リースにおける担保権の実行終了と解除とを切り離すことができれば、契約解除要件の改正の影響を遮断することができる。そして、担保権の実行終了時期は、倒産手続との関係で所有権留保売買およびファイナンス・リースに対する制約をどこまで及ぼすべきなのかを正面から論じつつ確定されるべきであろう。

なお、所有権留保売買およびファイナンス・リースにおける「解除」とは、担保権実行の意味をもつものとして、通常の契約の解除とは区別して論じられるべきであるとの見解もある。この見解によれば、通常の契約を倒産手続開始決定後に解除できるかどうかとは別に、所有権留保売買およびファイナンス・リースの「解除」の可否が問題となることになり、やはり、所有権留保売買およびファイナンス・リースを契約解除要件の改正の影響から切り離すことができる。この見解は、契約の解除

イコール担保権の実行終了という理解を維持しつつ、解除すなわち担保権実行の時期を倒産法との関係でコントロールしようとする構想である。

(3) 倒産法の立法的課題

第3に、契約の解除イコール担保権の実行終了という理解を維持した場合に、担保権実行中止命令を活用して、担保権実行を止めるという方法が考えられるが、この制度に立法的な手当てが必要となる。まず、再建型倒産手続については、担保権実行中止命令の制度があるものの、破産手続では認められていない。破産手続についても同様の制度を規定すべきか検討の必要があろう。また、実行中止命令を活用するといっても、実行中止命令に先立って担保権者の意見聴取が必要とされている（民事再生法31条2項）。契約の解除イコール担保権実行終了であるとすれば、意見聴取の連絡があった途端に所有権留保売主またはリース会社が契約を解除し、担保権実行が終了してしまうといった問題が考えられる。意見聴取の必要性についても再検討が必要であろう。

(4) 倒産解除特約の有効性

第4に、契約の解除イコール担保権の実行終了という理解を放棄した場合に、この理解を前提としてきた従来の判例法理の再検討が必要となるかもしれない。というのも、これまで、契約全般について、いわゆる倒産解除特約は無効であると説明されることも少なくなかった。しかし、従来の判例を振り返ってみれば、倒産解除特約の有効性を否定した判例は、所有権留保売買およびファイナンス・リース契約についてのものである。これらの判例は、先述したように、担保権実行終了を否定するために解除を否定する必要があり、約定解除権の発生を否定する文脈で倒産解除特約の有効性を否定している。解除が有効であるとしても担保権の実行が終了しないとすれば、依然として倒産解除特約を否定する理由があるか。これらの判例の意義の再検討が必要であり、担保と無関係の通常の契約についても倒産解除特約が当然に無効なのか、という問題が生じてくる。

III　消費貸借契約

1　民法改正が消費貸借契約の倒産法上の取扱いに与える影響
(1)　消費貸借契約についての改正
　現行民法587条は、「消費貸借は、当事者の一方が種類、品質及び数量の同じ物をもって返還をすることを約して相手方から金銭その他の物を受け取ることによって、その効力を生ずる」と定めており、このことから、消費貸借契約は、原則として要物契約であると解されてきた。他方、明文はないものの、解釈により諾成的消費貸借契約の存在も認められていた。
　これに対して、改正民法は、587条を維持しつつ、587条の2を追加した。同条1項は、書面でする消費貸借契約は、「約することによって、その効力を生ずる」と定めており、書面でする消費貸借契約が諾成契約となることを明らかにした[注12]。

(2)　倒産手続への影響
　では、消費貸借契約の目的物引渡前に、借主または貸主につき倒産手続が開始した場合、当該契約はどのように処理されるか。
　要物契約である消費貸借契約については、目的物引渡前には契約が効力を生じていないことから、当事者には何らの債権債務も発生しておらず、倒産手続における処理は問題とならない。
　これに対して、諾成的消費貸借契約は、合意の時点ですでに効力を生じていることから、倒産手続における処理が問題となる。
　この問題に対応して、改正民法587条の2第3項は、「書面でする消費貸借は、借主が貸主から金銭その他の物を受け取る前に当事者の一方が

(注12)　なお、同条が追加されたとしても、当事者が「要物契約である」すなわち、貸主が貸す債務を負わず、借主も借りる義務を負わない旨を約した場合には、書面による消費貸借契約であっても、要物的消費貸借契約とされる余地が残されている。反対に、諾成的消費貸借契約を書面によらずに成立させることはできない。同条の趣旨が、当事者に慎重を期せしめることにあるからである（筒井健夫・村松秀樹編著『一問一答　民法（債権関係）改正』〔商事法務・2018〕292頁）。

破産手続開始の決定を受けたときは、その効力を失う」と規定した。この規定によれば、要物契約である消費貸借契約の場合と同様に、諾成的消費貸借契約においても破産手続における処理が不要となる。

しかし、この規定は「破産手続」についてのものであり、改正民法には再建型倒産手続についての定めはなく、この点については解釈に委ねられているという[注13]。では、どのように解釈すべきか。

本稿では、上記の問題を検討するために、いくつかの理論的な問題を順に取り上げる。第1は、諾成契約である消費貸借契約は双務契約か、という問題である。第2に、双務契約に該当するとした場合には、倒産法上の双方未履行双務契約に該当するかという問題が生じる。該当するとすれば、消費貸借契約は倒産法上の双方未履行双務契約の規律に従って処理されることになる。上記とは反対に、「民法上の双務契約ではない」または「倒産法上の双方未履行双務契約ではない」という理解に立った場合、では、そのような契約を倒産手続においてどのように処理するのかという問題が生じる。この問題は、諾成契約である消費貸借契約において、借主の返還債務は、契約の時点ですでに発生していると解するかどうかにかかわる。これが第3の問題である。第4に、改正民法587条の2第3項の類推適用等を根拠として、再建型倒産手続においても、消費貸借契約が失効する等によって、その処理が問題とならなくなる可能性を検討する。

また、これらの理論的問題の答えから導かれる結論が、実際上妥当なものとなっているかという問題も生じる。この点についても最後に検討を加える。

2 諾成的消費貸借契約は双務契約か

(1) 双務契約の定義

双務契約の定義については、大きく分けて2つのものがある。

(注13) 筒井・村松編著・前掲（注12）294頁注6。

1つは、形式的な定義で、双務契約とは、契約の効果として両当事者が相互に対立する債務を負担する契約であると定義され、双務契約か否かは、この定義に当てはまるか否かによって決まることになる[注14]。

もう1つは、実質的な定義である。民法上、双務契約には、同時履行の抗弁権等の規定が置かれているが、これらの双務契約の規定が適用されるべき契約が双務契約であると定義される[注15]。

(2) **諾成的消費貸借契約の双務契約該当性**

形式的定義からすれば、諾成的消費貸借契約も、貸主が貸す債務を負担し、借主が返す債務を負担するものであるため、双務契約であることになる。ただし、貸す債務と返す債務とが同時履行の関係に立つことはないため、民法の双務契約の規定が適用されない特殊な双務契約であると説明される[注16]。

(注14) 例えば、於保不二雄「無償契約の特質」契約法大系刊行委員会編『契約法大系Ⅰ契約総論』(有斐閣・1962) 75頁は、「契約の基本類型として双務契約と片務契約、有償契約と無償契約とが区分されている。前者は、契約の法律効果として各当事者が相互に対価的・対立的債務を負担するか否かという形式的基準によるのに対して、後者は、契約の成立から消滅にいたる全過程において一方の出捐による損失が他方の出捐によつて償われるか否かという実質的基準によつて区別されている」という(傍点は引用者による)。本文で述べるように、このような見解は、諾成的消費貸借契約を双務契約と解する立場に親和的であり、実際、於保論文は、利息付消費貸借契約を「諾成・双務・有償」契約に分類する。

(注15) 例えば、山中康雄「双務契約・片務契約と有償契約・無償契約」契約法大系刊行委員会編・前掲(注14) 60頁は、「フランス民法は、右のローマ法の沿革に忠実に、双務契約とは契約当事者がお互に他方にたいし相互に債務を負うものであり(フランス民法1102条)、片務契約とは当事者の一方のみが債務を負う契約である(フランス民法1103条)と規定する。しかし双務契約の右の定義は両債務間の対価的牽連関係をとりあげていないので正しくない。……双務契約なる範疇は双務契約に固有の法規範原理として同時履行の抗弁関係……、危険負担における債務者主義の法理……、債務不履行解除……等をみとめねばならぬところにこれをみとむべき実益があるのであり、かかる法理の妥当しうる余地のまつたくないいわゆる不完全双務契約は双務契約ではないと解すべきである」という。このような見解は、諾成的消費貸借契約を片務契約(双務契約ではない)と解する立場に親和的であるが、ただし、山中論文は、諾成的消費貸借契約を双務契約に分類する点には注意が必要である(同書73頁参照)。

これに対して、実質的定義からすれば、同時履行の抗弁等が問題とならない諾成的消費貸借契約は双務契約ではない。また、後述するように、諾成的消費貸借契約においては、契約から返す債務が発生するわけではなく、貸す債務の履行の結果として返す債務が発生すると理解すると、対立する債務が同時に存在することはなく、片務契約にすぎないと考えることになろう。

3 諾成的消費貸借契約は双方未履行双務契約か
(1) 判例の立場

諾成的消費貸借契約が、民法上の双務契約であるとしても、それが倒産法上の双方未履行双務契約（民事再生法49条、会社更生法61条）に該当するかどうかは別問題である。

判例は、双方未履行双務契約に該当するためには、当事者が相互に牽連関係に立つ債務を負担し、その債務が互いに担保視し合っている関係にあることが必要であるという[注17]。

(注16) 例えば、内田貴『民法Ⅱ〔第3版〕』（東京大学出版会・2011）251頁は、「〔消費貸借契約は〕要物契約であることから、貸主には借主の返還債務に対応する債務がなく、一方当事者にのみ債務の発生する片務契約である。貸主の債務は590条に定める担保責任だけである。ただし、諾成的消費貸借契約は双務契約となる。もっとも、お金を貸す債務と返済の債務が同時履行の関係に立つわけではないことからもわかるように、典型的な双務契約とは異質な側面があることに注意が必要である」とする。

(注17) 最判昭和62・11・26民集41巻8号1585頁は、請負人につき破産手続が開始した場合に、請負契約につき旧破産法59条の適用があるとした判例であるが、その中で「同条は、双務契約における双方の債務が、法律上及び経済上相互に関連性をもち、原則として互いに担保視しあつているものであることにかんがみ、双方未履行の双務契約の当事者の一方が破産した場合に、法60条と相まつて、破産管財人に右契約の解除をするか又は相手方の債務の履行を請求するかの選択権を認めることにより破産財団の利益を守ると同時に、破産管財人のした選択に対応した相手方の保護を図る趣旨の双務契約に関する通則である……」と述べている。また、前掲・最判平成7・4・14は、「〔旧会社更生法〕103条1項の規定は、双務契約の当事者間で相互にけん連関係に立つ双方の債務の履行がいずれも完了していない場合に関するものであ」るという。

ところが、諾成的消費貸借契約においては、貸す債務と返す債務とが同時履行関係にあるわけではない、すなわち、互いに担保視し合っているわけではない。諾成的消費貸借契約は、信用供与型契約の典型であり、判例の立場からすれば、諾成的消費貸借契約は、双方未履行双務契約には該当しないと解される。

(2) **学説**

ただし、学説の中には、判例の立場と距離を置くものがあることも指摘しておかなくてはならない。

中田裕康教授は、民法上の同時履行の抗弁権の有無等の問題と、倒産法上の双方未履行双務契約該当性の問題とを別々に考える方向性を示す。すなわち、「破産法における全体的公平の理念に照らし、民法533条においては同時履行の抗弁権が認められない相手方であっても、なお、破産法上は、同時履行の抗弁権を有する相手方と同様に取り扱うことが上記理念に適合すると判断されるものについては、〔旧〕破産法59条等が適用されることがありうる」という[注18]。このような見解からすれば、諾成的消費貸借契約についても、倒産法の公平の理念に照らして、双方未履行双務契約として扱う余地が生じることになる。

そして、中西正教授の見解が、そのような理解を後押しする。中西教授は、同時履行の抗弁権が認められない信用供与型契約においても、相手方の倒産に際しては不安の抗弁が発生することから、双方未履行双務契約として処理する可能性を示唆する[注19]。先述したように、諾成的消費貸借契約は、信用供与型契約の典型であるが、このような見解からすれば、諾成的消費貸借契約も倒産法上の双方未履行双務契約として処理することができるのである。

(注18) 中田裕康「契約当事者の倒産」野村豊弘ほか『倒産手続と民事実体法（別冊NBL60号）』(2000) 37-38頁注67。
(注19) 中西正「双方未履行双務契約の破産法上の取り扱い」徳田和幸ほか編『谷口安平先生古稀祝賀・現代民事司法の諸相』（成文堂・2005) 514頁。

4　諾成的消費貸借契約における債務の発生時期

他方、3で述べたように、判例の立場からすれば、未履行の諾成的消費貸借契約は、倒産法上の双方未履行双務契約に該当しないため、倒産手続においては、貸す債務および返す債務の処理を別々に検討することになる。この際、倒産手続との関係で重要な意味をもつのが、債務の発生時期である。なぜなら、債務が倒産手続開始前に発生していたか否かによって、その処理が異なるからである。

(1)　貸す債務の発生時期

貸す債務の発生時期については特に問題はない。これまでも、諾成的消費貸借契約の貸す債務は、契約時に発生するとされており[注20]、改正民法下でもこの点に変更はないものと解される。

(2)　返す債務の発生時期

これに対して、問題となるのは、返す債務の発生時期である。

森田宏樹教授の分析によれば、学説には、大きく分けて①契約時説、②目的物交付時説、③弁済期説の3つがある[注21]。①契約時説によれば、諾成的消費貸借契約においては、契約の成立によって、貸主が物を引き渡す債務と借主の返還債務とが同時に発生することになる。②目的物交付時説によれば、貸主が物を交付したことによって、借主の返還債務が発生する。③弁済期説は、少数説であり、賃貸借や使用貸借とパラレルに弁済期の到来時に返還債務が発生すると解する。

このうち、改正民法との関係では、②目的物交付時説が有力である。

第1に、条文の文言が根拠となる。改正民法587条の2第1項は、借

(注20)　諾成的金銭消費貸借契約において、貸す債務の履行遅滞を認めた判例として、最判昭和48・3・16金法683号25頁がある。同判決は、「貸付をなすべき債務の履行としての所論の金員給付義務は、本件担保供与義務の履行の提供の有無にかかわりなく発生しているものというべく、また本件担保供与義務の履行の提供と共に被上告人の請求があつたときは、上告人は右金員給付義務につき履行遅滞の責に任ずべきものである」と述べている。

(注21)　森田宏樹『債権法改正を深める』（有斐閣・2013）「第4章　諾成的消費貸借における要物性の意義」201頁以下。

主は、「受け取った物と……同じ物」を返す債務を負うことを規定しており、「受け取った」という文言から、目的物交付時に返す債務が発生することを定めているように読める。法制審議会の部会資料にも、「諾成的消費貸借においては、消費貸借の成立によって借主の貸主に対する目的物引渡債権が発生し、また、貸主が借主に目的物を引き渡すことによって貸主の借主に対する目的物返還債権が発生することを前提としている」とある[注22]。

第2に、理論的な根拠もある。契約時説への批判として、「契約の拘束力ないし『契約の規範的効力』と当該契約に基づく債務の発生とを区別して捉える必要がある」、「契約によって設定された規範に当事者は服するという意味での『契約の規範的効力』は、契約時に発生しているが、そのことは必ずしも債権債務の形で表現されなければならないわけではない」[注23]として、目的物交付時説が正当化される。

5　諾成的消費貸借契約の倒産時の処理

4の理解を前提として、未履行の諾成的消費貸借契約の再建型倒産手続における処理を検討する。

(1) 借主倒産の場合

まずは、借主が倒産した場合についてである。

貸主が負担する貸す債務は、手続開始前にすでに発生しているため、再生債務者財産・更生会社財産に帰属する。再生債務者・管財人としては、貸す債務の履行を求めることができ、反対に、もはや借入れの必要性がなくなっている場合には、改正民法587条の2第2項に基づいて、契約を解除することができる。

問題となるのは、貸付が行われた場合に、貸主の有する返還請求権がどのように処理されるかであろう。その発生時期は、4で述べた理解によれば、実際に貸付が行われた時点になる。すなわち、手続開始後に発

(注22)　部会資料70A・50頁。
(注23)　森田・前掲（注21）212頁。

生した債権であると解することができ、双方未履行双務契約の場合（民事再生法49条4項）や開始後の借入れの場合（同法119条5号）に準じて、共益債権として扱われるべきであろう。

以上のように、貸付金の返還請求権が共益債権になるとしても、貸主としては、倒産手続開始という信用危殆が生じている債務者に対して従前と同じ条件で貸付を行わなくてはならないのか、という疑問が生じるところであろう。この点については、6で検討を加える。

(2) 貸主倒産の場合

次に、貸主が倒産した場合についてである。

この場合にも、借主の側が借入れを希望しない場合には、改正民法587条の2第2項に基づいて、契約を解除することができる。反対に、借入れを受ける場合には、借主が有する金銭引渡請求権は、契約時すなわち手続開始前に発生していたことから、再生債権・更生債権となる。

他方、返還請求権は、金銭が給付された時に、その分だけ生じ、それが再生債務者財産・更生会社財産に帰属すると解することができる。

以上のように解すれば、借主と貸主との間にアンバランスが生じることはない。しかし、実際問題として、貸主が金融機関であるような場合に、再生債権・更生債権の配当として貸付が実施されるのであれば、借主の側からすれば、契約で決められた時期に決められた額の借入れを受けられないという事態に陥り、そのことは、借主につき新たな信用不安を生じさせることにもなりかねない。また、貸主としても、利益の源泉である貸付を適宜実行できないことで、事業の再建が不可能になりかねず、実際上妥当な結論となっているかについて疑問も生じる。この点については、6および7で触れる。

6 契約の失効・解除・履行拒絶

以上のように、諾成的消費貸借契約の理論的な分析という観点から、その倒産法上の処理を検討したが、実際の運用に当たって生じ得る問題として以下の2点があった。

第1は、借主倒産の際に、貸主は、従前の契約通りに貸付を実行しなくてはならないのかという問題である。貸主からすれば借主の信用危殆が現実化した段階で、従前と同じ条件で融資を行うことには抵抗があろう。

　第2は、貸主倒産の際に、再生債権・更生債権の配当として貸付が実施されることに伴う、貸付の遅延や手続の煩雑さである。

　こうした問題が生じることから、当事者としては、倒産手続開始により、消費貸借契約を終了させたい場合も少なくないと考えられる。先述したように、民法の明文上は、破産手続の場合を除き契約終了は認められていないことから、解釈により契約の終了を導くことができないかが問題となる。

(1)　**改正民法587条の2第3項類推適用による失効**

　第1に、改正民法587条の2第3項類推適用により、契約を失効させる可能性が考えられる。

　改正民法587条の2第3項の趣旨は、①「借主が破産手続開始の決定を受けた場合には、借主に弁済の資力がないことが明らかになり、この場合まで貸主に貸す債務を負わせるのは不公平」であること、②「貸主が破産手続開始の決定を受けた場合には、借主は破産債権者として配当を受ける権利を有するにとどまり、借主が配当を受けると借主に対する返還請求権が破産財団を構成することになり、手続が煩雑になるから」ということにある[注24]。

　このような趣旨が、民事再生手続・会社更生手続についても妥当するとすれば、同項を類推適用して、契約が失効すると解することができよう。

(2)　**解除の可能性**

　第2に、倒産手続開始を原因とした解除を認める可能性が考えられる。なお、借主としては、目的物を受け取るまでは契約を解除することがで

(注24)　部会資料70A・52頁。

きることから(改正民法587条の2)、ここで問題となるのは、貸主からの解除である。

借主倒産の場合には、借主の信用危殆を理由とした貸主からの解除を認める余地があるかもしれない。反対に、貸主倒産の場合に、貸主側に解除権が生じることを根拠付けるのは難しいと考えられる。

(3) 履行拒絶権の可能性

第3に、上記のような契約の失効または解除が認められないとしても、借主につき倒産手続が開始された場合には、借主の信用危殆を理由として、貸主が貸付の履行を拒絶することができると解する余地もあろう[注25]。この場合には、貸主としては履行を拒絶しつつ、貸主側と交渉し、新たな条件下での貸付の可能性を模索することになる。

7 解決の妥当性

なお、倒産手続開始に際して、諾成的消費貸借契約の終了を認めるか、それとも、履行拒絶に留めるか、といった問題の背景には、一方当事者が倒産した場合の金融取引をどのように再構築すべきかについての価値判断があるように思われる。どのような考え方が、これまで検討したどの法律構成に親和的かを整理してみたい。

(1) 借主倒産の場合

借主につき再建型倒産手続が開始した場合に、手続開始以前に締結された消費貸借契約は、どのように処理されるべきであろうか。この点については、大きく分けて3つの考え方があり得る。

1つは、①借主が倒産したとしても、消費貸借契約締結の時点で虚偽の申告等をしていない限り、契約通りの貸付を受けられるべきであるという考え方である。契約締結後、貸付実行前に借主が倒産したとしても、それは、貸主が引き受けたリスクであると割り切るのである。

もう1つの考え方は、②借主が倒産したとしても貸付を受けられるこ

(注25) 森田・前掲(注21)233頁。

とに変わりはないが、倒産という事態を考慮して、貸付額やその条件は新たに設定されるべきであるという考え方である。

上記の2つとは反対に、③借主が倒産した場合には、もはや、貸付を受けることはできないという考え方もあり得る。借主は、倒産を前提として、新たな貸主から融資を受けるべきであると考えるのである。

以上の3つの帰結それぞれに至るために、2から5で検討したような諾成的消費貸借契約を倒産法上の双方未履行双務契約であると解するかといった問題はほとんど関係ない。いずれにせよ、貸主が貸す債務を負担しており、借主の選択によりその履行を迫られるからである。むしろ、6で検討した、契約の失効や解除、履行拒絶の可能性が、貸主が履行を拒むことができるかについての帰結を左右する。①のような帰結に至るためには、契約の失効、解除、履行拒絶は、否定されなくてはならない。②の帰結に至るためには、契約の失効、解除は否定しつつ、貸主による履行拒絶を肯定することになる。③のような価値判断からは、契約の失効または解除が認められるべきことになる。

(2) **貸主倒産の場合**

では、貸主につき再建型倒産手続が開始した場合はどうか。この場面については、2から5で検討した、諾成的消費貸借契約の法的位置付けが、結論を左右することになる。

貸主が倒産した場合、①倒産にもかかわらず、借主が望む場合には、可能な限り従前の契約通りに貸付を実行するべきであるという考え方があり得る。このような考え方と親和的なのは、2から5で紹介した諾成的消費貸借契約についての通説的見解である。諾成的消費貸借契約を片務契約であると性質決定した上で、借主が、再生債権または更生債権として貸す債務の履行を求めることができると解するのである。ただし、このような理解によれば、先述したように、貸す債務の履行までに時間がかかること、借主が満額の借入れを受けられないことが問題となる。

①とは異なり、②貸主につき再建型倒産手続が開始した場合には、貸主にとって有利な貸付を選び、それだけを実行すべきであるとの考え方

もあり得る。特に、金銭の貸付を業とするような貸主の企業再生にとっては、貸付業務の継続が重要であり、このような帰結が望ましいのかもしれない。このような帰結を導くためには、諾成的消費貸借契約を倒産法上の双方未履行双務契約と位置付け、貸付を実行するかどうかを、管財人(または再生債務者)の判断に委ねることが必要である。また、管財人が履行を選択した場合には、貸付を随時実行できることになる。なお、この場合には、改正民法587条の2第3項類推適用により、倒産手続開始によって契約が当然に失効するという解釈は排除されなければならない。

他方、③貸主が倒産した以上は、それ以前の契約は消滅し、貸主としては新たに契約を結び直して貸付を実行するべきであるという考え方もあり得る。この場合には、従前の契約の拘束力を否定する必要があるが、6で述べたように、貸主倒産の場面は、借主の信用危殆により契約の解除や履行拒絶が認められる場合に当たらないことから、改正民法587条の2第3項類推適用により、契約の失効が認められる必要がある。この場合には、諾成的消費貸借契約を双方未履行双務契約と解するかどうかは、重要な問題ではないことになる。

(3) 借主倒産と貸主倒産の整合性

以上のように、借主倒産および貸主倒産の場合に諾成的消費貸借契約をどのように処理すべきかについて複数の考え方があり、それらのうちどれが適切かについては、さまざまな議論があり得る。

他方、諾成的消費貸借契約が倒産法上の双方未履行双務契約に該当するかどうか、といった問題が、借主が倒産した場合と貸主が倒産した場合とで異なってくるということはあり得るのであろうか。そうではないとすれば、双方未履行双務契約該当性が結論を左右する貸主倒産の場面から逆算して、理論的な性質決定をすることが考えられる。

また、上記の問いと類似のものであるが、改正民法587条の2第3項類推適用による消費貸借契約の失効についても、借主が倒産した場合と貸主が倒産した場合とで異なることはあり得るのか。そうでないとすれ

ば、一方の場面で「同項類推適用により契約が失効する」という立場をとることは、他方の場面でも同様に契約が失効するという立場をとることを意味する。

このような整合性の問題を取り入れると、例えば、貸主倒産の場面で②の立場を選択するとすれば、借主倒産の場面でも、諾成的消費貸借契約は双方未履行双務契約であるということになり、管財人が履行を選択すれば、貸主としては貸付を実行しなくてはならないということになる。ここでは、改正民法587条の2第3項類推適用による契約の失効は排除されているため、貸主が貸付を拒みたい場合には、信用危殆を理由とした解除を主張するか、信用危殆を理由とした履行拒絶を主張することになる。ただし、両者の主張とも、現在確立している解釈論ではないことから、貸主が貸付を拒むことができない可能性も否定できない。

以上のように、民法改正により顕在化した、諾成的消費貸借契約の倒産法上の取扱いの問題は、理論的な側面と、解決の妥当性という実務的な側面を併せもち、今後も引き続き検討する必要がある。

Ⅳ 請負契約（注文者破産の場合）

最後に、民法改正後も残された問題として請負契約の解除について検討を加える。

1 民法改正前の請負契約の解除

(1) 平時の請負契約の解除

民法改正前、請負契約の解除の効果をめぐっては、学説の対立があった。

通説的見解は、請負契約においても、他の双務契約と同様に、解除に遡及効があるとする[注26]。

これに対して、学説の中には、請負契約の解除の効果は、将来効をもつにすぎないと解するものがある[注27]。学説が遡及効を否定する意義

は、以下の点にある。請負契約の解除に遡及効があるとすれば、契約が解除された場合には、注文者・請負人双方が原状回復義務を負う（民法545条1項）。したがって、建築請負契約の中途で契約が解除された、といった場面では、請負人が既施工部分を撤去し、請負人の報酬請求権は消滅すると解することになりそうである。しかし、そのような処理は、社会経済的損失という観点から望ましくない。また、注文者としても、既施工部分を引き取った上で、第三者により建物を完成させることを望むかもしれない。それゆえ、解除の効果は、遡及効ではなく、将来効であると解すべきであるという。建築請負契約が中途で解除された場合には、既施工部分について解除の効果は及ばず、既施工の物は注文者に帰属し、その部分についての報酬請求権も発生するという結論が導かれる。

では、請負契約の解除の遡及効を認める通説の立場から、上記の既施工部分の問題はどのように処理されるのか。通説も、既施工部分を撤去するという帰結を支持するわけではない。既施工部分の撤去を避けるために、通説は、解除の範囲を制限するという方法を用いる。建築請負契約においては、既施工部分について請負契約を解除することはできず、解除は、未施工部分についての一部解除であると構成されるのである。これによって、通説によっても、既施工部分を注文者に帰属させ、その分の請負人の報酬請求権を認めるという帰結が実現される。

判例も、通説の立場に立つようであり、「建物その他土地の工作物の工事請負契約につき、工事全体が未完成の間に注文者が請負人の債務不履行を理由に右契約を解除する場合において、工事内容が可分であり、

(注26) 我妻栄『債権各論中巻二』（岩波書店・1962）640頁、星野英一『民法概論Ⅳ〔合本新訂〕』（良書普及会・1986）269頁。最近のものとしては、潮見佳男『基本講義 債権各論Ⅰ』（新世社・2017）245頁が、641条が規定する解除の効果について、「民法541条以下に定める解除と同じ」であるとする。「解除がされると、既にされていた給付については原状回復の問題が生じます（民法545条1項参照）」と述べている。

(注27) 幾代通・広中俊雄編『新版注釈民法(16)債権(7)』（有斐閣・1989）166頁以下〔打田畯一・生熊長幸〕。

しかも当事者が既施工部分の給付に関し利益を有するときは、特段の事情のない限り、既施工部分については契約を解除することができず、ただ未施工部分について契約の一部解除をすることができるにすぎない」として、一部解除論を採用する[注28]。そして、既施工部分については、請負人の報酬請求権の発生を認めている。

なお、判例・通説においては、一部解除が認められるためには、上記判例のように既施工部分につき「可分性・利益性」が必要であるとされている。反対からいえば、可分性・利益性が認められない場合には、原則通り、契約が全部解除されることになろう。

(2) **注文者破産時の請負契約の解除**

では、倒産時の解除はどうか。ここでは、特に民法に規定のある注文者破産時の契約解除に着目する。

民法642条1項は、注文者が破産した場合には、破産管財人だけではなく、請負人も契約を解除できることを規定している。この規定の趣旨は、請負人の保護にある。仮にこの規定が存在しないとすれば、請負契約の存続中に注文者が破産した場合には、双方未履行双務契約の規定が適用されることになり、請負人の側から契約を解除することはできない。破産管財人が、契約の履行を選択した場合、請負人としては、請負報酬が支払われるか不安な状況で仕事を継続せざるを得ないことになる。このような請負人を仕事から解放する趣旨で、同項は、請負人による解除を認めているのである。また、請負人が請負契約を解除した場合、その仕事が完成していない以上、報酬請求権は発生しないようにも思われるが、そのような制度下では、請負人が解除を躊躇し、結局仕事を完成せざるを得なくなるため、請負人の解除権の実効性を確保する観点から、すでにした仕事についての報酬請求権が認められている[注29]。

では、このときの解除の効果はいかなるものなのか。平成16年の破産法改正前の民法642条2項が「解約」という言葉を用いていたことか

(注28) 最判昭和56・2・17判タ438号91頁。
(注29) 幾代・広中編・前掲（注27）189頁［打田・生熊］。

ら(注30)、学説の中には、その効果を将来効にすぎないと説明するものがある(注31)。このような理解からすれば、既施工部分は、破産財団に帰属し、請負人の報酬請求権が発生するという帰結が導きやすい。

しかし、その後の破産法改正に伴う民法改正により、642条2項では、注文者の破産管財人による契約の解除の場面について請負人の損害賠償請求権が認められることとなり、その文言も「解除」に改められた。

ここでの解除が遡及効を有するものであるとすれば、双方が原状回復義務を負うことになり、既施工部分は撤去され、報酬請求権も発生しないのが原則ということになろう。ただし、請負人の解除権の実効性確保の観点から、特別に報酬請求権が法定されていると解することになる。しかし、報酬請求権の規定に加えて、既施工部分は破産財団に属すると解されていることからして、この場面での解除の効果を将来効と解するか、または、将来に向けた一部解除であると解するほうが、説明が容易である。

(3) 平時と破産時の整合性

では、以上で紹介した平時の解除と破産時の解除とは整合的に説明できるであろうか。

両者を一貫して説明することができるのは、請負契約における解除の効果を将来効であるとする学説である。平時であれ、破産時であれ、請負契約の解除の効果は将来効をもつにすぎないと解することになる。

これに対して、判例・通説の立場からすると、平時の解除と破産時の解除とは区別されることになる。先述したように、解除の効果は遡及効を有するものではあるが、すでにした仕事につき可分性・利益性の要件が満たされる場合には、契約全部を解除することはできず、一部解除に

(注30) 平成16年破産法改正前の民法642条1項1文は、「注文者カ破産ノ宣告ヲ受ケタルトキハ請負人又ハ破産管財人ハ契約ノ解除ヲ為スコトヲ得」と規定していたのに対して、同条2項は、「前項ノ場合ニ於テハ各当事者ハ相手方ニ対シ解約ニ因リテ生シタル損害ノ賠償ヲ請求スルコトヲ得ス」と規定し、「解約」という文言を用いていた。

(注31) 幾代・広中編・前掲（注27）194頁〔打田・生熊〕。

なるという。他方、破産時には、民法642条を説明するために、①解除の効果が将来効であると解するか、②可分性・利益性の要件なくして一部解除が認められる場面と解するか、いずれかの理解をとることになる。特に、平時には可分性・利益性の要件が満たされてはじめて認められる報酬請求権が、なぜ、注文者破産時には、可分性・利益性の要件なく認められるのかについての説明が必要となる。なお、③民法642条の報酬請求権は、請負人の解除権の実効性確保のために創設的に認められたものであると解する立場からは、両者の違いが説明しやすいが、解除の効果、すなわち原状回復としての既施工部分の撤去の問題が残る。

2 改正法下での請負契約の解除

(1) 平時の請負契約の解除

今次の民法改正において、請負人の報酬請求権についての634条が新設されることとなったが、この規定は、判例が採用していた一部解除論を明文化したものであると説明されている[注32]。

改正民法634条2号によれば、請負契約が仕事の完成前に解除された場合、「請負人が既にした仕事の結果のうち可分な部分の給付によって注文者が利益を受けるとき」には、その部分が仕事の完成とみなされる。そして、請負人は、注文者が受ける利益の割合に応じて、報酬を請求することができる。

条文上は、「解除を一部に制限する」という法的構成が採用されたわけではないが、これは、報酬請求権の発生をめぐる規律との整合性が意識されたことによる。というのも、請負契約においては、報酬は仕事の完成の対価であり、仕事が完成してはじめて報酬を請求し得るとされている（632条・633条）。この規律を徹底すれば、解除を一部に制限したとしても、未完成の仕事についての報酬請求権が発生するとはいえないことになるため、改正民法は、「仕事の完成とみなす」と明記することに

（注32） 筒井・村松編著・前掲（注12）338頁。

より、報酬請求権の発生を根拠付けたのである[注33]。

(2) 注文者破産時の請負契約の解除

次に、注文者が破産した場合の規律についてである。

改正民法642条には、仕事の完成後は請負人からの解除が認められないという1項ただし書が追加されたものの、それ以外の内容について変更はない。現行法のルールが維持されていると解することができる。

(3) 平時と破産時の整合性

では、平時の解除と倒産時の解除とを整合的に説明することはできるのであろうか。

改正民法634条が、判例の一部解除論を明文化したものであるとすれば、請負契約の解除の効果は、原則として遡及効であるという判例・通説の立場が立法により確認されたということになろう。つまり、解除の効果を将来効と解する学説は、改正民法では採用されていない。

他方で、民法642条には手が加えられなかった結果、改正前から存在していた平時と破産時との整合性の問題が顕在化することになった。

すなわち、改正民法634条の下では、請負契約の中途で契約が解除された場合、すでにした仕事について可分性・利益性の要件が満たされてはじめて、報酬請求権が発生する。これに対して、改正民法642条2項によれば、注文者の破産に際して、請負契約の中途で契約が解除された場合、すでにした仕事について報酬請求権が発生し、請負人は破産財団から配当を受けることができることになる。改正民法634条が報酬請求権の発生についての原則であるとすれば、破産時に破産財団に何の利益もない場面で、なぜ請負人が配当を受けられるのかという問題が、条文の整合性の問題として現れてきたのである。

とはいえ、両者を整合的に説明することもできるかもしれない。

第1は、改正民法642条2項の「既にした仕事」を改正民法634条によって完成したとみなされる範囲に限るという条文解釈である。この解

(注33) 井上聡・松尾博憲・藤澤治奈「鼎談・改正民法の実務的影響を探る(9)請負(上)」NBL1133号(2018)52頁［松尾発言］。

釈によれば、可分性・利益性の要件が満たされない場合は、請負人は配当を受けることができないこととなり、改正民法634条および642条2項において、報酬請求権が発生する場合が一致することになる。ただし、改正民法634条にも「既にした仕事」という文言は登場しており、これをさらに可分性・利益性の要件で絞り込んでいることから、上記のような条文解釈は難しいようにも思われる。

　第2に、注文者の破産の場面について、注文者に一種の帰責性があると解することも考えられる。平時に注文者に債務不履行があって請負人が契約を解除する場合、請負人としては改正民法634条による報酬請求に加えて、損害賠償を求めることができそうである。これに対して、注文者の破産を理由として請負人が解除をした場合には、注文者に帰責性があるので、可分性・利益性の要件なくして、報酬請求権の発生が認められると解するのである。しかし、このような理解は、改正民法642条3項において、請負人による解除の場合に損害賠償請求が認められていないことと相容れないようにも思われる。

　第3に、改正民法642条2項との関係でも634条の可分性・利益性の要件が一定の意義を有するという理解もあり得る。改正民法642条2項が規定する請負人の報酬請求権は、破産債権となると考えられるが、請負人がすでにした仕事が、可分性・利益性の要件を満たし、かつ、破産財団への引渡しを必要とするタイプのものである場合、請負人としては、報酬の支払との同時履行を主張して物の引渡しを拒むことが考えられる。この主張が容れられるとすれば、報酬請求権は、財団債権の扱いとなる。法的な構成としては、改正民法642条1項による解除は、①その効果が将来効である解除、または、②一部解除であると捉えれば、解除後も、すでにした仕事の部分について双方未履行双務契約的なものが残っており、報酬請求権は財団債権となると解される。反対に、可分性・利益性の要件が満たされない場合は、請負人の側に物を引き渡すという未履行債務が存在しないため、請負人のみ既履行の双務契約ということになり、報酬請求権は破産債権になる、と説明することができそうである。

ただし、このような説明も、物の引渡しが問題となる請負に限られた議論であり、結局は、改正民法634条と642条とを整合的に説明できているわけではなさそうである。

(4) **仕事完成前と完成後の整合性**

なお、改正民法642条については、1項ただし書に、仕事完成後の請負人からの解除を制限する規律が置かれたことから、仕事完成前と完成後のルールの整合性も問題となる。

請負契約の仕事完成前で、かつ、既履行部分につき可分性・利益性の要件が満たされる状態で、注文者が破産したとしよう。この場合、注文者の破産管財人は請負契約を解除することができるが、この場面での解除の範囲はいかなるものか。この場面にも、改正民法634条2号が明文化した一部解除論が当てはまるとすれば、解除の範囲は、既履行部分には及ばないはずである。つまり、既履行部分については、原状回復の問題は生じない。

では、仕事完成後に注文者が破産した場合はどうか。改正民法642条1項ただし書からすれば、注文者の管財人は解除することができると解さざるを得ないが、その範囲や効果が問題となる。例えば、建築請負契約において、完成した建物には何の瑕疵もないが、土地が更地のほうが高く処分できるといった理由から、破産管財人が契約を解除して原状回復を求めることができるのであろうか。改正民法642条の解除の効果を遡及効ありの全部解除であると解するとすれば、上記のような帰結を導くことができる。

しかし、このような帰結は、改正民法634条2号の趣旨とは相容れないようにも思われる。確かに、改正民法634条2号は、「仕事の完成前」に限定されたルールではあるが、判例が一部解除論を採用していた理由の1つには、一部にせよ完成した建物を破壊することの社会経済上の不利益があったはずである。

3 残された問題

(1) 倒産法上の問題

2(3)で述べたように、今次の民法改正において改正されなかった642条は、改正によって追加された634条と整合していないように見える。注文者の破産に際して、請負人がどのような範囲で報酬を請求することができるのか、立法論も含めて、引き続き検討が必要であろう。

(2) 民法上の問題

他方、請負契約の解除をめぐる問題は、倒産法の立法論だけに委ねられるものでもないように思われる。

改正民法に対応した注釈書は、634条の新設によって、改正前に存在した請負契約の解除の効果をめぐる論争は意義を失ったと評価する[注34]。しかし、本当にそうなのか。そもそも、請負契約の解除の効果は、遡及効なのか将来効なのか、また、遡及効であると解した場合に原状回復の内容はいかなるものなのか、改正に際して議論が尽くされたとは言いがたい。2(3)や(4)で紹介したように、条文間に不整合があるように見える問題や、倒産時の解除の効果がはっきりしないという問題は、上記論点について、民法サイドでの議論が不十分なことに由来している。改正後も、これらの点について検討を続ける必要があると考える。

(注34) 山本豊編『新注釈民法(14)債権(7)』（有斐閣・2018）193頁［笠井修］。

第2部　シンポジウムを終えての理論面からの考察

新しい契約解除法制が倒産法に与える影響
——平成29年改正民法の下での倒産法の解釈

法政大学教授　杉本　和士

Ⅰ　はじめに——問題状況と問題設定

　本稿は、倒産法の立場から、平成29年（2017年）5月26日成立の「民法の一部を改正する法律」（以下、同法による改正後の民法を、「現行民法」と区別して、「改正民法」という）の下での新しい契約解除法制が倒産法に与える影響について検討することを目的とする。最初に、今般の民法改正によって契約解除法制に関する規律が改められるに伴い、倒産法上の規律にどのような影響が生じ得るのかという問題状況について説明しておこう。

1　改正民法における新しい契約解除（法定解除）の規律(注1)

　改正民法における新しい契約解除法制の特徴について、本稿に関係する点だけを指摘すると、履行遅滞による解除に関する現行民法541条および履行不能による解除に関する同法543条につき、伝統的通説(注2)

※本稿は、事業再生研究機構主催シンポジウム「新しい契約解除法制と倒産・再生手続」（平成29年〔2017年〕5月27日実施）における報告内容（本書109頁）につき大幅な加筆修正を行ったものである。本稿における検討内容は、同シンポジウムの準備研究会における参加者との議論に負う。併せて、加筆修正に当たり、渡辺真菜弁護士に草稿を精読していただき、内容に関する有益な質問や助言を頂戴したことを記し、謝意を示したい。
(注1)　詳細な検討については、加毛明「新しい契約解除法制総論——催告解除、無催告解除、約定解除」本書16頁を参照。

の解釈論として法定解除権の要件とされてきた債務者の帰責事由（債務者の責めに帰すべき事由、すなわち債務者の故意・過失または信義則上それと同視すべき事由）が、催告解除を規律する改正民法541条および無催告解除を規律する同法542条のいずれにおいても不要とされるという点を挙げることができる(注3)。その趣旨としては、法制審議会民法（債権関係）部会資料（68A・25-26頁）によれば、契約の目的を達することができなくなった場合（すなわち、契約目的達成不能の場合）に、債権者に対してその契約の拘束力からの離脱または解放を認めるためである旨の説明がされている(注4)。要するに、当事者が契約の拘束力からの離脱または解放を求める際に、帰責事由の有無で解除権の成否を判別するのではなく、契約の目的または性質に応じて契約関係からの離脱を認めることが相当か否かという、いわば機能的観点から解除の可否を判断するという構造となっている(注5)。

(注2) 我妻榮『民法講義Ｖ-１債権各論上巻』（岩波書店・1954）156頁等。
(注3) 不法行為責任においては、故意・過失または信義則上それと同視すべき事由の存在が要件とされているのに対して、契約責任としての債務不履行による損害賠償については、「契約その他の債務の発生原因及び取引上の社会通念に照らして債務者の責めに帰することができない事由」が免責事由と定められている（改正民415条１項ただし書）。債務不履行による損害賠償請求の要件としての帰責事由を中心とする「伝統理論」から「新理論」へ移行する改正前の議論状況を示す文献として、小粥太郎「債務不履行の帰責事由」ジュリスト1318号（2006）117頁を参照。
(注4) 山本敬三「契約の拘束力と契約責任論の展開」ジュリスト1318号（2006）94-95頁、同「契約責任法の改正──民法改正法案の概要とその趣旨」法曹時報68巻５号（2016）22-23頁参照。ただし、改正民法541条所定の催告解除と同法542条所定の無催告解除の双方について、契約目的達成不能の観点からの統一的な説明を与えることができるかという点には疑義を挟む余地がある（加毛・前掲（注１））25-26頁およびそこでの引用文献を参照）。森田修「『新しい契約責任論』は新しいか──債権法改正作業の文脈化のために」ジュリスト1325号（2006）210頁、特に214-215頁参照。
(注5) 山野目章夫『新しい債権法を読みとく』（商事法務・2017）94頁参照。

2 新しい契約解除法制において、法的倒産手続開始後に法定解除権を取得し、これを行使する可能性

債務者の法的倒産手続の開始後、相手方の契約当事者が法定解除権（現行民法541条・543条）を取得し、かつこれを行使することができるかという問題について、従前、倒産法学において十分な議論がなされてきたとはいいがたい。この問題を詳細に検討した、数少ない先行研究としては、破産手続開始後に相手方が法定解除権を取得することはできない、とする福永有利教授の論稿があり(注6)、従来、この見解が倒産法学における支配的な学説であったように思われる。その根拠として、①「破産宣告後は破産債権を個別的に行使することは許されない（〔※引用者注：平成16年改正前。以下、同じ。〕破16条）から、破産手続開始後に履行遅滞があっても、それに基づく法定解除権は発生しない」こと、また、②「破産債権は金銭化される（破17条）から、管財人の責めに帰すべき事由によって、契約の当初の目的物を給付することが不能となっても、履行不能による解除権は、少なくとも破産手続中は発生しない」ことが指摘されている(注7)。

この従来の通説に対して、今般の民法改正における新しい契約解除法制への転換を踏まえて、岡正晶弁護士が、次のような新たな見解を提示する。すなわち、従来の通説が前提としていた契約解除法制とは異なり、債務者の帰責事由を要件とせず、契約の拘束力からの解放を広く認めようとする新しい契約解除法制の下では、「相手方契約当事者は、倒産手続開始後でも、倒産者の履行不能（倒産手続開始による履行不能を含む。）を認定できる場合には、それを理由として、契約解除権を取得・行使できると解すべきである、そう解しても公平な結果が得られるとい

(注6) 福永有利「倒産手続と契約解除権——倒産手続開始後における倒産者の相手方による解除権の行使を中心として」同『倒産法研究』（信山社・2004）146頁（初出・『竹下守夫先生古稀祝賀・権利実現過程の基本構造』〔有斐閣・2002〕681頁。以下、「契約解除権」として引用し、『倒産法研究』の該当箇所を示す）、特に155-157頁。
(注7) 福永・前掲（注6）契約解除権156頁。

う見解」(注8)である。前述のように、従来の倒産法学において議論の蓄積が乏しかったことも考えると、岡論文は、今般の民法改正を端緒としてあらためて前記論点を議論の俎上に上らせるものとして注目すべきものといえよう。

3　法的倒産手続開始後に相手方が行使し得る法定解除権の有無

(1)　法的倒産手続開始後に取得する法定解除権（開始後の法定解除権）

以上のように、岡論文において提示された見解は、法的倒産手続の開始後であっても、相手方による法定解除権（以下、これを「開始後の法定解除権」という）の取得および行使が認められるべき旨を説くものである。そこで、差し当たり改正民法の下で開始後の法定解除権「取得」が認められるという結論が導かれた場合を想定した上で（なお、「取得」の可否は、以下で述べるように、倒産法の領域における問題というよりは、改正民法の下での解釈問題である）、本稿は、このような開始後の法定解除権の「行使」を法的倒産手続において認めるべきか否かを論じることを目的とする。

なお、改正民法の下、開始後の法定解除権が取得され得る可能性について、ここであらかじめ若干の検討をしておく(注9)。今般の民法改正における契約解除法制では、無催告解除と催告解除の規律が区別されているところ、前者の無催告解除に関する改正民法542条1項は、従来の履行不能に相当する局面を想定し、契約目的達成不能を要件とする（同項3号から5号まで）。他方で、後者の催告解除に関する改正民法541条は、

(注8)　岡正晶「倒産手続開始後の相手方契約当事者の契約解除権と相殺権」高橋宏志ほか編『伊藤眞先生古稀祝賀・民事手続の現代的使命』（有斐閣・2015）777頁、特に779-793頁。岡弁護士のその後の見解については、同「倒産手続開始後の相手方契約当事者の契約解除権・再論」松川正毅編集代表『木内道祥先生古稀・最高裁判事退官記念・家族と倒産の未来を拓く』（金融財政事情研究会・2018）361頁を参照。
(注9)　詳細な検討については、加毛・前掲（注1）および蓑毛良和「新しい契約解除法制総論——催告解除、無催告解除、約定解除〜加毛報告に対するコメントと催告の意義に関する若干の考察」本書47頁を参照。

277

従来の履行遅滞に相当する局面を想定し、契約目的達成不能を要件とせず、債務者の追完の利益を保障する趣旨で、相当期間を定めた催告が行われたことをもって法定解除の要件とする。

　このうち後者の履行遅滞に基づく催告解除については、そもそも法的倒産手続の開始後に債権者が債務者に対して有効な催告をなし得るか否かによって、同手続開始後にも債権者が催告解除権を取得し得るか否かも決まる関係にあるといえる。この点については後述するが、結論を先に述べると、法的倒産手続の開始後、少なくとも双方未履行双務契約に関する事例においては、倒産法が相手方に確答催告権を認めている（破53条2項、民再49条2項、会更61条2項）趣旨との関係上、相手方からは有効な催告をなし得ないと解される。

　一方、改正民法の規律において、法的倒産手続の開始後に契約の相手方である債権者が契約目的達成不能に基づく無催告解除権（従来の履行不能解除）を取得できるかという点は、抽象的にいえば、法的倒産手続の開始が契約目的達成不能という事態に当たるのか、条文に即していえば、改正民法542条1項1号から5号までのいずれかの事由に該当するか否かという解釈論となる。この点につき、債務者に対して破産手続が開始された場合を例にとると、破産債権者が個別的に権利を行使することが禁止され（破100条1項）、破産手続への参加（同法103条1項）によって、最終的には、僅少な配当または無配当に甘んじなければならないという事態が通常想定されることを考えると、契約の目的に照らして、破産手続の開始をもって契約目的達成不能と評価され得るようにも思われる。ただし、本稿では、このような法的倒産手続開始後の契約目的達成不能を根拠とする無催告解除権の成否については、差し当たり保留をした上で、もっぱら解除権行使の可否という点に焦点を当てて論じることとする。

(2) **法的倒産手続開始前の債務不履行に基づき取得した法定解除権（開始前の法定解除権）**

　さらに、法的倒産手続開始前の債務不履行に基づき取得した法定解除

権(以下、これを「開始前の法定解除権」という)を同手続開始後に行使できるかという点について、従来の通説は、現行民法545条1項ただし書による効果面での一定の制約があるものの、結論としてこれを肯定してきた(注10)。この当否についても、本稿であらためて論じることとする。

併せて、法的倒産手続開始前に契約当事者間の合意により取得された約定解除権、さらには倒産解除特約による解除権(以下、これらを併せて「開始前の約定解除権」と総称する)の行使の可否についても検討を行う(注11)。

4 本稿における問題の設定と視点の導入

(1) 問題の設定

以上を踏まえて、本稿では、改正民法の解釈論は差し当たり保留しつつも、仮に法的倒産手続開始後に相手方が民法上の法定解除権を取得するという民法解釈が採用された場合、または同手続の開始前に相手方が法定または約定の解除権を取得していた場合において、相手方による解除権の行使が倒産法における固有の規律または目的と整合するものとして許容されるのか、言い換えれば、倒産法固有の合目的的観点からその行使が排除されるべき局面が存在するのかという点について、検討を行う。

以下の検討に際しては、通常の売買契約における買主破産の事例を念頭に置きつつ、双方未履行双務契約と一方未履行双務契約の各事例を順に採り上げることとし、適宜、売主破産事例や再生手続または更生手続の場合についても言及する。

なお、破産手続における破産管財人(破2条12項)、再生手続における

(注10) 例えば、福永・前掲(注6)契約解除権152-153頁、伊藤眞『破産法・民事再生法〔第4版〕』(有斐閣・2018) 363-364頁および387頁、竹下守夫編集代表『大コンメンタール破産法』(青林書院・2007) 215-216頁〔松下淳一〕、伊藤眞ほか『条解破産法〔第2版〕』(弘文堂・2014) 412頁等参照。

(注11) この点に関する詳細な検討は、蓑毛・前掲(注9) 57-60頁および三森仁「杉本報告に対するコメント」本書137-138頁を参照。

第2部　シンポジウムを終えての理論面からの考察

再生債務者等（再生債務者または管財人。民再2条2号）および更生手続における管財人（会更42条1項）を総称する場合に、本稿では、「管財人等」の用語を用いることとする。また、債務者である破産者（破2条4項）、再生債務者（民再2条1号）および更生会社（会更2条7項）を総称する場合には、「破産者等」の用語を、さらに、破産財団（破2条14項）、再生債務者財産（民再12条1項1号）および更生会社財産（会更2条14項）を総称する場合には、「破産財団等」の用語を用いる。

(2) 視点の導入

本稿において検討を行うに当たり留意すべきと思われる2つの視点を導入することとし、ここで確認しておく。

まず、前述のように、本稿は、相手方からの解除権行使と倒産法における規律との整合性を検討しようとするものであるが、その際、「実体法の規律の受容はともかく、実体法の規律の変容については、それが合理的限度を超えるものであれば、倒産法がプロクルステスの寝台となり、実体法規範の適正な機能を損なうおそれがある」[注12]という伊藤眞教授の指摘に留意しておきたい。筆者は倒産法固有の合目的観点から検討を行う方針を述べたが、だからといって従来の倒産法上の規律を絶対的かつ硬直的な所与の前提（「プロクルステスの寝台」）とするがごとき姿勢で、新しい契約解除法制の検討に臨むべきではない。すでに紹介した改正民法の下での新しい契約解除法制の基本的な発想を虚心坦懐に受け入れつつも、その上で、倒産法上の規律の果たす機能や目的を踏まえ、これとの調整関係について検討を行う必要があろう。

ついで、中田裕康教授の提示する「契約起点思考」と「債権起点思考」の区別を意識する必要がある[注13]。確かに、法的倒産手続が開始さ

(注12) 伊藤眞「債権法のパラダイム・シフトを倒産法はいかに受け止めるか――倒産法がプロクルステスの寝台とならないために」Law and Practice 7号（2013）63頁、特に66頁。
(注13) 中田裕康「契約当事者の倒産」野村豊弘ほか『倒産手続と民事実体法（別冊NBL60号）』（商事法務・2000）4頁。

れると、双方未履行双務契約に関する特別の規律を除けば、一般的に契約関係は、債権者または債務者の立場における債権債務関係に解体され、それぞれの個別処理の問題に解消されてしまいがちである。中田教授の述べるように、そこでは明らかに「債権起点思考」が支配しているといえよう。しかし、例えば、一方履行済みの双務契約についても、単なる1個の債権債務だけでなく、そこにはなお契約関係が存続しているはずである。したがって、中田教授が「契約起点思考」として指摘するように、その契約関係および契約当事者の有する契約上の地位にも着目する視点が重要だと思われる。さらには、各種契約の性質に即した考慮も取り入れられるべきであると考えられるが、本稿では差し当たり総論的な検討にとどめる。

II　双方未履行（双方履行未了）双務契約事例の検討

1　設例および問題の設定

では最初に、双方未履行（双方履行未了）の双務契約に関する事例について検討を行おう。検討に際しては、通常の売買契約において代金債権（α 債権）および目的物引渡債権（β 債権）の双方が履行未了の場合において、買主につき破産手続開始の決定がなされたという【設例❶】〈買主Ｂの破産事例〉を設定する。

【設例❶】〈買主Ｂの破産事例〉

> 美術商Ａが、骨董品収集家Ｂに、2部作の絵皿である甲および乙を1000万円で売却した。その後、買主Ｂに対して破産手続開始の決定がなされ、破産管財人Ｃが選任された。
>
> なお、この時点で、甲および乙の評価額は、2000万円相当まで上がっていたとする。
>
> 1000万円の代金債権（α 債権）および2部作の絵皿である甲およ

び乙の引渡債権（β債権）の履行につき、Aは甲のみをBに引き渡していたが、Bは代金を支払っていなかった。

　ここで検討の中心となる問題は、売主Aが売買契約を解除して甲の返還を請求することができるかという点である。

　また、売主の側が破産したという事例として、【設例❷】〈売主Aの破産事例〉も設定しておこう。

【設例❷】〈売主Aの破産事例〉

　美術商Aが、骨董品収集家Bに、2部作の絵皿である甲および乙を1000万円で売却した。その後、売主Aに対して破産手続開始の決定がなされ、破産管財人Cが選任された。

　なお、この時点で、甲および乙の評価額は、400万円相当まで下がっていたとする。

　1000万円の代金債権（α債権）および2部作の絵皿である甲および乙の引渡債権（β債権）の履行につき、Aは甲および乙をBに引き渡していなかったが、Bは代金のうち半額の500万円のみを支払っていた。

　ここでの検討課題は、買主Bが売買契約を解除して500万円の返還を請求することができるかという点である。

　以下では、主に【設例❶】を念頭に議論を進めることにするが、適宜、【設例❷】についても言及することとする。

2　管財人等の有する双方未履行双務契約に関する選択権の制度趣旨および機能

　【設例❶】では、相手方たる売主Aの解除権と破産管財人Cの有する双方未履行双務契約に関する選択権（破53条1項）との調整が問題となる。

ここで双方未履行双務契約における管財人等の選択権（破53条1項、民再49条1項、会更61条1項）の制度趣旨および機能を確認しておくこととしよう。

　従来、双方未履行双務契約に関する管財人等の選択権という規律については、改正論も含め、倒産法学説においてさまざまな見解が主張されてきた(注14)。ここでは、この従来の学説論議には踏み込まず、現行法における規律を前提としつつ、この管財人等による選択権制度の有する実際的な機能面に着目すると、その制度趣旨は、破産財団等の増殖や事業再構築にとって適切な判断を可能とする点に求められ、この点において選択権制度は各倒産手続の目的達成に資する機能を果たしていると考えられる(注15)。

　とりわけ、本来であれば従前の契約関係に拘束されるべきところ、一方的に契約を解除する選択権能が管財人等に付与されることにより、平時には存在しなかった新たな経済的価値が法的倒産手続の局面において創出され得るという点が重要である(注16)。すなわち、破産財団等の立場からみれば、破産者等の負う債務を管財人等が履行することで破産財団

(注14)　学説の状況については、水元宏典「破産および会社更生における未履行双務契約法理の目的(1)」法学志林93巻2号（1995）68-78頁、宮川知法「双方未履行契約の処理」同『破産法論集』（信山社・1999）43-50頁（初出・中野貞一郎＝道下徹編『基本法コンメンタール破産法〔第2版〕』〔日本評論社・1997〕86-89頁［宮川知法］。以下、『破産法論集』の該当箇所を示す）、中島弘雅『体系倒産法Ⅰ――破産・特別清算』（中央経済社・2007）233-237頁以下、竹下編集代表・前掲（注10）204-207頁［松下］、伊藤ほか・前掲（注10）405-408頁、山本和彦ほか『倒産法概説〔第2版補訂版〕』（弘文堂・2015）208-211頁［沖野眞已］等が詳しい。

(注15)　松下淳一「契約関係の処理」『倒産実体法（別冊NBL69号）』（商事法務・2002）45頁および藁毛・前掲（注9）59-60頁参照。ただし、最判平成12・2・29民集54巻2号553頁は、破産管財人による解除権行使が無制約ではない局面があり得ることを判示する。同判決の検討を含む、この論点に関する詳細については、田頭章一「双方未履行双務契約の立法的課題――管財人等による解除の要件・手続をめぐって」同『企業倒産処理法の理論的課題』（有斐閣・2005）122頁（初出・原題「倒産処理法における双方未履行双務契約の処理」新堂幸司先生古稀祝賀『民事訴訟法理論の新たな構築（下）』〔有斐閣・2001〕595頁）を参照。

第2部　シンポジウムを終えての理論面からの考察

等に損失がもたらされるような場合には、管財人等は解除を選択することで損失を回避することが可能となる。この点において、解除選択の権能は、一種のオプションとしての経済的価値を有する[注17]。逆に、履行をすれば利得を実現できるにもかかわらず、解除をすればその利得を失うような場合には、当然、管財人等は債務の履行を選択するはずである（その結果、相手方の債権は財団債権または共益債権化される。破148条1項7号、民再49条4項、会更61条4項）。もっとも、この管財人等による債務の履行という帰結は、平時の契約関係におけるものと実質的に変わらず、倒産法が管財人等に特別の権能を付与したことに起因するものではない。

確かに、管財人等に対して解除の権能を倒産法が特別に付与することに対しては立法論としての批判も有力ではある（なお、後記Ⅳ2参照）[注18]。

(注16)　私見は、法的倒産手続の目的に鑑みて機能的に解除権能を重視するものである。この点において、管財人等の選択権能における解除権を特別の権能として位置付ける伊藤教授の見解（伊藤・前掲（注10）380頁・941頁、同『会社更生法』〔有斐閣・2012〕272頁。その原型として、同「ファイナンス・リースと破産・会社更生——契約関係処理における公平の理念」同『債務者更生手続の研究』〔西神田編集室・1984〕434頁〔初出・判時1045号（1982）3頁、1047号16頁、1048号12頁〕における438-439頁の記述を参照）に親和的であるといえよう。

(注17)　このように解除の選択権能そのものに経済的価値が見出されることは、経済学におけるリアル・オプション理論から裏付けられる（リアル・オプションの基本的な考え方につき、岩村充『企業金融講義』〔東洋経済新報社、2005〕294頁以下を、より詳細な内容については、マーサ・アムラム＝ナリン・クラティラカ（石原雅行ほか訳）『リアル・オプション——経営戦略の新しいアプローチ』〔東洋経済新報社、2001〕を参照）。すなわち、倒産法上の管財人等が解除を選択することができるという権能（オプション）は、ファイナンス理論の観点からは、企業価値を構成する資産としての価値を有するわけである。

(注18)　田頭章一「倒産法における契約の処理」同・前掲（注15）122頁（初出・原題「倒産法における契約の処理——双方未履行双務契約の基本原則、賃貸借・請負・雇用」ジュリスト1111号〔1997〕106頁）における124-127頁、水元宏典『倒産法における一般実体法の規制原理』〔有斐閣・2002〕155頁以下（以下、『規制原理』として引用する）。解除構成に代わる「非解除構成」としての「契約放置構成」を説く水元宏典「魅力ある倒産手続に向けた立法のあり方」法律時報89巻12号（2017）30頁も参照。

しかし、少なくとも現行法の下での法的倒産手続を前提とすれば、以上のように、管財人等の解除権能は、破産財団等の価値増大、ひいては債権者全体の満足の向上に寄与するとともに、事業の再生を実現する上で無視できない機能を果たしているのではないだろうか。それゆえ、双方未履行双務契約の処理については、倒産法における規律の下、管財人等のイニシアチヴによる選択を優先させるべきである。そして、たとえ相手方が法定または約定による解除権を取得し、この解除権と管財人等の選択権との間で競合関係が生じたとしても、もっぱら管財人等による選択権行使によってのみ未履行状態の契約の処理がなされなければならないと考えられる。相手方に付与されているイニシアチヴは、管財人等の選択権行使を促すための確答催告権（破53条2項、民再49条2項、会更61条2項）の限度にとどまるといえよう。

3 管財人等による選択権行使の具体的帰結と相手方による解除権行使の可否

以上が基本的な考え方であるが、管財人等による「解除選択の場合」と「履行選択の場合」に場合を分けて、その具体的帰結を確認しつつ、そこで相手方からの解除権行使を認める余地があるかどうかについて、さらに詳細に検討を行うこととしよう。

(1) 管財人等による解除選択の場合

(i) 効果面における管財人等による解除選択と相手方からの解除権行使との比較

【設例❶】〈買主B破産事例〉において、仮に相手方である売主Aによる解除権の行使が認められるとしても、通説的見解によれば、破産管財人Cが「第三者」（改正民545条1項ただし書）に該当するため、Aは、引渡済みの甲につき、取戻権（破62条）として返還請求をすることはできない[注19]。したがって、売主Aの甲に関する原状回復請求権（改正民

(注19) 福永・前掲（注6）契約解除権163-164頁、伊藤・前掲（注10）364頁等。

法545条1項本文)は、もはや破産債権(破2条5項)として処遇されるにすぎない(原状回復請求権も、破産手続開始前の契約を原因とするためである[注20])。同様に、【設例❷】〈売主A破産事例〉においても、仮に買主Bによる解除権の行使が認められても、原状回復請求権として500万円の破産債権(破2条5項)が認められるにとどまる。

他方で、管財人等による解除選択がなされれば、相手方に対しては、管財人等による解除選択の効果として、原状回復請求権が取戻権または財団債権もしくは共益債権として処遇されるという倒産法上の特別の保護が与えられる(破54条1項2項、民再49条5項および会更61条5項による準用)[注21]。【設例❶】における売主Aについていえば、甲に関する原状回復請求権につき、甲が買主Bの破産財団中に現存すればこれを取戻権として行使することができ、仮に甲が買主Bの破産財団中に現存しなくても、その対価は財団債権として保護されることとなる。

要するに、管財人等によって契約の解除が選択されれば相手方にとっても有利となるため、双方未履行双務契約事例につき、管財人等が解除選択を行う場合に関しては、相手方からの解除権(開始前または開始後、

(注20) もっとも、改正民法の解釈論として、破産手続開始による契約目的達成不能を理由とする法定解除権の取得が認められるとすると(前記Ⅰ3(1)参照)、この開始後の法定解除権に基づく原状回復請求権が「破産手続開始前の原因に基づいて生じた財産上の請求権」(破2条5項)に該当するのかについては、解除権自体は開始後に発生しているため、疑義があるかもしれない。もっとも、財団債権(同条7項・148条1項各号)に該当するとは考えられない。そこで、開始後解除権の行使による原状回復請求権についても、開始前に存在していた契約に起因すると捉えて、なお破産債権性を肯定できるものと考えることになろう。

(注21) なお、本稿では取り上げて検討しないものの、原状回復請求権につき財団債権性を付与すること(破54条2項)の立法論としての当否や根拠論については学説上争いがある。学説における議論状況や立法論に関して、松下・前掲(注15)48頁以下、加々美博久「双方未履行双務契約」東京弁護士会倒産法部編『倒産法改正展望』(商事法務・2012)273頁、赫高規「破産法上の双務契約の規律についての改正提案および解釈論の提案——規律根拠の再検討を踏まえて」倒産法改正研究会編『続々・提言 倒産法改正』(金融財政事情研究会・2014)201頁等を参照。関連する最高裁判例として、最判昭和62・11・26民集41巻8号1585頁を参照。

法定または約定のいずれであっても）行使を認める実益は認められない。

(ii) **相手方からの残債務履行による管財人等の解除選択排除の可否**

なお、以上と関連する論点として、【設例❶】の事例を変更して、「買主Ｂの破産手続開始の時点で、甲および乙の評価額が400万円相当まで下がっていた」とし、このとき、相手方である売主Ａのほうから、自ら残りの乙の引渡しを行うことで、破産管財人に対して当初の約定通り1000万円を代金として、その支払を求めることができるかという問題がある。これを一般化すると、法的倒産手続の開始後に相手方の側から積極的に自らの（残）債務を履行することで、管財人等による解除選択を阻止または排除することができるかという論点である。この論点については、破産手続に関する文脈において、福永有利教授によって問題提起がなされた(注22)。

福永教授は、ドイツ法学説における否定説の根拠論を紹介した上で、これに反駁を加えつつ、以下のように肯定説を支持する(注23)。すなわち、①（破産管財人の選択権が一種の形成権であり、破産管財人による履行拒絶の意思表示(注24)によって相手方の履行請求権が消滅するというドイツ法における根拠に対する反論として、）破産管財人が解除の意思を表示した後であっても、相手方は自らの債務の履行をすることが認められる。ただし、破産管財人が解除の意思表示をした後、相当の期間内に相手方がその解

（注22） 福永有利「破産法第59条による契約解除と相手方の保護」同『倒産法研究』（信山社・2004）82頁（初出・法曹時報41巻6号〔1989〕1頁。以下、「契約解除と相手方の保護」として引用し、『倒産法研究』の該当箇所を示す）における109-115頁で論じられている。
（注23） 福永・前掲（注22）契約解除と相手方の保護109-113頁。
（注24） ドイツ法においては、伝統的に、破産管財人が履行請求をしない場合については、解除ではなく、「履行の拒絶（Erfüllungsablehnung）」にすぎないとされてきた（1877年2月10日公布〔RGBl. S. 351〕の旧破産法17条。1994年10月5日公布〔BGBl. I S. 2866〕の現行倒産法103条も同様である）。詳細については、福永有利「破産法第59条の目的と破産管財人の選択権」同『倒産法研究』（信山社・2004）32頁（初出・北大法学論集39巻5・6号〔1989〕1373頁）における36頁以下、水元・前掲（注18）規制原理168頁以下を参照。

第2部　シンポジウムを終えての理論面からの考察

除を否定し、自らの債務の履行をなす旨の主張をしないときは、信義則上、相手方の履行の主張は認められない[注25]。さらに、②破産手続開始後の相手方の履行により解除権が排除されることによって破産財団に不利益が生じることのないように、相手方は自己の債権を破産債権として行使し得るにすぎない[注26]。前記事例に即していえば、売主Aは、破産管財人Cが解除選択の意思表示をした後であっても、相当の期間内であれば乙の引渡しを行うことで破産管財人の解除選択の効果を排除することができるが、Aの有する1000万円の代金債権は破産債権として処遇されるにすぎないこととなる。

　また、赫高規弁護士は、現行破産法の改正論として、次のような見解を説く。すなわち、破産管財人の解除権を「各債務の履行状況が対価的に均衡していない状況が両すくみで固定化されることを打開するためのもの」、つまり、もっぱら契約履行の両すくみの関係を打開する手段であると解釈した上で[注27]、「相手方が、自己の有する同時履行の抗弁権等を放棄して、破産者の債務の履行がなくても自己の未履行債務を履行するものとするときは、破産管財人は、53条1項に基づく解除権を行使し得ず、相手方は、破産債権者として破産者の未履行債務についての履行請求権を行使できるものと解すべきである」[注28]とし、福永説と同様に肯定説に与する旨を、現行破産法の改正提案として説く。

　以上の見解について、どのように考えるべきであろうか。確かに、破産手続が解除選択を原則として想定しているように（破78条2項9号参照）、倒産処理制度がもっぱら残余財産に関する早期の清算完了を志向するものだと捉えれば（伝統的な破産手続観）、契約関係の両すくみ状態の解消だけを考慮すれば足りるのかもしれない。実際に、福永説は、

(注25)　福永・前掲（注22）契約解除と相手方の保護110頁。
(注26)　福永・前掲（注22）契約解除と相手方の保護112頁。
(注27)　赫・前掲（注21）241頁。この解釈は、後述するように、福永・前掲（注22）契約解除と相手方の保護100頁以下で示された福永説に依拠するものである。
(注28)　赫・前掲（注21）201頁。

「破産制度は、債務者の総財産で総債務を清算する制度である。しかるに、……両すくみによって清算ができない契約が生じることを認めることは妥当でない。そこで、このような事態を避けるためには何らかの手当てを講ずることが必要となる」ところ、破産管財人の選択権を定める規定（平成16年改正前旧破59条等〔現行破53条等〕）がこれに該当するという認識を前提とするものであり、同「規定を要請したものは、両すくみ状態を放置できないとする破産制度の目的自体にあると考えるべきであろう」と説く[注29]。伝統的な清算のみを目的とする破産制度との関係においては、これは確かに合理的な理解であるといえよう。

しかし、事業の再生または維持更生をその目的として志向する再生手続（民再1条）または更生手続（会更1条）との関係においてはいうまでもなく、今日では、破産手続の役割として、事業の継続（破36条）および譲渡（破78条2項3号）を用いることによる事業再生の契機が含まれること[注30]を看過することはできない。そうだとすれば、およそ倒産法制全体を通じて一般的に認められる管財人等の解除権能が、前述したように、破産財団等の価値増大、ひいては債権者全体の満足の向上に寄与するという、事業再生において果たす実質的な機能の側面をも考慮すべきではないだろうか。

それゆえ、相手方から履行による解除選択の排除または阻止を求めることは、倒産法が管財人等に対して特別に解除権能を付与した制度趣旨と抵触するため、認めるべきではないと考えられる[注31]。

(2) **管財人等による履行選択の場合**

次に、管財人等による履行選択の場合についてである。この場合、相手方が管財人等の履行選択に対して、自ら法定または約定の解除権を行使して、双方未履行双務契約を解除することができるかが問題となる。

(注29) 福永・前掲（注22）契約解除と相手方の保護102頁。
(注30) 多比羅誠「破産手続のすすめ――事業再生の手法としての破産手続」NBL812号（2005）32頁、同「事業再生手段としての破産手続の活用」園尾隆司ほか編『新・裁判実務大系(28)〔新版〕破産法』（青林書院・2007）32頁参照。

ここで相手方の解除権につき、開始後に取得する法定解除権、開始前に取得していた法定解除権、さらに開始前の約定解除権または倒産解除特約（倒産解除条項）による解除権に場合を分けて、検討を行う。

(i) **開始後の法定解除権**

双方未履行双務契約に関して、破産者等の相手方には、管財人等の選択権行使を促すための確答催告権（破53条2項、民再49条2項、会更61条2項）が認められている。裏を返していえば、倒産法上、双方未履行双務契約について相手方に認められるのは、管財人等に選択権行使の確答を促す旨の催告の権能に限られるわけである。それゆえ、相手方が破産者等に対し一方的に履行を求める旨の民法上の催告を行い、（当然ながら）履行が得られない結果として解除権を取得するという帰結（改正民541条本文）は、承認することができない。また、管財人等が履行選択を行う場合には、そもそも相手方にとって契約における所期の目的が果たされ、無催告解除が前提とする契約目的達成不能の要件（改正民542条1項各号）を満たさないため、その取得を認める根拠を欠く。

以上から、双方未履行双務契約事例において、管財人等が履行選択を行う場合も、開始後の法定解除権の取得を認める根拠または実益を欠く。

(ii) **開始前の法定解除権**

開始前の法定解除権については、法的倒産手続の開始前に債務者（後の破産者等）の側において履行遅滞がすでに生じており、相手方から催告がなされたにもかかわらず履行がされなかったため、相手方が法定解除権（催告解除権。改正民541条）をすでに取得していたという場面が想定される。この場合、相手方は同手続の開始後において、開始前にすで

（注31） 中田・前掲（注13）19-20頁は、相手方の履行の提供に対して、破産管財人がそれを受領したときは、「破産管財人において履行を選択し、解除権を放棄したものと推定すべきであろう」とし、破産管財人が受領しないときには、〔平成16年改正前〕「破産法59条等（※引用者注：現破53条等）の構造を考えれば、このような場合も、破産管財人の解除権は肯定し、解除権行使を権利濫用ないし信義則によって制限するというのが、穏当な解釈論であろう」と説く。私見の立場からも、妥当な処遇のあり方だと考えられる。

に取得していた法定解除権を行使できるとする肯定説が（民法改正前から）支配的な見解であった[注32]。

では、私見として、この開始前の法定解除権についてどう考えるべきかであるが、前記の通り、双方未履行双務契約の処遇についてはもっぱら管財人等の選択権に委ねるべきであるという立場から、従来の通説とは異なり、開始前の法定解除権についてもその行使を否定すべきであると解する。

その根拠については、次のように論じることができる。例えば、民法上の無効や取消権（改正民90条・93条1項ただし書・94条1項・95条1項・96条1項2項等）については、管財人等に「第三者」性が認められることで第三者保護規定が適用され得るものの、その主張または行使自体は、法的倒産手続の開始後も認められる。これに対して、民法上の法定解除権（改正民541条・542条）の行使は、法的倒産手続においては管財人等の解除または履行の選択権と直接競合することとなり、矛盾対立する関係を生じさせる。この競合関係への対応に当たっては、先ほど述べたように、倒産法における双方未履行双務契約の処理を管財人等に委ねる制度趣旨や機能を重視する観点から、ひいては各倒産手続における目的（破1条、民再1条、会更1条）を実現するためには、その合目的的観点から管財人等の選択権の優越を認めるべきである[注33]。

（注32）　福永・前掲（注6）契約解除権152-153頁参照。ただし、福永教授は、肯定説に与するものの、管財人等の選択権との競合関係について、「いったん解除権が発生しても、債務者は、債権者が契約を解除しない間は、遅延賠償とともに本来の給付を提供することができ、これによって債権者の解除権は消滅するというのが判例・通説であるから、管財人が履行の請求をしただけでは、相手方の開始前解除権は消滅しないが、管財人が債務の本旨に従った履行の提供をなせば、相手方の開始前解除権は消滅する、と解すべきであろう」（同155頁）と説く。判例として、大判大正6・7・10民録23輯1128頁参照。

　なお、福永・前掲（注6）153頁は、宮川・前掲（注14）42頁の見解を開始前の法定解除権に関する否定説として取り上げるが、宮川教授の見解は、破産者側のみが未履行である双務契約に関する文脈における記述である点に留意しなければならない（同見解については、後掲（注38）参照）。

このような見解に対しては、確かに、相手方は民法上の法定解除権をすでに取得していたにもかかわらず、その権利を不当に損なう帰結であるとか、あるいは、一般論として、開始時においてすでに存在する民法上の権利は、法的倒産手続においてもできる限り尊重されるべきという建前に反するとの批判も想定されよう。しかし、前述の通り、倒産法は、このような法定解除権行使のいわば「代替措置」として、相手方には管財人等の選択権行使を促すための確答催告権（破53条2項、民再49条2項、会更61条2項）という独自の制度をわざわざ用意している。このように、倒産法は、早期に契約関係を決着させるイニシアチヴを相手方にも付与し、その地位を尊重する一方で、これ以上のイニシアチヴはもはや相手方に認めないという制度設計をしていると理解すべきである。

(iii) **開始前の約定解除権または倒産解除特約（倒産解除条項）による解除権**

開始前の約定解除権または倒産解除特約による解除権の場合についても、開始前の法定解除権と同様に、その行使を否定すべきである。

ただし、例えば、所有権留保特約付売買契約やファイナンス・リース契約において担保の私的実行を目的とする倒産解除特約については、別途の扱いを認めるべきである。すなわち、更生担保権構成（会更2条10項）をとる更生手続においては、このような特約に基づく私的実行は認めるべきではないものの（更生手続と所有権留保特約付売買契約との関係に関する最判昭和57・3・30民集36巻3号484頁参照）、別除権構成（破65条1項、民再53条1項2項）をとる破産手続または再生手続との関係においては、この特約に基づく私的実行も認めてもよいと考えられる。なぜならば、この場合には、前提として双方未履行双務契約関係が存在するとは評価し得ず[注34]、倒産解除特約はいわば「私的実行のトリガー」としての意味を有するにすぎないからである。ただし、この特約に基づく私的実行については、破産手続または再生手続における別除権行使に対

(注33) 伊藤教授は、これを「倒産法的再構成」と称する（伊藤眞「証券化と倒産法理——倒産隔離と倒産法的再構成の意義と限界（上）・（下）」金法1657号〔2002〕6頁・同1658号82頁参照）。

する規律（実行手続中止命令〔民再31条〕や担保権消滅許可制度〔破186条、民再148条〕等）に当然服するものと解すべきである（なお、再生手続とファイナンス・リース契約との関係に関する最判平成20・12・16民集62巻10号2561頁参照）(注35)。

Ⅲ　一方未履行（他方既履行）双務契約事例の検討

1　基本的な考え方

次に、一方未履行（他方既履行）の双務契約事例について検討を行う。この一方未履行双務契約事例に関する私見における基本的な考え方は、以下の通りである。

一方未履行双務契約事例においては、開始前に法定もしくは約定による解除権を相手方が取得していた場合、または開始後に（改正民法541条または542条所定の要件を満たして）法定解除権を相手方が取得した場合には、相手方は、その契約上の地位として、その解除権を行使することにより契約の拘束力から離脱する利益を有し、この相手方の地位および利益は法的倒産手続においても尊重されるべきである。つまり、冒頭で述べたように、破産者等と相手方の間に単なる債権債務関係があるにすぎないとみる「債権起点思考」ではなく、双方間の契約関係に着目する「契約起点思考」を重視すべきだと考える。

確かに、先に検討した双方未履行双務契約事例においては、管財人等の選択権と相手方の解除権との競合関係の調整が求められた結果、「契

(注34)　所有権留保特約付売買契約については、杉本和士「破産管財人による所有権留保付動産の換価──前提となる法的問題の検討」岡伸浩ほか編著『破産管財人の財産換価〔第2版〕』（商事法務・2019）789頁以下の検討を参照。なお、ファイナンス・リース契約については、最判平成7・4・14民集49巻4号1063頁が双方未履行双務契約の規律の適用を明確に否定している。

(注35)　詳細な検討については、藤澤治奈「新しい契約解除法制各論──各種契約ごとの分析」本書63-67頁および大川治「藤澤報告に対するコメント」本書81-82頁を参照。

約起点思考」は後景に退き、もっぱら倒産法における管財人等の選択権に委ねるべきとの立場を強調せざるを得なかった。しかし、一方未履行双務契約事例においては、相手方の民法における契約上の地位、そしてその解除権について、倒産法の規律や秩序に反しない限りで、尊重すべきだと考える。したがって、原則として相手方から契約を解除することが認められるべきである。

そこで、以下では、破産者等の側が履行済みの場合（相手方未履行事例）と相手方の側が履行済みの場合（破産者等未履行事例）とに場合を分けて、それぞれにつき検討をしていこう。さらに、破産者等は債務の一部を履行し、相手方は債務の履行を完了していた場合（一方一部履行かつ他方既履行事例）についても若干の検討を行う。

2　破産者等は債務の履行を完了していたが、相手方は債務の履行をしていない事例（相手方未履行事例）

(1)　設例および問題の設定

相手方未履行事例の検討に際して、【設例❶】および【設例❷】の内容を変更した、下記の【設例❶-2】〈買主Bの破産事例〉および【設例❷-2】〈売主Aの破産事例〉を設定する。

【設例❶-2】〈買主Bの破産事例〉

> 【設例❶】において、売主Aは甲および乙の引渡債務（β債務）を履行していなかったが、買主Bは1000万円の代金債務（a債務）をすでに履行していた。

【設例❶-2】において、売主Aは、売買契約を解除して、すでに受け取っていた1000万円の代金を返金することで、（2000万円相当まで値上りをした）甲および乙の引渡債務（β債務）を免れることができるかが、ここでの検討課題である。

【設例❷-2】〈売主Aの破産事例〉

> 【設例❷】において、売主Aは甲および乙の引渡債務（β債務）をすでに履行していたが、買主Bは1000万円の代金債務（a債務）を履行していなかった。

他方、【設例❷-2】では、買主Bは、売買契約を解除して、すでに受け取っていた（400万円相当まで値下りをした）甲および乙を返還することで、1000万円の代金債務（a債務）を免れることができるかが検討課題となる。

そこで、以下においては、未履行の相手方から解除権を行使し得るかについて、開始後の法定解除権、開始前の法定解除権および約定解除権のそれぞれについて検討していこう。

なお、未履行の相手方に解除原因が生じている場合には、管財人等の側から解除をすることは当然認められ[注36]、この点は検討の対象としない。

(2) **未履行の相手方による解除権取得およびその行使の可否**

(i) **開始後の法定解除権の取得の可否**

まず、開始後の法定解除権については、そもそも民法の規律上の問題として、以下の通り、その取得の可能性自体が認められない。

【設例❶-2】においてAは代金1000万円の弁済をすでに受けており、また、【設例❷-2】でBは目的物の引渡しをすでに受けており、それぞれ契約目的を達成しているため、無催告解除権を取得する要件（改正民542条1項各号）を満たさない。さらに、相手方未履行事例においては、そもそも破産者等はすでに履行済みであるから、催告解除（改正民541条）の催告を行う余地もない。

したがって、この場合、相手方が開始後の法定解除権を取得する可能性がないため、この解除権の行使を想定する必要はない。

(注36) 谷口安平『倒産処理法〔第2版〕』（筑摩書房・1980）183頁、宮川・前掲（注14）40頁。

(ⅱ) 開始前の法定解除権または約定解除権の行使の可否

次に、開始前に相手方が法定解除権または約定解除権（倒産解除特約の場合を含む）を取得していた場合、この開始前の解除権の行使は認められるか。

例えば、次のような場合に、相手方が解除権を行使することで契約の拘束力から離脱する利益を有する契機が認められる。すなわち、【設例❶-2】において、買主Bが1000万円の代金（$α$）支払を先履行とする合意をしていたにもかかわらず、履行期になっても支払をしなかったため、売主Aが履行遅滞を理由として催告を行ったが支払がなかった結果、Bの破産手続開始前にAは催告解除権（改正民541条）を取得し、その後にBがAに代金1000万円を支払い、Aがこれを受領していた、という場合である。または、事前にAB間において、契約当事者の一方につき法的倒産手続開始の申立てがなされれば、約定解除権を取得し行使し得る旨の倒産解除特約が合意されていた場合も考えられる。以上のような各場合に、破産手続開始後に売買目的物である甲および乙の価値が売買契約締結時の代金1000万円を超えたことを理由に、あらためてAが開始前の法定または倒産解除特約による約定の解除権を行使し、甲および乙の引渡債務（$β$）を免れようとする事態を想定しよう。

このとき、民法上の解釈として、相手方未履行事例では相手方は自らの債権の履行をすでに受けているため、相手方が解除権を行使する利益が認められるかが問題となるが、弁済を受領していることで一旦取得した解除権は消滅することになる[注37]。さらに、倒産法の観点から考えてみても、開始前の解除権といえども、その行使を認めることで、本来であれば破産財団等に帰属するはずの権利を喪失する事態をもたらし、破産財団等にとって不利な帰結となる要素を否定できない。

そうすると、前記事例において、相手方はすでに本来の契約の目的に沿った給付を得ている以上、履行遅滞に基づく開始前の法定解除権（催

(注37) 前掲（注32）・大判大正6・7・10、司法研修所編『増補民事訴訟における要件事実〔第1巻〕』（法曹会・1986）59頁参照。

告解除権。改正民法541条）の行使については、民法および倒産法双方の観点から疑義があるといわざるを得ない。また、倒産解除特約に基づく約定解除権についても、事前の当事者間の合意による特約だけを根拠として解除することは、もはや法的倒産手続において尊重すべき契約上の地位であるとは評価することができず、このような特約に基づく解除も認めがたいと考えられる。

3　破産者等は債務の履行をしていないが、相手方は債務の履行を完了していた事例（破産者等未履行事例）

(1)　設例および問題の設定

今度は、破産者等未履行事例の検討に際して、【設例❶】および【設例❷】の内容を変更した、下記の【設例❶-3】〈買主Bの破産事例〉および【設例❷-3】〈売主Aの破産事例〉を設定する。

【設例❶-3】〈買主Bの破産事例〉

> 【設例❶】において、売主Aは甲および乙の引渡債務（β債務）をすでに履行していたが、Bは1000万円の代金債務（α債務）を履行していなかった。

【設例❶-3】において、まず、売主Aは、1000万円の代金債権（α債権）を破産債権として行使する代わりに、売買契約を解除して、原状回復請求権（改正民法545条1項本文）である（2000万円相当まで値上りをした）甲および乙の返還請求権を取戻権（破産法62条）として行使することができるかが第1の検討課題である。ついで、取戻権の行使が認められないとしても、売主Aは、1000万円の代金債権（α債権）ではなく、解除に基づく原状回復請求権である（値上りをした）甲および乙の返還請求権のほうを破産債権（破産法2条5項）として行使することができるかが第2の検討課題となる。

【設例❷-3】〈売主Aの破産事例〉

> 【設例❷】において、売主Aは甲および乙の引渡債務（β債務）を履行していなかったが、買主Bは1000万円の代金債務（α債務）を履行していた。

他方、【設例❷-3】では、買主Bは、（値下りをした）甲および乙の引渡債権（β債権）を破産債権として行使する代わりに、売買契約を解除して、すでに支払済みの代金1000万円の原状回復請求権を破産債権として行使することができるかが検討課題となる。

(2) 契約解除による原状回復請求として履行済みの給付の返還を求めることの可否

【設例❶-3】において、売主Aは、1000万円の代金債権（α債権）を破産債権として行使する代わりに、売買契約を解除して、原状回復請求権である（値上りをした）甲および乙の返還請求権を取戻権（破62条）として行使することができるかという問題については、そもそも仮にAが解除権を行使することができるとしても、破産管財人が解除前の「第三者」（改正民法545条1項ただし書）に該当するため、取戻権としての所有権に基づく甲および乙の返還請求権は行使できない。

(3) 契約解除による原状回復請求権を破産債権等として行使することの可否

では、【設例❶-3】において、破産者Bの相手方である売主Aは、1000万円の代金債権（α債権）を破産債権として行使する代わりに、売買契約を解除して、原状回復請求権である（値上りをした）甲および乙の返還請求権を破産債権として行使することができるか。

破産手続開始後にAが法定解除権を取得することができると解した場合、または、開始前に法定解除権または約定解除権を取得した場合、このような解除権の行使は、破産手続において認められると考える[注38]。その結果、解除による原状回復請求権である甲および乙の返還請求権は、破産債権として扱われる（この返還請求権は、破産手続開始前の契約

を原因とするものである。前掲（注20）参照）。これにより、破産手続開始の時における破産債権の評価額（破103条2項1号イ）として、甲および乙の返還請求権の評価額が2000万円相当であるとすれば、本来であれば1000万円の破産債権を有するにすぎなかったにもかかわらず、解除権の取得および行使により2000万円の破産債権をAに付与することとなり、その利得の改善を認める結果となる[注39]。

同様に、【設例❷-3】においても、破産者Aの相手方である買主Bは、（値下りをした）甲および乙の引渡債権（β債権）を破産債権として行使する代わりに、売買契約を解除して、原状回復請求権である1000万円の代金債権（α債権）を破産債権として行使することが認められる。

以上のように破産手続開始後に相手方が解除権を行使することで自らの破産債権の評価額を変更することを認めるのは、確かに他の破産債権者との関係での平等を害するようにも思われる。しかし、相手方は破産手続開始時点において契約当事者としての地位を有していた以上、この地位に基づいて利得改善を図る権能は認められてしかるべきである[注40]。また、依然として破産債権者としての地位を有するにすぎないため、破産財団に対する影響は決して大きくはないであろう。

なお、以上は破産手続における処遇であるが、再建型である再生手続や更生手続においては、【設例❶-3】における原状回復請求権である甲

(注38)　これに対して、宮川・前掲（注14）41-42頁は、破産者のみが未履行の場合の双務契約につき、開始後の解除権行使によっても、「相手方の請求権はどのみち破産債権となるほかなく」、「解除権行使の実際的意義は乏しい」とし、開始前の原因に基づく開始後の解除については、「通説のように545条1項但書をもちだすまでもなく、解除権の行使自体を否定する扱いが最も合理的である」と説く。

(注39)　さらに、開始後に解除権を行使できるとすれば、Aは併せて損害賠償請求権（改正民545条4項）を破産債権として行使することが認められる。なぜならば、これは、破産手続開始前に締結された契約の解除に基づく財産上の請求権に該当するからである。他方、破産管財人ではなく、相手方Aによる解除権に基づく損害賠償請求権であるため、財団債権には該当しない。前掲（注20）参照。

(注40)　もっとも、【設例❶-3】とは異なり、役務提供を目的とする契約等に関する事例においては、帰結の相違は、結局、その債権の評価額のあり方次第であるといえるであろう。

および乙の返還請求権は再生債権（民再84条1項）または更生債権（会更2条8項）に該当し、破産債権のように金銭化がなされないため、再生計画または更生計画における権利変更の対象として処理されることになろう(注41)。

4　破産者等は債務の一部を履行し、相手方は債務の履行を完了していた事例（一方一部履行かつ他方既履行事例）

では、【設例❶-3】とは異なり、Bも1000万円の代金債務（β債務）のうち300万円をすでに履行していたという事例、すなわち、一方一部履行かつ他方既履行の事例において、Bの破産手続開始後、相手方たる売主Aが契約を解除した場合は、破産者等未履行事例に関する前記帰結と異なるであろうか(注42)。

この場合においては、Aによる原状回復請求権としての甲および乙の返還請求権と、Bの破産管財人による300万円の原状回復請求権は同時履行の関係に立つ（改正民法546条の準用する533条）。その結果、Bの破産手続における相手方Aの原状回復請求権は、破産債権として処遇される（金銭化により2000万円の評価額の破産債権となる）のではなく、同時履行関係にある一定の範囲で財団債権として優先的な処遇を受けられるのではないか、とも考えられそうである。そこで、このような財団債権としての処遇は認められるであろうか。さらに、仮に財団債権として処遇されるとして、その範囲は2000万円全額か、それとも対価関係にある300万円の範囲に限られるかという点も問題となろう。

以上についてどのように考えるべきであるが、確かに解除によって双方の契約当事者において発生する原状回復請求権間の同時履行関係も、双方未履行にある債権債務関係とパラレルに捉えることができそうでは

(注41)　非金銭債権に関する計画における権利変更については、園尾隆司＝小林秀之編『条解民事再生法〔第3版〕』（弘文堂・2013）414-415頁［杉本和士］参照。
(注42)　以下の検討内容は、中西正教授との議論に負う。

ある。しかし、結論として、このような立論は妥当でない。なぜならば、破産手続開始後の相手方の解除による原状回復請求権間に民法が同時履行の抗弁権を付与しているというだけでは、直ちに双方未履行双務契約の規律の趣旨をそこに及ぼす根拠を欠くといわざるを得ないからである。あくまで双方未履行双務契約の倒産法上の規律は、法的倒産手続開始前において双方未履行状態にある双務契約の相手方を同手続において保護すべき要請に基づくものであると考えられる。

したがって、一方一部履行かつ他方既履行の事例においても、破産者等未履行事例に関する前記帰結と異ならない。

Ⅳ　おわりに——新しい契約解除法制と倒産法との関係

最後に、新しい契約解除法制と倒産法との関係を考える上での今後の検討課題について若干の言及をしておこう。

1　倒産法から改正民法に対して投げかけられる問題

まず、倒産法から改正民法に対して投げかけられる問いとして、次の点を指摘することができる。すなわち、破産手続をはじめとする法的倒産手続の開始後において、解除権発生の要件としての履行不能（契約目的達成不能）が認められ得るか、言い換えれば、改正民法542条1項1号から5号までのいずれかの文言に該当し得るか、という問いである。

この点は本稿の冒頭において保留してきたが（前記Ⅰ3(1)参照）、倒産法の観点から検討を行う前提として、まずは民法上の規律の領域における問題として、法的倒産手続の開始をもって契約目的達成不能と評価されるべきか否かについて検討する必要がある。すなわち、この解釈問題は、一次的には民法学に投げかけられた検討課題である。そこで法的倒産手続の開始をもって解除権が発生し得るという帰結となったならば、本稿で検討してきた通り、これを受けて倒産法の観点からその解除権「行使」の当否と限界が論じられる関係にある。

2　改正民法から倒産法に対して投げかけられる問題

次に、改正民法の側から倒産法に対して投げかけられる問いとしては、次の点が考えられる。すなわち、法的倒産手続において「契約起点思考」をどこまで承認することができるのか、特に双方未履行双務契約について、契約の拘束力からの離脱を広く認めることを志向する新しい契約解除法制にもかかわらず、なお相手方の解除権よりも管財人等の選択権を優越させることが果たして正当化できるか、という問いである。見方を変えれば、この問いは、改正民法における新しい契約解除法制の登場は、現行の倒産法における規律を見直す契機を含むのではないかという問題意識を含む。

本稿では、現行倒産法を前提とする限り、管財人等の解除権能の果たす経済的機能を重視し、たとえ改正民法の下での新しい契約解除法制が登場したとしても、双方未履行双務契約の処理に関しては、競合関係の調整として管財人等の選択権を優越させるべきだという立場をとっている（前記Ⅱ2参照）。しかし、今後、法体系全体において民法上の解除権による契約の拘束力からの解放という制度趣旨を重視し、これを徹底しようとするのであれば、倒産法学における有力説が主張してきたように[注43]、倒産法上の規律を変更して、双方未履行双務契約における管財人等の選択権として「解除」ではなく、「履行拒絶または放置」を選択できるにとどめ、契約自体の「解除」についてはもっぱら民法上の規律に委ねる、ということも考え得るであろう。

このように、今般の民法改正法と倒産法との関係についての検討は、やがて次の倒産法改正論議へとつながっていくものと考えられる。

（注43）　前掲（注18）参照。

倒産法における双方未履行双務契約の取扱い

同志社大学教授 　中西　　正

I　はじめに

　破産法53条1項・54条2項・148条1項7号は、破産手続における双方未履行双務契約の取扱いについて規定する。しかし、これらの規定の趣旨、対象、そして効果を巡っては、見解が対立する。民事再生法、会社更生法においても、同様であろう。

　そこで、本稿では、破産法における双方未履行双務契約の規律の趣旨、対象、そして効果について、検討することにしたい。検討は破産法に限定するが、そこで得られたルールは、基本的には民事再生法や会社更生法にも妥当するものと思われる。

II　信用供与型取引と同時交換型取引

　本稿では、信用供与型取引と同時交換型取引の対比という視点から検討を行うので、最初に、これらの概念につき、若干の検討を行いたい。

1　信用供与型取引

　本稿では、差し当たり、Bが、契約上の債務を先履行して、その対価を期限付債権としてもつ取引を、信用供与型取引と定義したい。

　信用供与型取引においては、信用供与者Bは、信用供与を受けた者Aの不履行に基づく損失を負担する。そして、本稿では、Aの不履行は破

産手続開始決定を受けたことに基づくので、Aの不履行に基づく損失は「Aの破産による損失」ということになる。【設例1・1】は破産による損失の一例である。

> 【設例1・1】
> (1) Bは、Aに、金1000万円を、金利5.0％、3年間の約定で、貸し渡した。ところが、1年後に、Aは破産手続開始決定を受けた。
> (2) BとAは、BがAに原材料・甲を100万円で売り渡す旨の契約（Bが4月1日に甲を引き渡し、Aが4月30日に代金を支払う）を締結し、BはAに約定通り甲を引き渡した。ところが、4月15日に、Aは破産手続開始決定を受けた。

2 同時交換型取引
(1) 概念

同時交換型取引とは、債務者と相手方の間で、給付と反対給付を同時交換的に行うことが合意された取引のことである。給付と反対給付が互いに担保視し合う取引であるということもできる。互いに他を担保視し合うからこそ、同時交換的に履行されるわけである。【設例2・1】は、その典型である。

> 【設例2・1】
> 製造業を営むAと商社のBは、BがAに精密機械・甲を代金5000万円で売り渡すこと（BがAに甲を引き渡すのと引換えに、AがBに代金5000万円を支払うこと）を、合意した。そして、AもBも約定通りに履行を完了した。

ただし、取引成立後双方の履行が完了するまでに、当事者の一方が信用を供与したとみられる事情が発生した場合には、当該取引は同時交換型取引の属性を失う。例えば、【設例2・1】で、Aが代金を支払わなかったにもかかわらず、BがAに機械を引き渡した場合には、A・B間の取引はBによる信用供与型になる。

(2) 同時交換型取引の取扱い

(a) 「破産による損失」負担の回避

同時交換型取引においては、Aにも、Bにも、相手方の破産による損失を負担させてはならない。例えば、【設例2・2】で、AのBに対する5000万円の弁済は、Aの破産手続開始後、偏頗行為危機否認に服せしめてはならない（破162条1項柱書括弧書）。

> 【設例2・2】
> 　製造業を営むAと商社のBは、BがAに精密機械・甲を代金5000万円で同時交換的に売り渡すことを、合意した。その頃、Aの財務状況は著しく悪化していたが、Bは、Aを支援するため、甲を売り渡すことにしたのである。その後、Aは支払を停止したが、AもBも約定通りに債務を履行し、Aは破産手続開始決定を受けた。なお、Bは、Aから5000万円の弁済を受けた時点でAの支払停止を知っていた。

(b) 損失負担を回避する根拠・その1

同時交換型取引の当事者に破産による損失を負担させない根拠は、同時交換型取引の「信用度の低いAに取引の機会を与える」機能を保障する点にある（Bは同時交換型取引を用いれば信用度の低いAとも取引をすることが可能になる）。

すなわち、偏頗行為危機否認は否認の相手方に破産による損失の負担を強制する。【設例2・2】で、AのBに対する弁済が偏頗行為危機否認の対象となると、BはAより受領した5000万円を破産管財人に返還する一方で、自らがAに引き渡した甲の返還は受けることができず、復活した5000万円の代金債権につき按分弁済を受ける。Bが破産による損失の負担を強制されたことは、明らかであろう。

そして、たとえ債務者に有利な取引であっても（例：【設例2・2】で、Bが時価5500万円の甲をAに5000万円で売り渡した場合）、AよりBに対して弁済があれば、偏頗弁済＝有害性（偏頗的結果）が発生したことになり、偏頗行為危機否認の対象となる。したがって、債務者の危機を認識した者には、そのような債務者との取引を避けることのほか、破産によ

る損失の負担を回避する手だては存在しないことになる。

　そうすると、危機に陥った債務者との取引は一般的に避けられ、債務者は危機時期に事実上取引界から排斥されることになり、財産を時価で売却して必要な資金を得る、担保設定と引換えに融資を得るなどの、企業の維持・再生に最低限必要な取引も、行うことができなくなる。このような結果は、明らかに不当であろう。そこで、同時交換型取引においては、一方の他方に対する弁済は偏頗行為危機否認の対象外として、相手方に破産による損失を負担させないことにしたのである。

　(c)　**損失負担を回避する根拠・その2**

　さらに、当該取引につきあらかじめ相手方の破産による損失を回避する手段を講じたいが、当事者間で担保信用取引を行うこと（事例で、BがAに信用を供与し、AがBに担保権を設定すること）が困難な場合にも、信用供与型取引ではなく、同時交換型取引が用いられる。不動産の売買契約や建築請負契約は、その典型であると思われる（事例(1)・(2)を参照）。同時交換型取引では当事者は破産による損失を負担しないというルールは、このような機能も保護することになる。これは、債務者が危機時期に事実上取引界から排斥されることを回避する機能とは、異なる機能である。

> 【事例】
> 　(1)　AとBは、BがAに自らが所有する甲地を1億円で売り渡す契約を締結した。契約締結時に、Aは手附金2000万円を支払い、その後、BからAへの所有権移転登記手続と引換えに、Aは残代金8000万円を支払った。
> 　(2)　AはBにビルディングの建設を注文し、Bはこれを3億円で請け負った。AはBに対して、前渡金として1億円、中間金として1億円、引渡時に1億円を支払うこととされた。なお、中間金の支払は出来高が1億5000万円に達した時点でなされるものとされた。

III 双方未履行双務契約のルールの趣旨・対象・効果

1 破産法53条1項・54条2項・148条1項7号のルール

ある双務契約が破産手続開始の時点で双方未履行であった場合、破産管財人はその契約を解除するか、契約上の債務を履行しつつ相手方にもその履行を請求することができる（破53条1項）。そして、解除の場合、相手方は、破産者に対する自らの給付の目的が破産財団に現存するときは、取戻権者としてその返還を請求し、現存しないときは財団債権者としてその価額の償還を請求できる（同法54条2項）。他方、履行請求の場合、相手方の反対給付を請求する権利は財団債権とされる（同法148条1項7号）。

2 趣旨

破産法53条などが定立する以上のルールの趣旨については、以下のような見解が、多数説であり、判例の理論であると思われる(注1)。

双務契約における当事者の債務は、原則として互いに他を担保視し合う関係にあるが、この関係は破産手続でも尊重されなければならない。破産法53条1項・54条2項・148条1項7号は、当事者の一方につき破産手続が開始された場合にも、この担保視し合う関係を保護するとともに、その地位を害しない限度で破産財団の利益を追求する途を開いたものである。すなわち、①担保視し合う関係を、(a)相手方にその債務の履

（注1） 兼子一監修・三ヶ月章ほか『条解会社更生法（中）』（弘文堂・1973）292頁。最判昭和62・11・26民集41巻8号1585頁、最判平成7・4・14民集49巻4号1063頁も、同様の見解を前提としているものと思われる。
　破産法53条1項等の趣旨を巡る見解の対立は、山本和彦ほか『倒産法概説〔第2版補訂版〕』（弘文堂・2015）209-210頁〔沖野眞已〕を参照。
　見解の対立の分析は、山本ほか・前掲208-211頁〔沖野〕を参照。私見によれば、判例・通説を深化させるに際し、破産管財人の選択権をどのように理解し位置づけるかを巡り、見解の対立が生じている。破産管財人の解除権の根拠論を巡る見解の対立であるとみることも許されよう。この問題については、後述を参照。

行を請求しつつ破産管財人も相手方に完全な満足を与えることにより保護する(積極的保護)、もしくは、(b)契約を解除して双方の債務を消滅させることにより保護する(消極的保護)こととし、②破産管財人に(a)または(b)を選択する決定権を付与することにより、破産財団の増殖を図ることを可能ならしめたわけである。

3 対象

判例・多数説に従えば、破産法53条1項の適用対象は、双方の債務が互いに担保視し合う関係にある双方未履行双務契約、すなわち同時交換型取引の双方未履行双務契約に限られることになろう。双務契約上に互いに担保視し合う2つの債務が対立し合う場合とは、同時交換型取引のことだ(互いに担保視し合うので同時交換的に履行される)と理解されるからである。

4 効果
(1) 破産による損失負担の回避

破産管財人の、破産法53条1項に基づく、履行の請求・解除の効果は、①履行を請求するときは、既履行部分は維持され、未履行部分は双方の債務が同時交換的に完全に履行され、②解除を選択するときは、契約自体が取り消され、双方につき、未履行部分は債務を消滅させ、既履行部分があるなら、完全な原状回復をすることになる。ここでは、相手方は、自らの債務は完全に履行したにもかかわらず、その対価については按分弁済しか受けることができないという扱いを、受けることはない。つまり、破産による損失の負担を強制されることはない。以上につき、説明・論証は不要であろう。

(2) その正当性

破産法53条1項・54条2項・148条1項7号は、同時交換型取引の双方未履行双務契約に適用される場合、公平で合理的な結果を導き出す。

すなわち、同時交換的の取引は偏頗行為危機否認に服さないという法理

（破162条1項柱書括弧書）は、信用度の低下した債務者が取引界から事実上排斥される問題の解決に寄与しよう（上述Ⅱ2(2)(b)を参照）。【設例2・2】で、この法理がAの財務状況が危機的であってもBがAと取引をすることのインセンティブとなっていることは、明らかであろう。

しかし、信用度の低下した債務者が取引界から事実上排斥される問題は、この法理だけでは解決できない。債務者と相手方の合意から履行期までに一定の時的間隔がある場合、契約上債務者と相手方が給付と反対給付を同時交換的に履行すべき日が到来するまでの間に、債務者が支払不能に陥る場合だけでなく、債務者に対して破産手続が開始される場合も想定されるからである。以下、この問題を【設例2・3】で検討する。

> 【設例2・3】
> 　製造業を営むAと商社のBは、BがAに精密機械・甲を代金5000万円で同時交換的に売り渡すことを、合意した。その頃、Aの財務状況は著しく悪化していたが、Bは、Aを支援するため、甲を売り渡すことにしたのである。履行期は契約締結から3か月後であった。
> 〈シナリオ1〉契約締結から2か月後にAは支払を停止し、その1か月後にAとBは約定通りに履行し、その1か月後にAは破産手続開始決定を受けた。
> 〈シナリオ2〉契約締結から2か月後にAは破産手続開始決定を受けた。

〈シナリオ1〉の場合、同時交換的取引は偏頗行為危機否認に服さないという法理により、信用度の低下した債務者が取引界から事実上排斥されるという問題は解決される。しかし、〈シナリオ2〉の場合はそうでないことは、明らかである（説明は不要であろう）。

〈シナリオ2〉を考慮に入れるなら、たとえ履行期（契約上債務者と相手方が給付と反対給付を同時交換的に履行すべき日）到来までに相手方が破産手続開始決定を受けても、相手方は破産による損失を被らないという保障がない限り、信用度の低下した債務者との取引に対する萎縮的効果は存在し、このような債務者が取引界から事実上排斥され、企業の維持・再生に最低限必要な取引も行うことができなくなるという問題は、

解決できない。

そこで、同時交換型取引については、同時交換的取引は偏頗行為危機否認に服さないという法理だけでなく、双方未履行双務契約の規律［A・B間の売買契約を双方が完全に履行する前にAが破産手続開始決定を受けた場合、①履行を選択するときには、双方の債務を完全に履行し、②解除を選択するときには、契約自体を取り消し、当事者双方につき債務を消滅させ、既履行部分があるなら、双方につき完全に原状回復させる］も、必要とされることになる。双方未履行双務契約の規律が、契約当事者に相手方破産による損失を負担させない機能を有することは、すでにⅢ4(1)で述べた通りである。

同時交換的取引は偏頗行為危機否認に服さないという法理だけでなく、双方未履行双務契約の規律が必要であることは、Ⅱ2(2)(c)のタイプの同時交換型取引（不動産の売買契約や建築請負契約。【事例】(1)・(2)を参照）にも妥当しよう。2つのルールが相まって、初めて、破産による損失負担の回避が確実となるからである。

Ⅳ　信用供与型取引と破産法53条1項・54条2項・148条1項7号

1　問題の所在

しかし、破産法53条1項の適用対象を、双方の債務が互いに担保視し合う関係にある双方未履行双務契約（同時交換型取引の双方未履行双務契約）に限定することは、正当でない。【設例1・2】からも明らかなように、破産法53条1項は、信用供与型の双方未履行双務契約、つまり双方の債務が互いに担保視し合わない双務契約にも適用されると、解さざるを得ないからである。

> 【設例1・2】
> 　BとAは、3月1日に、BがAに原材料・甲を100万円で売り渡す旨の契約（Bが4月1日に甲を引き渡し、Aが4月30日に代金を支払う）を締結した。ところが、3月15日に、Aは破産手続開始決定を受けた。

【設例1・2】で、A・B間の売買契約は双務契約であり、AもBもその債務の履行を完了していないため双方未履行なので、破産法53条1項が適用され、Aの破産管財人は履行を請求するか解除するかを決めることができ、履行請求の場合には148条1項7号が適用される。以上の点に、異論はないであろう。

しかし、AとBの負う債務が互いに担保視し合う関係にないにもかかわらず、53条1項、148条1項7号が適用されるのは、なぜであろう。以下では、この問題を検討する。

2 不安の抗弁権の破産手続における取扱い

不安の抗弁権について、以下のような試論を提示しておきたい[注2]。

B・A間で、BがAに信用を供与する旨の合意が成立した場合でも、Aの財務状況が悪化し、BがAの不履行による損失を被る蓋然性が高い状況の下では、Bは先履行＝信用の供与を適法に拒絶できる。これが、不安の抗弁権である。

その趣旨は、①反対給付につき完全な満足を得られない可能性が高いと判断される状況下で、信用供与者に履行を強制するのは、不公平であること、②このような状況下で与信を強制すれば、信用供与者に損失が生じ、損失回復のため民事手続が発動され、時間・費用などのコストが生じる等、極めて不合理な結果が生じる可能性が高いこと、③このような場合に履行を拒絶する抗弁権を認めれば、その安全性が高められるので、信用供与型取引が促進されること、等であると思われる。

以上のように定義するなら、不安の抗弁権をもつBの地位は、同時交換型取引におけるBの地位と同様、Aの破産による損失負担を回避する地位であると、位置づけるべきである。

とするなら、不安の抗弁権をもつBの地位は、破産手続において、同時交換型取引におけるBの地位と同様に、取り扱われるべきである。た

(注2) 不安の抗弁権については、これまで必ずしも十分に議論されていない。なお、山本ほか・前掲（注1）209頁［沖野］も参照。

だし、その趣旨は、上述①、②、③の通りであり、この点で、同時交換型取引の場合（信用度の低下した債務者が取引界から事実上排斥されることを回避する、さらには、同時交換型取引のルールを利用して破産による損失を回避しようとする取引＝事例(1)・(2)を保護する）とは異なる。

この点を、【設例3・1】に基づいて説明したい。

> 【設例3・1】
> 　製造業を営むAと商社のBは、4月1日に、BがAに原料（以下、「甲」という）6トンを代金6000万円で売り渡すこと（Bが5月1日に甲・6トンを引き渡し、Aが6月1日に代金6000万円を支払うこと）を、合意した（「本件売買契約」）。
> 〈シナリオ1〉　Aが4月15日に支払を停止したので、Bは5月1日の甲・6トンの引渡しを拒んでいたところ、Aに資金の算段がついたので、AとBは、6月1日に、甲・6トンの引渡しと代金6000万円の支払を、同時交換的に行った。その後、7月1日に、Aは破産手続開始決定を受けた。
> 〈シナリオ2〉　Aが4月15日に支払を停止したので、Bは5月1日の甲・6トンの引渡しを拒み、Aが資金を調達できないため6月1日も双方ともに履行せず、そのままになっていたところ、7月1日に、Aは破産手続開始決定を受け、Xが破産管財人に選任された。
> 　(a)　Xは、Bに履行を請求し、BとXは、甲・6トンの引渡しと代金6000万円の支払を、同時交換的に行った。
> 　(b)　Xは、本件売買契約を解除した。

すなわち、【設例3・1】において、遅くとも4月15日には、本件売買契約につき、Bの不安の抗弁権が成立したと考えることができる。そして、〈シナリオ1〉のように、Bが、不安の抗弁権に基づき債務の履行（先履行）を拒みつつ、Aの代金債務の履行期の到来を待ち、その履行期が到来した日に、代金の受領と引換えに甲・6トンを引き渡した場合、同時交換型取引は偏頗行為危機否認に服さないという法理（破162条1項柱書括弧書）を類推適用して、AのBに対する代金支払は偏頗行為危機否認に服さないと解すべきである。Bが不安の抗弁権に基づき債務の履行（先履行）を拒みつつ、Aに資金の算段がつき同時交換的履行が可能となるのを待ち、Aに資金の算段がついた日（例えば6月5日）

に代金の受領と引換えに甲・6トンを引き渡した場合も、同様である。

これに対して、Bが、不安の抗弁権に基づき債務の履行（先履行）を拒み、Aの代金債務の履行期の到来を待っている間に、あるいは、〈シナリオ2〉のように、履行期到来後もAに資金の算段がつき同時交換的履行が可能となる日を待っている間に、Aに対して破産手続開始決定がなされた場合には、破産法53条1項が適応されると解すべきである。したがって、Aの破産管財人は、破産法53条1項により、ⓐ代金6000万円を提供した上で、Bに甲・6トンの引渡しを求めるか、ⓑB・A間の本件売買契約を解除することができると、解すべきである。そして、ⓐを選択した場合、破産法148条1項7号が適用され、Bの甲・6トンの引渡しとXの代金6000万円の支払は同時交換的に行われると解される。

また、ⓑを選択した場合は、双方の債務が消滅することになる（原状回復の必要はない）。

3 既履行部分の問題

(1) はじめに

不安の抗弁権の破産手続における取扱いに関する基本的な考え方は上述2で検討した通りであるが、1つ解決困難な問題が残されている。それは、B・A間の信用供与型取引において、Bがすでにその債務の一部を先履行した後で、Aが破産手続開始決定を受けた場合に、当該一部先履行の部分（「既履行部分」という）をどのように取り扱うかである。以下、この問題を【設例3・2】に基づいて検討したい。

【設例3・2】
製造業を営むAと商社のBは、BがAに原料（以下、「甲」という）10トンを代金1億円で売り渡すことを合意した。契約では、Bが4月1日に甲・4トンを引き渡し、5月1日に残りの6トンを引き渡し、Aが6月1日に代金1億円を支払うこととされていた。Bは4月1日に甲・4トンを引き渡したが、Aは、4月15日に、つまり残り6トンの引渡しを受けるまでに、破産手続開始決定を受け、Xが破産管財人に選任された。

【設例3・2】で、A・B間の売買契約は、BがAに信用を供与する信用供与型取引である。そして、甲・4トンの引渡し「契約上4000万円の支払に対応する」の部分については、Bが4月1日に甲・4トンを引き渡す（先履行する）ことにより、信用供与が完了している。これに対し、「残り6トンの引渡し〔契約上6000万円の支払に対応する〕」の部分は、未履行の状態にあり、信用供与は完了しておらず、Bは、Aに対し、残り6トンの引渡債務につき、不安の抗弁権を有していると解される。

そして、【設例3・2】において、Bの既履行部分については、履行請求された場合も、解除された場合も、Bは4000万円の代金債権（甲・4トン分の代金債権）を破産債権として行使すると、解すべきである。その理由は、以下の通りである。

(2) 実質的根拠

【設例3・2】において、Bは、代金を受け取ることなく、甲・4トンをAに引き渡した時点で、Aの代金支払債務の不履行につきリスクを引き受けている。言い換えれば、不安の抗弁権を放棄している。そして、その後、Bがリスク引受け自体を解消するまでに、すなわち、Bが、Aから代金の弁済を受けたり、売買契約を解除して引き渡した甲・4トンをAから取り戻したりして、リスクを引き受けた状態を解消するまでに、Aは破産手続開始決定を受けている。

したがって、Aが破産手続開始決定を受け、破産管財人XがA・B間の売買契約の履行を請求した場合には、Bが有する甲・4トンの代金債権（4000万円）は破産債権になると解すべきである。また、XがA・B間の売買契約を解除した場合にも、BはXに甲・4トンの返還を求めることができず、その返還を求める権利は破産債権になる（金銭化され4000万円の破産債権となる）と、解すべきである。

BがAに信用供与を完了し、Bがリスク引受けを解消しない間にAに破産手続が開始されたことは、つまり、破産手続開始決定の時点における不安の抗弁権の不存在は、Xが履行請求した場合には破産法148条1項7号の適用を排除し、Xが解除した場合には破産法54条2項の適用を

排除すると、考えるべきである。

(3) 解釈論

問題は、以上の結果を、破産法53条1項・54条2項・148条1項7号の規律と、どう整合させるかである。本稿では、この問題に関し、以下のような解釈論を提案したい。

ⓐ　破産法53条1項・54条2項・148条1項7号は、双方の債務が互いに他を担保視し合う双務契約の属性を、適用の前提としている。

ⓑ　したがって、破産法53条1項・54条2項・148条1項7号が、同時交換型取引双方未履行双務契約に適用されることに、問題はない。同時履行の抗弁権が存在しているからである。

ⓒ　他方、破産法53条1項、148条1項7号の規定は、信用供与型の双方未履行双務契約にも適用される。信用供与型取引であっても、破産手続開始決定の時点で双方未履行であれば、相手方に不安の抗弁権が発生し、双方の債務が互いに担保視し合う関係が成立しているからである。

ⓓ　しかし、信用供与型の双方未履行双務契約は、破産手続開始決定の時点で信用供与者がすでに先履行を完了した部分については、［双方未履行双務契約性＝不安の抗弁権］が放棄されているため、破産法53条1項、148条1項7号（破産管財人が履行請求した場合）、54条2項（破産管財人が解除した場合）は適用されないと、解される。

ⓔ　このように、信用供与型の双方未履行双務契約の場合、破産法54条2項が適用される場面は原則として存在しないと、解される。

(4) 信用供与型取引における不可分性

しかし、上述した(3)・ⓓ、ⓔのルールには限界があり、例えば【設例4】には妥当しないと思われる。

【設例4】
　Aと画商のBは、BがA社に絵画・甲を1000万円で売り渡す旨を合意した。甲は、タテ5m×ヨコ10mと巨大で、Aの本社社屋のロビーに飾る予定であったが、Bが、4月1日に右半分を引き渡し、5月1日に残り左半分を引き渡し、Aが6月1日に代金1000万円を支払うこととされていた。

第2部　シンポジウムを終えての理論面からの考察

> Bは4月1日に右半分を引き渡したが、Aは、4月15日に、つまり左半分の引渡しを受けるまでに、破産手続開始決定を受け、Xが破産管財人に選任された。

　【設例4】では、AもBも破産手続開始決定の時点で各自の債務の履行を完了していないため、破産法53条1項が適用される。ここではBがAに先履行する信用供与型取引が行われているが、Bがもつ不安の抗弁権、すなわち、Aが破産手続開始決定を受けたので、売買代金の支払と引換えでなければ甲の左半分を引き渡さないという抗弁権を基礎に、53条1項・148条1項7号が適用されるのである。
　問題は、すでに完了している右半分の引渡しの取扱いである。
　【設例4】で、甲の右半分の引渡しと左半分の引渡しを可分と見るなら、右半分の引渡しにより、その限度で不安の抗弁権は失われ、破産管財人が履行請求した場合には破産法148条1項7号は適用されず、破産管財人が解除した場合には破産法54条2項は適用されない。
　しかし、甲の右半分の引渡しと左半分の引渡しは不可分であり（例えば、右半分は500万円左半分も500万円と分けることができない）、それゆえ右半分の引渡しを既履行と扱うことができないのであれば、不安の抗弁権の射程に入ることとなるので、すでに引き渡された右半分については、破産管財人が履行を請求した場合には破産法148条1項7号が適用され、解除した場合には破産法54条2項が適用される結果となる。
　【設例4】については、甲の右半分の引渡しと左半分の引渡しは不可分と見るべきである。しかし、どのような場合が可分（不可分）かという問題は、ケースバイケースベースで判断するほかはないと思われる。また、【設例3・2】についても、4トンの引渡しと6トンの引渡しが不可分となる事例もあり得ると思われる。
　この「不可分性」は、同時交換型双方未履行双務契約との関係でも問題となる。最判昭和62・11・26（民集41巻8号1585頁）は、B（注文主）とA（請負人）が請負契約を締結し、BがAに前払金を支払い、Aが工

事の途中で破産手続開始決定を受けた事案で、前払金と出来高の差額は破産法54条2項により財団債権となる旨を判示したが、上述Ⅱ2(1)で述べた理論(同時交換型取引成立後双方の履行が完了するまでに、当事者の一方が信用を供与したと見られる事情が発生した場合には、当該取引は同時交換型取引の属性を失う)を前提とする限り、この判例のルールの正当性は問題である。これは、この判例のルールを正当であると支持する私に突きつけられた課題であるが、その解決の鍵となるのがこの「不可分性」の概念であると思われる。それは、上述Ⅱ2(2)(c)の事例(1)、(2)を破産や民事再生でどう取り扱うべきかという問題へとつながろう。しかし、詳細は、今後の検討に期すこととしたい。

Ⅴ　まとめ

　以上の検討によれば、破産法53条1項、54条2項、148条1項7号の趣旨・対象・効果は、以下のように解すべきである。

1　同時交換型の双方未履行双務契約

　破産法53条1項、54条2項、148条1項7号の規定は、同時交換型の双方未履行双務契約に適用される。その趣旨は、ⓐ同時履行の抗弁権＝対立する債務が互いに担保視し合う関係の保護、およびⓑ破産管財人に解除か履行請求かの選択権を付与して破産財団の増殖を図ること、である。なお、ここでは、ⓑの根拠は、①信用度の低下した債務者が取引界から事実上排斥されることを回避する点、さらに、②同時交換型取引の「転用事例」を保護する点[注3]に、存在する。

(注3)　当該取引につきあらかじめ相手方の破産による損失を回避する手段を講じたいが、当事者間で担保信用取引を行うことが困難な場合にも、信用供与型取引ではなく、同時交換型取引が用いられる(上述Ⅱ2(2)(c)および事例を参照)。このような取引を保護する趣旨である。

第2部　シンポジウムを終えての理論面からの考察

2　信用供与型の双方未履行双務契約

　破産法53条1項、148条1項7号の規定は、信用供与型の双方未履行双務契約にも適用される。その趣旨は、ⓐ不安の抗弁権＝対立する債務が互いに担保視し合う関係を保護すること、および、ⓑ破産管財人に解除か履行請求かの選択権を付与して破産財団の増殖を図ること、である。なお、ここでは、ⓐの根拠は、①反対給付につき完全な満足を得られない可能性の高い状況下で、信用供与者に履行を強制するのは、不公平であること、②このような状況下で与信を強制すれば、信用供与者に損失が生じ、損失回復のため民事手続が発動され、時間・費用などのコストが生じる等、極めて不合理な結果が生じる可能性が高いこと、③このような場合に履行を拒絶する抗弁権を認め、信用供与型取引を促進すること、である。

　信用供与型の双方未履行双務契約で、破産手続開始決定の時点で信用供与者がすでに先履行を完了した部分については、双方未履行双務契約性＝不安の抗弁権を喪失しているため、破産法53条1項、54条2項、148条1項7号は適用されず、その限度で契約関係は終了したと、解すべきである。ただし、先履行を完了した部分と未履行の部分が不可分である場合は、両者を一体的に取り扱うべきであり、その限りで、破産法54条2項（破産管財人が解除した場合）、148条1項7号（破産管財人が履行請求した場合）が適用されると、解すべきである。

Ⅵ　今後の展開

　ここでは、本稿で十分に検討できなかった、破産管財人の解除権・選択権の根拠論を、簡単に論じておきたい。

【設例5】
　商社のAと製造業を営むBは、AがBに精密機械・甲を代金5000万円で売り渡すことを、合意した。ところが、Aは破産手続開始決定を受け、その時点で、A・B間の売買契約は双方未履行であった。

1　破産管財人の解除権・選択権の根拠

　第1論文Ⅲ2で展開した理論を適用すれば、【設例5】について、以下の結論を得ることができよう。

　【設例5】で、Aが破産手続開始決定を受けたことにより、Aが所有する甲と、A・B間の売買契約に基づきAがBに対して有する5000万円の代金請求権（以下、「A・B債権」）の上に、破産債権者全体のため、差押債権者の地位が成立している。破産管財人は、ⓐ甲の上の差押債権者の地位と、ⓑA・B債権の上の差押債権者の地位を、破産債権者全体の利益のために、実現する必要がある。ただ、【設例5】では、双方ともに実現することは不可能なので、何を実現するか選択せねばならない。これは、ⓐとⓑのどちらを実現するのが破産財団の利益となるのかという観点から行い、破産管財人はこの選択に関して善管注意義務を負っている（破85条1項）。

　Xが甲の上の差押債権者の地位に依拠する場合（甲を換価して売却代金を配当原資に充てる）には、A・B間の売買契約の履行を拒絶するほかはなく、A・B債権の上の差押債権者の地位を放棄することになる。

　他方、A・B債権の上の差押債権者に依拠する場合（甲をBに引き渡して売買代金を受領して配当原資に充てる）には、甲の上の差押債権者の地位を放棄することになる。

2　破産法53条1項・54条2項・148条1項7号の趣旨

　以上で述べた、破産管財人の選択権の根拠論を基礎に、破産法53条1項、54条2項、148条1項7号の趣旨を説明するなら、以下のようになろうか。

(1) 破産法53条1項の趣旨

双方未履行双務契約（A・B間の売買契約）においては、破産管財人には、①A・B債権の上の差押債権者の地位と、②甲の上の差押債権者の地位が、帰属している。ここでは、①か②かいずれか一方しか実現できないので、破産管財人に選択権が付与された。これにより破産財団の増殖を図るためである。

(2) 履行請求の場合

破産管財人がA・B債権の上の差押債権者の地位の実現を選択した場合、すなわち、A・B間の売買契約の履行を請求した場合、Bが有する同時履行の抗弁権または不安の抗弁権は、A・B債権の上の差押債権者の地位に対抗できるので、破産管財人は、甲の引渡しにつき弁済の提供をしつつ、Bに対して、A・B債権の履行を求めなければならない。

(3) 解除の場合

破産管財人が甲の上の差押債権者の地位の実現を選択した場合、A・B間の売買契約は後発的不能となる。これは理論的には履行の拒絶であり、解除権をもつとするならBの側であろう。しかし、破産管財人による履行の拒絶を、破産法53条1項は「解除」と構成し、54条1項の効果を規定している。

立法論となるが、破産管財人による履行の拒絶の場合には、AおよびBが行った一部履行の結果は「放置」とするのが、理論的であろうか。他方、これに対抗して、Bが「解除権」を行使した場合には、履行拒絶により後発的不能となったA・B間の売買契約の「解除的清算」が問題となろう。この点については、第1論文Ⅲ2で展開した理論が問題となるが、今後の検討が必要となろう。

新しい契約解除法制と倒産・再生手続

2019年3月31日　初版第1刷発行

編　　者　事業再生研究機構

発行者　小　宮　慶　太

発行所　㈱商　事　法　務
　　　　〒103-0025　東京都中央区日本橋茅場町3-9-10
　　　　TEL 03-5614-5643・FAX 03-3664-8844〔営業部〕
　　　　TEL 03-5614-5649〔書籍出版部〕
　　　　https://www.shojihomu.co.jp/

落丁・乱丁本はお取り替えいたします。　印刷／そうめいコミュニケーションプリンティング
©2019 事業再生研究機構　　　　　　　　Printed in Japan
　　　　　　　　　　　　　　　　Shojihomu Co., Ltd.
　　　　　　　　　ISBN978-4-7857-2716-1
　　　　　　　　　＊定価はカバーに表示してあります。

[JCOPY]＜出版者著作権管理機構 委託出版物＞
本書の無断複製は著作権法上での例外を除き禁じられています。
複製される場合は、そのつど事前に、出版者著作権管理機構
（電話03-5244-5088、FAX 03-5244-5089、e-mail: info@jcopy.or.jp）
の許諾を得てください。